シリーズ 転換期の国際政治 4

政治の司法化と民主化

玉田 芳史 編著

晃 洋 書 房

目　　次

序　章　なぜ司法化なのか　　　　　　　　　　1

はじめに　(1)
1　立憲主義と民主主義　(3)
2　なぜ司法化が進むのか　(7)
3　本書の課題と構成　(11)

第1章　タイにおける司法化と君主制　　　　　19

はじめに　(19)
1　司法化を担う機関　(21)
2　司法化の発動　(22)
3　司法化と君主制　(30)
おわりに　(34)

第2章　弱い司法の「独立性」
　　　　　──フィリピンの最高裁判所と大統領──　　　39

はじめに　(39)
1　フィリピン政治と最高裁判所　(40)
2　存在感を増した民主化後の司法　(51)
3　司法をめぐる政治闘争　(57)
おわりに　(64)

第*3*章　インドネシア憲法裁判所の生存戦略と政治参加　69

は じ め に　(69)
1　憲法裁の民主主義を支えうるのか？　(72)
2　インドネシア憲法裁の制度的特徴　(74)
3　インドネシア憲法裁の実績　(76)
4　危 機 対 応 ——アキル・モフタル憲法裁長官汚職事件　(78)
5　憲法裁判事個人の政治的利益　(82)
お わ り に　(87)

第*4*章　インドネシアにおける政治の司法化，
　　　　　　　そのための脱司法化　　　93
——汚職撲滅委員会を事例に——

は じ め に　(93)
1　「汚職」の誕生から権威主義体制下の反汚職の動き　(95)
2　汚職撲滅委員会の誕生　(97)
3　汚職撲滅委員会の権限と人事　(99)
4　汚職撲滅委員会のパフォーマンスと人気　(102)
5　抵抗勢力の台頭　(104)
お わ り に　(114)

第*5*章　自由の守護者か，権力の擁護者か
——マレーシアにおける政治的自由と裁判所——　　121

は じ め に　(121)
1　飼いならされる裁判所（独立～マハティール期）　(122)
2　ポスト・マハティール期の政治の自由化と違憲判決　(128)
3　ナジブ政権の権威主義化と裁判所の保守主義　(132)
お わ り に　(137)

第6章　ミャンマーにおける政治と司法
——憲法裁の停滞と民主化の行方—— 141

は じ め に　（141）
1　政治的安定の仕組みと憲法裁の機能　（143）
2　憲法裁の停滞　（147）
3　動揺する2008年憲法体制　（152）
お わ り に　（157）

第7章　インドにおける政治の司法化と司法の独立
——コレージアム体制と第99次憲法改正—— 161

は じ め に　（161）
1　インド最高裁判所の特徴　（162）
2　「憲法の基本構造」の法理と司法積極主義　（164）
3　コレージアム体制の成立 ——執政府の優越から司法の独立へ　（169）
4　モーディー政権の登場と憲法改正　（175）
5　2013年司法任用委員会（JAC）法案　（178）
6　2014年全国司法任用委員会（NJAC）法　（180）
お わ り に　（183）

第8章　エジプトの司法と「1月25日革命」
——移行期における司法の政治化—— 189

は じ め に　（189）
1　2011年民衆デモ以前のエジプト司法　（190）
2　ポスト・ムバーラク移行政治における司法　（193）
3　ポスト・ムバーラク選挙政治における司法　（200）
4　ムルスィー政権と司法の関係悪化　（209）
お わ り に　（212）

第9章　ロシアにおける憲法監督制度と政治の「司法化」
──憲法裁判所の事例を中心として──　　　　　　219

はじめに　(219)
1　ソ連憲法監督委員会と旧ロシア連邦憲法裁判所　(220)
2　「93年政治危機」後のロシア連邦憲法裁判所　(222)
3　プーチン＝メドヴェージェフ時代のロシア憲法裁　(226)
4　ロシアと司法のグローバル化　(230)
おわりに　(238)

第10章　韓国における司法部の党派性の喪失と回復
──民主化以後の行政部の司法統制──　　　　　245

はじめに　(245)
　　──李明博政権と朴槿惠政権──
1　韓国における行政と司法　(247)
2　「司法波動」と大統領人事　(250)
3　転換期としての盧武鉉政権期　(251)
4　李明博政権と歴史認識問題における司法　(254)
5　朴槿惠政権下の司法統制　(258)
おわりに　(260)

あ と が き　(267)
人 名 索 引　(273)
事 項 索 引　(275)

序章

章

なぜ司法化なのか

玉田芳史

はじめに

日本では，2015年に安保法制が重要な政治的争点となり，国会での数の力を頼んで憲法を軽視してよいのかという声があがった．護憲を重視する立憲主義と多数決を尊重する民主主義の衝突である．同様な衝突は，現代世界において多くの国で大なり小なり観察されている．そうした立憲主義と民主主義の交点で生じている現象の1つが「政治の司法化」（judicialization of politics）である．

司法化は民主化とどのような関係にあるのか．民主化の先進国では，司法化は後から生じた．民主化途上の国では，両者はほぼ同時に生じている．両者は相補的なのか対立し合うのか．司法化が民主化を阻害することがあるとすれば，民主化にとって重大な問題である．

政治の司法化は，代表的な定義によれば，「中核となる道徳的な難問，政策上の疑義，政治論争の解決を，裁判所や司法手段に頼ろうとする傾向の強まり」である［Hirschl 2008a: 94; 2008b］．ドレッセルはもっとかみ砕いて，政治の司法化とは，狭義には「判事による違憲審査が政策に寄与したり影響を与えたりする方法」であり，広義には「政治や社会において司法過程や裁判所の判決の存在感が増すこと」であると定義する［Dressel 2012: 4］．

政治の司法化は立憲主義に基づいており，多数決民主主義と対立することがある．歴史を振り返ると，ヨーロッパでは，自由への脅威が君主制や教会にあった時代には，君主主権に対抗して議会主権が強調された．議会多数派の重視である．しかし，20世紀にはファシズムが民主主義にとって大きな脅威となった．このため，第二次世界大戦後には自由を重視し，多数派支配に警戒の目を光ら

せる憲法の起草が行われた［折原 2006：19］．民主主義をその行き過ぎから守る
ものとして憲法裁判所が設置される事例が増えた．そうした憲法裁判所は，旧
植民地諸国が独立時に導入し，後には1970年代に始まる民主化の第三の波とと
もに世界中へ広まった．東南アジアや東北アジアでは，80年代後半以後，「議
会主権という伝統的な考え方から，専門裁判所による立憲的な抑制という考え
方への変化」が生じて，新たに憲法裁判所が設置されるようになった［Ginsburg
2008: 82］．

　民主化の第三の波の時期には，途上国ばかりではなく，先進民主主義国でも
変化が起きた．「かなり最近までウェストミンスター流の議会主権の最後の砦
と見なされていたイギリス，ニュージーランド，イスラエルといった国々でも，
それぞれの政治システムに憲法優位の原則を盛り込むことを狙って，憲法の包
括的な改正に近年乗り出した」［Hirschl 2004: 1-2］．「2008年には，司法の介入を
免れる政策決定領域の割合は25年前よりも明らかに小さい．1980年代初頭と比
べると，従来は純粋に政治の争点であったものが，まずもって司法あるいは憲
法の争点と考えられるようになっている」とハーシュルが述べる通りである
［Hirschl 2008a: 113］．21世紀には，違憲審査制とセットになった立憲主義のグロー
バル化を語りうる時代を迎えているのである［阪口 2002］．

　立憲主義と民主主義が衝突しても，日本や欧米のような先進民主主義国では，
民主主義が崩壊する可能性は乏しい．しかし，民主化途上にある国では，民主
主義は立憲主義に負けず劣らず脆弱である．本書では，民主化途上国すなわち
民主化が始まってから日が浅く，まだ定着段階に至っていない国々において，
政治の司法化が民主化にどのような影響を与えているのかについて，実証的に
解明する．

　司法化は，法学者からも政治学者からも注目を浴びるようになってきている．
ヒルビンクによれば，従来は主として法学者が担当し，アメリカ合衆国に焦点
を合わせ，あらかじめ決めた結論に都合のよい証拠を並べるものが多かった．
実証的な比較研究をもっと積み重ねる必要があり，その作業に適しているのは
比較政治学である［Hilbink 2008: 228］．ハーシュルもまた，政治の司法化に関す
る学術研究が驚くほど少ないと嘆き［Hirschl 2006: 722］，「実証研究は，社会科
学全般，とりわけ政治学を抜きにしては，ありえない」［Hirschl 2014: 15］と指
摘する．政治学の観点からの実証研究が求められているといえよう．

　日本でも，アジアに関しては，アジア経済研究所の作本直行や今泉慎也らの

| | 小 | 司法による政治関与 | 大 |

| | 司法の**自制** 日本 マレーシア（1957〜90年） | 司法の**積極主義** 韓国 インドネシア フィリピン |
|大 司法の独立 小| 司法の**沈黙** カンボジア | 司法の**政治化** タイ（2006年以後） |

図1　司法政治の類型

(出所) Dressel [2012: 6] の図1.1を一部改変.

法学者グループが研究を積み重ねてきた[作本編 1998；小林・今泉編 2002；作本・今泉編 2003：今泉 2008：今泉編 2012]．東南アジアについては，政治学者の川村[2012]や岡部[2016]が興味深い研究を試みている．しかしながら，司法化とは何か，司法化が生じる理由は何か，司法化の政治的効果は何かといった基本的な点について，世界の研究者の間で一致がまだあまりみられない[Dressel 2012: 3]．

　ドレッセルによれば，先行研究の多くは，司法の権限が強化された理由の解明に関心を向けてきた．司法が何をしたのか，政治にどのような影響を与えたのかといった司法の実績についてはあまり注意を払ってこなかった．彼は，① 司法の事実上の独立（制度上の独立，判事の介入の意欲と能力，政治エリートからの支援），② 純粋政治への判事の関与という 2 つの次元から，司法と政治の関係について 4 つの類型を描き出す．それは，司法の自制，積極主義，沈黙，政治化の 4 つである[Dressel 2012: 6]（図1参照）．司法が政治に積極的に関与する国は，それが民主化に寄与している韓国，インドネシア，フィリピンと，民主化を阻害しているタイに二分されている．この類型は司法化が民主化に与える影響を考える場合に指針の 1 つになろう．

1　立憲主義と民主主義

(1)　司法化批判

　司法化は，立憲主義に立脚しており，多数決民主主義との間に緊張関係を生み出している．民主主義国では，執政権や立法権の担い手には，選挙で選ばれたという正当性がある．そうした国民代表に対して司法審査もしくは違憲審査を行うのが司法府である．具体的には，憲法裁判所（もしくは違憲審査権を持った司法裁判所）が，法律や政策の合憲性を審査する．原理でいえば，民主主義（多

数決主義）と立憲主義が衝突する．立憲主義者は，選挙で多数派の支持を得たならば，何を決定してもよいのだろうかと問いかける．反多数決主義である．他方，民主主義者は，国民に選ばれたわけではない裁判官が，民意を反映する多数派の意見を否定してもよいのだろうかと批判する．

　こうした原理・原則の対立ゆえに，政治の司法化には賛否両論が渦巻くことになる．研究者は当初はこの立憲主義（違憲審査の拡大）を歓迎していた．国民の権利保護や民主主義の深化に寄与すると受け止めたからである．立憲主義と違憲審査をほとんど無条件に是認する人びとの中には，本当の民主主義は立憲民主主義であって議会主権の原則に基づく多数派支配と同義ではなく，憲法によって少数派を多数派の暴政から守らなければならないと考えるものも存在する〔Hirschl 2004: 1-2〕．

　しかし，近年は懐疑的な見方が増えてきた．司法化によって，「政治の領域，民主主義の範囲は，司法的権限に取り囲まれ，その有利になるようにされる」という面があるからである〔Tamanaha 2004: 邦訳156〕．立憲主義は，ひいき目には現実を十分には踏まえない素朴な理想主義，悪くいえば腹黒いエリート主義に由来する過剰な自由主義であるという批判である．そうした批判者にとっては，立憲主義の拡大は，基本的な政策の決定が，国民を代表せず，国民に説明責任を負わず，国民と接点のないエリート，つまり特権的少数者に奉仕する関心や能力しかない判事によって担われるようになるのと等しいと映じることになる〔Hilbink 2008: 227〕．

　平等志向の多数決主義者ばかりではなく，保守主義者の中にも司法化を辛辣に批判するものがいる．「西洋諸国は『アメリカ病』に罹ることを恐れていた．正しくは国民と民選代表に帰属する権威を判事が奪い取る病気である．それらの諸国は，いささか手遅れながら，この帝国主義がアメリカ病ではないことに気付きつつある．それは司法の病であり，国境を知らない．この病弊は，判事が執政府や立法府の決定を覆す権力すなわち違憲審査権を付与されたり入手したりしたところではどこでも発生する．……これは古くからの先進民主主義国において顕著である．西洋諸国民の自己統治能力は稀釈され，どのような倫理環境で暮らすのかを選ぶ能力は着実に低下している．……裁判所は，民選代議士が作った法律に表明される民意に体系的に背くにもかかわらず，統治の民主的な諸制度よりもはるかに尊敬を集めてきたし，今でもそうである」〔Bork 2003: 1〕．

（2）　法の支配

　立憲主義と民主主義の対立に関連して，前者を下支えする役割を担う法の支配について一言触れておくべきであろう．司法化とは，国家の三権分立において，司法を重視する考え方である．その際に，多くの人びとが暗黙のうちに前提としがちなのが，司法の無謬性である．ハーシュルが「実証研究によれば，大方の立憲民主主義国では，裁判所は，政治的な判断を下している場合であっても，ほかのあらゆる政治制度よりも大きな正当性や支持を得ており」，しかも，「立憲主義化や違憲審査の導入によって，体制は国際的な評判や信頼度を高められることが，先行研究では定説となっている」と指摘するように［Hirschl 2008a: 106; 108］，裁判所は政治からの独立性を確保できれば，無垢で誠実だというように，いわば性善説の立場から捉えられがちである．司法に独立性が必要なことは言を俟たない．単純化していえば，政治には悪と善があるのに対して，司法には善しかない．司法は，政治との関係で強くなったり弱くなったりする．つまり，司法は政治からの独立性を確保できれば，本来の善性を発揮しうるというわけである．

　しかしながら，司法が必然的に善と判断してよいのであろうか．判事＝善玉，政治家＝悪玉という単純な勧善懲悪図式は捨て去り，どちらも悪玉ではないかという猜疑の目で眺めるところから始める必要があろう．さもないと，司法府の決定はすべて肯定されてしまうことになる．たとえば，フクヤマは歴史研究において「法の支配の外見と実態が取り違えられる．たとえば，”抑制均衡”は，政府のひとつの部門が別の部門の行動をチェックするので，法の支配が強い社会の証拠であるとみなされる．しかし，形式だけのチェックは，強い民主的な統治と同じではない．裁判所は集合行為を妨げるために用いることができる．……裁判を長引かせれば，重要なインフラストラクチャー整備事業を行き詰まらせることができるし，政府の意思に反してエリートの利益を守ることができる」と指摘する［Fukuyama 2011: 251］．法の支配や裁判所への過大な期待は戒めるべきであろう．

　「法の支配とは，政治権力が法に基づき法に従って行使されることを要求する原理」である．そのために，「第一は，正しい法の制定」，「第二は，その法の忠実な執行」が必要である［高橋 2006：141］．これらの立法と行政の合法性を担保するのが司法である．その司法の合法性はどのように担保されるのか．「法の支配」の曖昧さについて，愛敬が先行研究を丁寧に紹介しているので引

用しておこう．「『法の支配』は，『善』と同様に，誰もがそれに賛成するにもかかわらず，それが正確には何なのかについて，合意の存在しない概念である．」「法の支配という用語は長年の利用によってそれ自体に一定の力があるから，それを利用する実体的な主張は分不相応の説得力を与え［る］．」「法の支配は明らかに理念であり，それが理念である以上，法の支配の妥当な概念には不可避的に最小限の道徳的要素が含まれる」［愛敬 2012：51-53］．

　また，法の支配と近接したフランス語の概念「法の国家」ないし「法治国」について，トロペールによれば，「今日では，法治国という表現はあらゆるところであらゆる論者によって用いられ……それらの言説すべてが……法治国に好意的な立場をとっている．」「このような全員一致の状況は当然のことながら怪しむに足るものであり……きっとそこには何らかの曖昧さや混乱が潜んでいると考えないわけにはいかない．」「法治国と民主政の関係について言えば，法治国は民主政を補うものであるのか，それとも民主政に代わりうるものなのか，あるいはまた民主政に対するブレーキの役割を果たすものなのか，といった問いに対する答えは，すべて，法治国という表現にいかなる意味を与えるのかによって変わる」［トロペール 2013：87；88；93］．「法治国が望ましいものとして示されるのは，それが自由と民主政を保証するものと考えられているからである．」「法治国のないところには民主政はない」けれども，「あらゆる法治国が必ずしも民主政ではない」［トロペール 2013：100；101］．

　法の支配と民主化の関係は必ずしも明確ではないにもかかわらず，司法化の傾向は法の支配の名のもとに止まることがない［Harding and Nicholson 2010: 3］．法の支配にしても司法化にしても，無批判に是認することはできないであろう．法の支配を実現する鍵を握る司法府が権力を過剰に行使するならば，国民代表が担い手となる立法府や執政府は権力を不当に制限される可能性があるからである．ましてや，権威主義体制が法の支配を振りかざせば，法による支配となり，国民の権利や自由が脅威にさらされることになる．

(3) 途上国の課題

　立憲主義と民主主義に関連して，もう 1 つ大切なことがある．世界のたいていの国には憲法があり，立憲主義がある程度は実現されている．先進民主主義国では，すでに民主主義が定着しており，立憲主義と正面衝突しても，民主主義は容易には崩壊しない．ところが多くの国では，民主主義は実現していない．

途上国政治研究で，民主化が主たるトピックになるのは，民主化していない国が多いからである．

経済好調な東アジアに限って見れば，2016年時点では，中華人民共和国，北朝鮮，ヴェトナム，ラオス，タイ，ブルネイといった国では国政選挙が実施されておらず民選議員が存在しない．加えて，競争的権威主義体制の例に漏れず，選挙が実施されていても，それが自由でも公平でもない国が少なくない．シンガポール，マレーシア，カンボジアがそうである．つまり，民主主義とは無縁な国や民主化途上の国が少なくないのである．

司法化は民主化とともに進行すると考えられることが多い．しかし，司法化すれば民主化する，あるいは民主化すれば司法化するといったような単純なことではない．司法化は権威主義体制下でも進む．ギンズバーグとムスタファによれば，司法化の時期は権威主義体制と民主主義体制では異なっている．民主主義体制では，司法化は選挙での敗北を予想する従来の支配者が政策を残そうとして講じる措置である．敗者の置き土産である．それに対して，権威主義体制では支配者が支配温存のために司法を強化する［Ginsburg and Moustafa 2008］．どのような司法化であれば，民主化を阻害せず，むしろ民主化を促進するのか．その見極めが重要となる．

2 なぜ司法化が進むのか

憲法裁判所が設置され，その権限が強化されて，政治の司法化が進む理由について，ヒルビンクは3つ紹介している．第1は，権利を保護し，政府を制限したいという社会の側の需要の高まりである．第2は，政府機関の相互あるいは内部における関係を整序する必要である．第3は，多数決民主主義に対抗しようとするエリートの合理的戦略的計算の産物という考え方である［Hiblink 2009］．今日有力なのは，第3の立場であり，ギンズバーグの「保険モデル」とハーシュルの「覇権維持モデル」が有名である．本節では，供給側，つまり司法化の制度を導入するエリート側の動機に着目するこの2つの考え方と，民主化を進めるには司法化が欠かせないと主張するアイサチャロフの「脆い民主主義」論を紹介したい．

(1) 保険モデル

ギンズバーグによれば，今日では，世界中で司法権力が拡大しつつある．「民主主義の第三の波が世界中へ広がるにつれて，旧来の民主主義国でも新興の民主主義国でも，判事の権力が総じて拡大してきた」[Ginsburg 2003: 6]．これは民主的に選ばれた政権が非自由になる傾向があり，選挙の実施だけでは足りないという認識が広まっているからである．「勝者総取りの仕組みが，大方の民主化途上国では，現実のものになっている」．司法化は何に由来し，どう発展し，何に支えられているのか．

憲法起草者が，民主化後にも権力を握り続けるつもりであれば，違憲審査は必要がない．他方，政権を失う可能性を認識していれば，政治的保険として，違憲審査を強化する．「憲法裁判所がどのような形態になるのかは，憲法起草当時に有力であった政治家の関心を反映することが多い」[Ginsburg 2003: 18]．「憲法起草時に1つの優位政党が存在する場合よりも政治勢力が拡散している場合のほうが，違憲審査の権限や容易さは大きくなる．これは優位政党が新憲法のもとで実施される選挙で引き続き勝利をおさめることができると予想しており，多数決主義の制度を好むからである．」「しかし勝利を確信する政党が存在しない場合には，多数派を抑制しようとし，違憲審査のような少数派重視の制度を選好する．憲法起草時に司法権をどの程度にするのかという違いを生みだす鍵は，憲法起草時の政党制の構造であり，政治勢力の配置図である」．ギンズバーグは「これを違憲審査の保険モデルと呼ぶ」「違憲審査は選挙で敗北が予想されるものにとって一種の保険になる」[Ginsburg 2003: 25]．「違憲審査は反多数決主義であるかもしれないけれども，反民主主義ではない」[Ginsburg 2003: 31]．「憲法の起草者は，選挙での敗北の費用が，違憲審査の総費用を上回ると予想する場合にのみ，違憲審査を導入する．選挙での敗北の危険性が高まると，違憲審査を導入しようとする誘因も高まる．同様に，選挙で敗北する危険性が一定であれば，憲法の起草者に対する司法の忠誠心が，イデオロギー上の理由からにせよ，政治上の理由からにせよ，高まっていると感じられるならば，違憲審査を導入する誘因は高まる」[Ginsburg 2003: 32-33]．

つまり，「違憲審査は一種の政治保険が欲しいという憲法起草者の誘因を反映している．立法の場での敗者が裁判所に異議申し立てをできるようにすることで，違憲審査は憲法起草の費用を減らし，憲法起草者の間においてそれがなければ達成困難な合意形成を可能にする．民主化が進んで選挙で勝てるかどう

か不確実になるにつれて，保険の需要は高まる．他の制度も少数派の保護に寄与しうるものの，違憲審査は格別の注目を浴びるようになった．この保険理論は，近年になって採択された憲法における違憲審査の急速な拡大を説明することができる」[Ginsburg 2003: 33]．

(2) 覇権維持モデル

　ハーシュルは，司法化が進むのはエリートの利害のゆえであると強調する．彼は，世界中で法曹支配への移行が急速に進んでおり，憲法の改正を通じてたくさんの権力が代議制機関から司法機関へ移されていると指摘する[Hirschl 2004: 1]．司法化の進行とセットになっているのは，司法化支持者に特徴的な民主主義観である．「民主主義は多数派支配と同一ではない．」「議会主権の原則によって強く縛られる民主主義ではなく，真の民主主義たる立憲民主主義では，民主的に選ばれた議会であっても改正することができない成文憲法という形で，少数派が法的な保護を受ける．この民主主義観では，権利章典が基本法の一部となり，党派政治の圧力から自由な判事がそれらの権利の実現に責任を負う」[Hirschl 2004: 2-3]．

　ハーシュルは司法化の理由を覇権維持モデルで説明する．立憲主義に基づく司法の強化は，3種のエリートの戦略的結びつきの副産物と捉えると分かりやすい．1つは，民主政治につきものの浮き沈みの激しさから政策決定過程を隔離することで政治的覇権を強化しようとする政治エリートである．2つ目は，一定の経済的自由を憲法に書き込むことが，開かれた市場，経済規制緩和，反国家主義といった新自由主義のアジェンダを促進する手段になると考える経済エリートである．3つ目は，自分たちの政治的影響力と国際的な評価を高めようとする判事と裁判所である．言い換えると，「戦略的な法革新者たち（両立可能な利益を共有する経済エリートならびに司法エリートと結託した政治エリート）が，立憲改革の時期，程度，性格を決める」[Hirschl 2004: 43]．

　ハーシュルは別のところでは，「具体的な政治権力闘争，エリートとその他の有力者の利害，そして世界観や政策選好の衝突が，純粋政治を司法化する主たる触媒と考えられている．政治が司法に対して示す打算的な尊重，そして政治的に抜け目のない司法の行動が，ここでの爆発の化学式である」[Hirschl 2008a: 97]と指摘する．彼によると，「政治権力を失うことを懸念する有力な社会政治集団は，覇権維持の機略として，純粋政治の司法化を支持し，より一般

的には違憲審査を確立し，憲法裁判所の権限を強化しようとするかも知れない」
[Hirschl 2008a: 106-107].

(3) 脆い民主議論

　ギンズバーグやハーシュルは，司法化という緩衝装置のおかげで権威主義体制のエリートは民主化に踏み出すのが容易になると説明する．しかし，その民主化が競争的権威主義に陥りがちな現実を踏まえて，立憲主義による抑制こそ民主主義を実現するために必要であると主張するのがアイサチャロフである．民主主義は選挙に基づく多数派支配である．しかし，選挙だけでは十分ではない．「選挙は誰が多数派であり誰が少数派なのかを数え上げるにすぎない．選挙そのものは，被治者に対する勝者の礼節や説明責任を保証するわけではない．」「選挙は……多数派の暴政にすぎないものに，正当性があるかのような偽りの雰囲気を醸し出すことが多い」[Issacharoff 2015: 5].

　民主化途上国には，言語・民族・宗教などが多様な多民族社会が多い．文化的に多様な社会における数字偏重の民主主義の問題を緩和するのが，多極共存主義と立憲主義である．「[多極共存型民主主義においては]社会分断の主な軸に沿ったフォーマルな権力共有を通じて国民的統一が図られる」[Issaacharoff 2015: 12]．ヨーロッパのベルギー，オランダ，スイス，オーストリアといった諸国では「多極共存型」民主主義が導入された．多極共存主義は競争的な選挙から権力配分という究極の争点を除去することによって，民主政治を抑制しようとした．東南アジアでもマレーシアが該当すると見なされることが多い．

　しかし，今日の民主化途上国では，多極共存主義はうまく機能していない．選挙政治が導入されると，社会の分断を利用した票の動員合戦が始まり，社会の分断が一段と鮮明になる．民主化後の初回の選挙で勝利した勢力は，政権に居座るために政府機構の掌握や権力集中などに努め，2回目以後は自由でも公平でもない選挙しか実施しないことが多い．競争的権威主義と呼ばれる状況である．「民主主義がうまく機能するには，勝てる能力も負ける能力も必要」[Issaacharoff 2015: 3]であり，「2回目の選挙は民主主義の成熟のリトマス試験」である [Issaacharoff 2015: 129].

　「最初の選挙を最後の選挙にしないためにはどうしたらよいのか」[Issaacharoff 2015: 270]．この難題に対処するのが立憲主義である．「分断社会では民主的な政治を安定させるために憲法による抑制が必要である」．そこにおいて立憲主

義が重要なのは，「民主的な選択に制限を課すからである」[Issaacharoff 2015: 14]．立憲民主主義は，立憲主義と民主主義の結合である．民主主義は決定を多数派に委ねる．他方，立憲主義は民主的に選ばれた政府が下しうる決定の範囲を憲法によって制限しようとする．「民主政治と立憲的抑制は緊張関係にあるため，抑制を課しうる媒介機関が必要になる」．憲法を遵守させるために，憲法裁判所を設置するか，最高裁に違憲審査を行う十分な権力を付与するか，いずれかの措置を講じている [Issaacharoff 2015: 8-9]．

ここで「厄介なのは，民主的な権威がもっとも乏しい司法府が，フォーマルな合法性という枠組みの中で諸問題をめぐって，選挙の洗礼を受けた政府に対峙するという点にある．」[Issaacharoff 2015: 275-77]．とはいえ，「立憲主義は民主主義にとって安全装置である．しかし，民主主義そのものの代用品ではない」[Issaacharoff 2015: 280] ということを忘れてはならない．

3　本書の課題と構成

(1)　課題

本書は政治の民主化と司法化の関係を実証的に考察することを目的としている．民主化に伴う一連の政治改革では，それまで権威主義体制への従属を強いられていた司法の政治的独立性が高められる．そればかりではなく，民主化先進国で進行中の政治の司法化も取り込まれる．具体的には，立憲主義や司法審査の重視であり，憲法裁判所の設置である．

本書では，東南アジアから5カ国，比較対照事例として東（北）アジアと南アジアから1カ国ずつ，アジア地域以外から2カ国を対象に選んで，具体的に考察する．東南アジアで中心とするのは，タイとインドネシアである．両国は東南アジアの大陸部と島嶼部を代表する政治大国であり，経済規模が大きく，日本との関係も緊密であって，政治動向の的確な把握が不可欠である．

学術雑誌『国際政治学批評』が「政治の司法化」に関する特集号を1994年に編んだとき，アメリカ，ドイツ，イギリス，フランス，オランダ，スウェーデン，カナダ，イスラエルといった欧米中心の対象国に混じって，発展途上地域から唯一フィリピンと東南アジアに関する章を寄稿した研究者は「東南アジア諸国の多くでは，政治の司法化は生じそうにない」[Tate 1994: 188] と指摘した．東南アジアでは民主化が1980年代後半に緒についたばかりであり，憲法がまだ

十分に尊重されていなかったからである．しかし，その後の民主化の進展に伴い，立憲主義を重視し，裁判所の権限を強化する国が増えた．司法化の始まりである．司法化の担い手として最たるものは，立法府や執政府の行為や決定に違憲審査を行う憲法裁判所である．アジアの場合には，憲法裁判所の設置は，民主化と歩調を合わせるかのように，韓国が1987年，モンゴルが92年，タイが97年，インドネシアが03年である．憲法裁判所が設置されなくても，最高裁判所が違憲審査に積極的になった国も少なくない．フィリピンはそうした国の1つである．

東南アジアでは，政治の司法化が着実に進んでおり，司法機関が従来よりも積極的になっている．ドレッセルによれば，「裁判所は東南アジアで政治の主要プレイヤーになりつつある」．民主化につれて，「多くの国が憲法を改正し，法の支配，説明責任，権利といったことへ従来よりも注意を払うようになった．その結果，裁判所の権限が強化されることになった」．先行研究は，裁判所に関する政治的観点からの研究を怠っており，司法化の原因や結果に関する注意深い分析が足りていない [Dressel 2010: 671-73]．

本書では，第1に，各国における司法化の現状を把握する．司法化の制度は整えられているのか．司法制度は司法化に積極的なのか否か．司法化の理由や経緯は何なのか．司法化にとっては，司法機関の独立性が重要なので，判事の任用がどのように行われているのかに注意を払う．第2に，司法化と民主化の相互作用を解明する．政治の司法化は，民主化の先進国でも評価が分かれる．民主化途上の東南アジアに導入されると何が起きるのか．政治の民主化にどのような影響があるのか．

政治の司法化を主として担当するのは，憲法裁判所か，違憲審査権を付与された司法裁判所である．司法化については，確かに違憲審査がとりわけ重要ながら，立法府や執政府に憲法や法律を遵守するように迫る機関は，国によってはそれ以外にもある．本書の対象国でいえば，タイやエジプトでは行政裁判所が司法化に深く関わっている．また，裁判所以外の機関が司法化に関わる場合もある．たとえば，タイでは，汚職防止取締委員会，選挙管理委員会，オンブズマン，会計監査委員会，国家人権委員会といった機関が，立法府や執政府からの高い独立性を保って設置されており，立法府や執政府へのチェック機能を果たしている．「独立機関」と総称されるこれらの機関は，調査権，訴追権，さらに処罰権をも付与されることがあり，裁判所とならぶ広義の司法機関と見

なしうる．インドネシアの汚職撲滅委員会もそうした機関の1つとしてとても有名である．

政治の司法化をめぐる評価は，民主政治にとっての主たる敵をどこに見出すのかということと深く関わっている．司法化が民主主義体制に対してなしうる寄与は，民主化の段階によって違いがある．すでに民主政治が定着している先進民主主義国では，司法化は民主主義体制が「多数派の暴政」によって崩壊することを阻止する(少数者の保護)．民主化途上国では，選挙で勝利した勢力が，憲法の改悪や無視，政権担当者の特権濫用などによって権力温存を図り，民主主義を崩壊させることを阻止する役割が司法化に期待される．しかしながら，その通りになるとは限らない．既存民主主義国については，司法化は多数派の自由や権利を侵害することがある．新興民主主義国では，立憲主義で保護される少数派は政治的社会的な弱者ではなく，民主化以前の旧体制で特権を享受してきた人びとであることが多い．そうなると，司法化は，多数派の暴政を言い立てて多数決を否定し，少数派の圧政を助けて，民主主義体制への移行を妨害することになりかねない．しかも，その際の司法判断の拠り所が，憲法の条文ではなく，政治的な価値観や心情であれば，司法の政治化であり，事態は民主化にとって一段と深刻になる．

(2) 構成

東南アジアの新興民主主義国で司法化がどの程度起きているのか，司法化は民主化にどう作用しているのか，2章以下で具体的に見ていこう．

まず，本書で取り上げる各国の民主化の状況について確認しておこう．民主化推進のために毎年世界各国の民主化の度合いを評価している国際的なNGOフリーダムハウスの2016年時点の評点（100点満点）をみると，東南アジアについては，フィリピンとインドネシアが65で同率首位，マレーシアが45，タイが32，ミャンマーが28であった．東アジアの韓国は83，南アジアのインドは77であって，東南アジア諸国よりも上位に位置した．他方，エジプトは27，ロシアは22である[1]．ちなみに，日本は96，中国は16，ヴェトナムは20であった．

タイでは1990年代以後政治の民主化が進んだ．ところが，政治から撤退していた軍隊が，2006年にクーデタを実行して政治に再び介入するようになった．裁判所と独立機関も司法化に乗り出した．1997年憲法で仕組みが準備されていた司法化が，2006年の国王訓話をきっかけとして作動し始めた．軍隊も司法機

関も，多数決民主主義に対抗して，君主制を護持することを目指している．選挙で勝てない少数派有権者もこの脱民主化闘争に賛同している．選挙の軽視・無視を旨とするこの闘争は，多数派有権者の賛同を得られないため，2017年現在も継続中である．中立性を忘れて対立の一方の当事者となった司法機関は，信頼を失っている．これは，政治化した司法による司法化が，立憲主義も多数決民主主義も台無しにして，民主化を妨げる典型的な事例となっている．

　フィリピンは1986年にマルコス体制を打倒して民主化が始まった．最高裁は大統領に不利な判決を下すことが何度もあり，政治の司法化が進んでいる．目下は，任命したのがどの大統領なのか，任命されたのが職業裁判官か否かに着目することで，司法化の背景を考察している．最高裁の独立性は，強い立憲主義に基づくわけでも，政治の司法化を反映しているわけでもない．むしろ，最高裁が政治的文脈に埋め込まれ，判事の信念や世論への配慮，辣腕弁護士によって政治化された結果だったのではないかと指摘する．

　インドネシアでは，1998年のスハルト体制崩壊後，民主化が進んでいる．司法化は民主主義体制の定着を大いに助けている．1つは，2003年に設立された憲法裁判所である．憲法裁は民主政治に不可欠な選挙に最終的な裁定を下す役割を担っている．相沢は，司法の独立性は強すぎても弱すぎても民主主義にとっては不都合であると喝破し，民主主義と法治主義のバランスを保つことに利益を見出す憲法裁判事の存在が重要であると指摘する．相沢によれば，憲法裁の判事は比較的若くして就任するため退官後も長いキャリアがあり，退官後のことを考慮して行動している．判事は，憲法裁の組織的権威を守ることで，元憲法裁判事という肩書きの社会的・政治的価値を保とうとする．

　インドネシアには，憲法裁判所と並んで重要なものとして，汚職撲滅委員会（KPK）がある．KPKは2003年から活動を始めた．KPKは大きな権限を付与されており，多くの国会議員，地方議員，地方首長，官僚などを摘発・訴追してきた．岡本によれば，KPKはそうした実績と中立性のゆえにもっとも信頼される国家機関となっている．汚職の削減が民主主義の定着に寄与していることは間違いなく，司法化が民主化に寄与する典型的な事例といえる．ただし，政治家や官僚が不満を感じて解体や権限縮小を試みる中で，KPKが存続するには，高い実績に加えて，非司法的対応も重要であった．KPKが深刻な対立に直面したときには，法治の徹底ではなく，判断回避という柔軟な対応をしてきたということである．

マレーシアは多民族国家であり，主要民族を代表する政党が連合する国民戦線が政権を握ってきた．民族対立が激化したごく一時期を除き，代議制民主主義が維持されており，多極共存型民主主義の典型例のひとつに数えられる．長期政権のもとで与党に有利な選挙の仕組みが整えられており，競争的権威主義のひとつにも数えられる．鈴木は，長期政権と司法の関係を判例に基づきながらたどる．司法は，1980年代後半に積極主義に転じて政権を敗訴させる判決を出すようになった．反発した執政府は議会主権を主張し，司法への統制を強めた．しかし，2009年に裁判官人事の透明性を高める司法任用委員会法が制定された．同じ時期に，法律への違憲判断が下される事例が出てきた．とはいえ，司法は政権への従属から脱したわけではなかった．鈴木は，政権に従順ではないものの昇進を妨げる判事任用が鍵になっていることを明らかにする．

ミャンマーでは，軍隊が1962年発足の軍事政権に代わる新たな軍事政権を88年に樹立した．軍事政権は90年の総選挙結果を無視して居座りを続けたものの，国際的な孤立から抜け出すため，2008年に憲法を制定し民主化に向けて動き出した．同憲法ではミャンマー史上初めて憲法裁判所が設置されることになった．中西によると，憲法裁には，軍隊に都合のよい政治秩序の維持を助けることが期待されている．ギンズバーグが指摘する民主化に備えた保険の役割である．しかしながら，2015年の総選挙が思惑に反して軍事政権の惨敗に終わったように，憲法裁判所は機能せず休眠状態にある．司法に対する信頼が乏しいのが一因である．

インドでは，1947年の独立以後，ごく一時期を除いて，議院内閣制の民主政治が続いている．司法は，70年代に政治的利害に起因する憲法改正に対抗するため「基本構造の法理」に立脚して政権と対決し，その後公益訴訟の門戸を広げて政治の司法化を進めたが，90年代以後は消極化していく．上田によると，変化の鍵は判事の人事であった．最高裁判所の長官と複数のシニアな判事が，最高裁と高裁の判事を選任する「コレージアム」と呼ばれる仕組みが1993年の最高裁判決に基づいて導入された．これは司法に人事面での高い独立性を付与する見返りに，司法積極主義を抑制させる効果があった．しかし，欠員や不透明さといった弊害があったため，それを解消するため，国会は2014年に全会一致で全国裁判官指名委員会法を可決した．ところが，最高裁は翌年同法に違憲判決を下した．上田は，司法の独立と積極主義の緊張関係が続くと予想する．

エジプトでは，ダルウィッシュによると，長期にわたる権威主義体制のもと

で，司法は政権から一定の独立を保つことで，社会からの信頼を得ていた．2011年にムバーラク体制が民衆蜂起で崩壊すると，新政権への移行を監督する軍最高評議会も，その他の政治勢力も，非常事態法，憲法改正，憲法宣言，議会選挙の合憲性といった政治上の争いに，裁判所で決着をつけようとした．他方，選挙での勝利に自信を持つ同胞団は権力獲得のために，当初は司法に決定を委ね，やがて司法との対決姿勢を強めた．こうした政治の司法化は，変革を嫌う保守的な司法を政治化させ，民主主義体制への移行を頓挫させることになった．

ロシアでは憲法裁判所は1991年に設置され，93年に活動を停止させられた後，95年に活動を再開した．2009年に憲法裁判所の長官人事が，判事の互選から大統領による指名へと変更された．翌年には長官の影響力を強化する改革が実施された．これによって，大統領は憲法裁判所への圧力を強めることに成功した．とはいえ，河原によれば，執政府は法的な拘束を受けることなく，国民の権利や自由を恣に制限できるわけではない．ロシアが1998年に欧州人権条約に批准して以後，ロシア国民は欧州人権裁判所に人権侵害への不満を訴えることができ，勝訴事案が少なくないからである．

韓国では，1987年に民主化が始まり，最高裁判所（大法院）とは別に，憲法裁判所が設置された．木村によると，政権への司法の従属的な関係は民主化以後も続いた．大統領と，最高裁ならびに憲法裁との関係を規定する重要な要因は判事の任用である．最高裁長官は，大統領が国会の同意を得て任命する．憲法裁長官も同様である．憲法裁判事9名は大統領，国会，最高裁長官が3名ずつを任命する．選任に深く関与する大統領の任期は4年，判事はどちらも6年である．大統領には，長官を任命できるものとできないものがいる．このため，長官を任命できなかった大統領は司法の統制に苦慮することになる．

注

1）https://freedomhouse.org/report/freedom-world/freedom-world-2016（2017年1月16日アクセス）．

◆参考文献◆

邦文献

愛敬浩二［2012］『立憲主義の復権と憲法理論』日本評論社

今泉慎也［2008］「裁判制度改革：タイ政治の司法化とその限界」玉田芳史・船津鶴代編『タ

イ政治・行政の変革1991-2006年』アジア経済研究所，67-116頁.

今泉慎也編［2012］『アジアの司法化と裁判官の役割』アジア経済研究所（調査研究報告書）

岡部恭宜［2016］「新興民主主義国における執政府の抑制──司法府と独立機関──」『執政府制度の比較政治学』日本比較政治学会年報，第18号，157-179頁.

川村晃一［2012］「司法制度」中村正志編『東南アジアの比較政治学』アジア経済研究所，77-102頁.

小林昌之・今泉慎也編［2002］『アジア諸国の司法改革』アジア経済研究所

阪口正二郎［2001］『立憲主義と民主主義』日本評論社

作本直行編［1998］『アジア諸国の民主化と法』アジア経済研究所

作本直行・今泉慎也編［2003］『アジアの民主化過程と法』アジア経済研究所

高橋和之［2006］『現代立憲主義の制度構想』有斐閣.

トロペール，M.［2013］『リアリズムの法解釈理論』（南野 森編訳），勁草書房.

牧原出［2006］「政治化と行政化のはざまの司法権──最高裁判所 1950-1960──」『公共政策研究』6，17-31頁.

外国語文献

Bork, R. H.［2003］*Coercing Virtue: The Worldwide Rule of Judges*, Washington: AEI Press.

Dressel, B.［2010］"Judicialization of Politics or Politicization of the Judiciary? Considerations from Recent Events in Thailand," *The Pacific Review*, 23（5），pp. 671-691.

──── ［2012］"The judialization of politics in Asia: Towards a framework of analysis" in B. Dressel ed., *The Judicialization of Politics in Asia*, London: Routledge, pp. 1-14.

Fukuyama, F.［2011］*The Origins of Political Order*, London: Profile Books（会田弘継訳『政治の起源──人類以前からフランス革命まで──』上下巻，講談社，2013年）.

Ginsburg, T.［2003］*Judicial Review in New Democracies: Constitutional Courts in Asian Cases*, Cambridge: Cambridge University Press.

──── ［2008］"Constitutional Courts in East Asia: Understanding Variation," *Journal of Comparative Law*, 80, pp. 80-99.

──── ［2012］"Courts and New Democracies: Recent Works," *Law & Social Inquiry*, 37（3），pp. 720-742.

Ginsburg, T. and T. Moustafaeds.［2008］*Rule by Law: The Politics of Courts in Authoritarian Regimes*, Cambridge［UK］; New York: Cambridge University Press.

Harding, A. and P. Nicholson eds.［2010］*New Courts in Asia*, Abingdon: Routledge.

Hilbink, L.［2008］"Assessing the New Constitutionalism,"（review article），*Comparative Politics*, 40（2），pp. 227-245.

──── ［2009］"The Constituted Nature of Constituents' Interests: Historical and Ideational Factors in Judicial Empowerment," *Political Research Quarterly*, 62（4），pp. 781-797.

Hirschl, R.［2004］*Towards Juristocracy*, Cambridge, Mass.: Harvard University Press.

———— [2006] "The New Constitution and the Judicialization of Pure Politics Worldwide," *Fordham Law Review*, 75 (2), pp. 722-753.

———— [2008a] "The Judicialization of Mega-Politics and the Rise of Political Courts," *Annual Review of Political Science*, 11, pp. 93-118.

———— [2008b] "8 The Judicialization of Politics," in G. A. Caldeira, R. D. Kelemen and K. E. Whittington eds., *The Oxford Handbook of Law and Politics*, Oxford: Oxford University Press.

———— [2009] "The Realist Turn in Comparative Constitutional Politics," *Political Research Quarterly*, 62 (4), pp. 825-833.

———— [2010] *Constitutional Theocracy*, Cambridge, Mass.: Harvard University Press.

———— [2014] *Comparative Matters: The Renaissance of Comparative Constitutional Law*, Oxoford: Oxford University Press.

Issacharoff, S. [2015] *Fragile Democracies: Contested Power in the Era of Constitutional Courts*, Cambridge University Press.

Tamanaha, B. Z. [2004] *On The Rule of Law: History, Politics, Theory*, Cambridge: Cambridge University Press (四本健二監訳『法の支配をめぐって』現代人文社, 2011年).

Tate, C. N. [1994] "The Judicialization of Politics in the Philippines and Southeast Asia," *International Political Science Review*, 15 (2), pp.187-97.

第1章

タイにおける司法化と君主制

玉 田 芳 史

はじめに

　タイでは政治の司法化が著しく進んでいる．司法化は，脱民主化につながり，それには君主制が深く関わっていた．

　まず民主化の大きな見取り図を示しておこう．タイで最初の憲法は1932年，総選挙は33年であった．しかし，軍事クーデタと憲法改廃が繰り返されて，軍事政権の時代が長く続いた．民選議員が首相に就任することが常道になったのは92年以降である．台頭する下院議員の抑制を1つの目的として，97年憲法が公布施行された．この16番目の憲法のもとでの最初の総選挙が2001年に実施されると，中小規模政党の乱立と不安定な連立政権というそれまでの状況が一変した．新しい選挙制度は有権者に人物本位ではなく政党本位の選択を促し，政党の側も集票のためにタイでは前例のないマニフェスト選挙を実施した．少数派の富裕層にも多数派の貧困層にも魅力的な公約を掲げた政党（TRT）が過半数に迫る議席を獲得し，安定した政権が登場した．TRTが政権公約の多くを実現したため，有権者は旧知の候補者からの金品・便益の提供ではなく，魅力的な公約を基準として投票するものが増えた．有権者は生活を目に見えて改善してくれる選挙政治への執着を強め，タックシン首相を熱烈に支持した．

　2000年までの不安定な連立政権のもとで，官庁主導のマクロ経済運営や都市部優先の社会経済政策などの恩恵を享受していた富裕層や中間層は，横柄な首相，貧困層に手厚い所得再配分，農村部の社会経済的底上げなどに不満を感じた．マス・メディアは世論を動かす力を首相が削り取ったことに，NGOは政府の社会政策が庶民をNGOから離反させたことに不満を感じた［玉田 2014］．

TRTが4年の任期満了後の05年総選挙で下院の3/4の議席を獲得する圧勝をおさめると，これらの中間層は，首相の人気が国王をしのぎかねないことを懸念する王党派とともに，政権打倒運動に乗り出した．選挙では勝ち目が乏しいため，退陣要求デモ集会で政権を打倒しようとした．退陣圧力を受けた首相が2006年2月に国会を解散すると，野党がボイコットして候補者を擁立しなかったため，4月の総選挙は混乱した．2006年4月25日に就任宣誓のために拝謁した裁判官に，国王はその混乱の収拾を厳命した．これがタイにおける政治の司法化の始まりとなった．それは10年以上にわたって続く権力闘争の始まりでもあった．

　対立の基本的な構図は一貫している．選挙で勝利した政権の退陣を求めるデモ隊が登場し，司法機関が政権に手厳しい決定を下す．それでも政権が倒れなければ，軍隊がクーデタを行う．黄シャツをまとうデモ隊（PAD，民主国民連合），司法，軍隊という3点セットによる政権打倒は，2006年，2008年，そして2013年から14年にかけて3度繰り返されてきた．選挙結果を反映しない非民主的政権が誕生すると，赤シャツをまとう別のデモ隊（UDD，反独裁民主戦線）が登場して，総選挙の実施を求めてきた［玉田 2013］．

　司法はこの混乱に積極的に関与してきた．それは一面では政治の司法化であるものの，他面では中立の審判者であるべき司法機関が対立の一方の当事者にあからさまに荷担してきたため司法の政治化でもあった［Mérieau 2016；外山 2014；McCargo 2014］．調査や審理を始める前から有罪と推定し，しばしば法律や判例を軽視して，有罪の決定を下す．2度の首相失職判決，2度の第一党解党判決，2度の総選挙無効判決，これらは選挙によらない政権の崩壊や交代を実現しており，クーデタに匹敵する効果があった．

　政治の司法化は一般的に立憲主義と多数決民主主義の対立を浮き彫りにする．タイでは司法が民選政治家との対決という役割を担ってきたため，この対立がひときわ鮮明になっている．憲法裁判所を中心とする司法が，ここ10年間に果たしてきた役割は，多数決民主主義に批判的なエリートに都合よく起草された憲法を恣意的に解釈することで，エリートを守ることであった．言い換えるならば，劣悪な司法化によって，多数決民主主義も立憲民主主義も踏みにじっているといえよう．

　以下では，まず1997年憲法で用意された司法化の担い手を説明する．次に，06年から始まる司法化を振り返り，司法の暴走ともいえる状況にあることを描

写する．続いて，大胆な司法化の背景には，司法府と君主制の特殊な関係があることを明らかにする．最後に，君主制のための司法化は，立憲民主主義も多数決民主主義も台無しにしており，君主制の護持に寄与していないことが明らかになろう．

1 司法化を担う機関

　政治の司法化の拠り所となる憲法は，タイでは全面改正が繰り返されてきた．司法化の制度は，1997年憲法で導入され，以後の憲法にも継承されてきた．それを素描しておこう．

　第1に，最高裁を頂点とする司法裁判所が法務省から切り離された．それまでは判事が法務省事務官職に就任することが可能であった．たとえば1992年から96年にかけて最高裁長官を務めたプラマーン・チャンスーは事務次官経験者であった．この分離は，司法裁判所を政治家の法務大臣から遮断し，立法府や執政府からの独立性を高めることを意味した．

　第2に，裁判所を一元制から多元制へと変更した．司法裁判所とは別個に，憲法裁判所と行政裁判所が設置された．前者は一審制，後者は二審制である．第3に，政治家が被告となった刑事事件を専門に扱う最高裁政治家事件部が設置された．最高裁の中にありながら，通常の三審制とは異なり，ここでは一審制が採用された．これら2点の改革は，泥をかぶる汚れ仕事になりかねない政治行政に関連した裁判の担当機関を設置したことを意味する．

　第4に，政治家の不正を監視・摘発することに主眼を置いて，汚職防止取締委員会(NACC)，選挙管理委員会，オンブズマン，会計監査委員会が設置された．監視能力を高めるべく，予算や人事の独立性が確保されているため，独立機関と総称されている．2006年クーデタ後に起草された07年憲法では，「憲法に基づく独立機関」という節がもうけられ，① 選挙管理委員会，② オンブズマン，③ 汚職防止取締委員会，④ 会計監査委員会の4つが規定された．また，独立機関の人選に関与していた上院の構成をそれまでの全員民選から官選・民選ほぼ同数へと改め，さらに上院が人事に関与しうる余地を狭くした．人選は最高裁，憲法裁，行政の長官と国会の与野党代表によって行われる．そこでの主役は判事である．ギンズバーグは独立機関を民選政治家に対する非民選エリートのための守護機関とみなし，07年憲法では裁判所が守護機関の守護者になっ

たと述べる［Ginsburg 2009: 93］．07年憲法に代わるものとして16年に起草された憲法では，「第12章独立機関」という章を初めてもうけ，そこでは総則に続いて，選挙管理委員会，オンブズマン，汚職防止取締委員会，会計監査委員会，国家人権委員会の5機関を定めた．

　これらの機関が政治家への監視や対抗を重要な目的としていることは，憲法裁判所によく示されている．国際比較をすると，執政府，立法府，司法府（司法裁判所）によって判事が選出されることが多い．タイの場合には，憲法裁判所の判事選考委員会に占める司法府代表（裁判官と独立機関の長）の割合は，1997年憲法では8％であったものが，07年憲法では60％，さらに16年起草の憲法では78％へと増えた．執政府代表は一貫して皆無であり，立法府代表は31％，40％，22％と推移している．

　独立機関も，民選政治家から非民選エリートを守護する役割を期待されている．そのために，監査や抑制を可能にする調査・処罰・訴追といった権限を付与されている．独立機関の選考委員に占める司法府代表の割合は97年憲法では2割程度にとどまったものの，07年憲法では7割以上へ増えた．選ぶ側に判事が多いので，選ばれる側にも判事が多い．たとえば，選挙管理委員5名に含まれる判事の数は，1997年には3名であったものが，01年には1名に減るものの，06年には4名，13年には3名と過半数を占めている．独立機関は機能面でも人事面でも，裁判所と近い距離にあり，準司法機関と見なしうる．裁判所と独立機関を合わせて広義の司法機関と捉えてよい．

2　司法化の発動

　広義の司法機関の動きが活発になり，司法化が目立つのは，民選政権が誕生したときである．司法化は，2001年以後の総選挙ではいつも勝利をおさめてきたタックシン派政権に対する司法の締め付けということになる．これまでのところ，司法化には3つの波があった．第1幕は1997年憲法，第2幕と3幕は07年憲法に基づく司法化である．

(1)　第1幕：2006-2007年

　国王は2006年4月25日に就任宣誓のために拝謁した判事に，選挙をめぐる混乱の打開を厳命した[1]．最高裁，行政裁，憲法裁は対応を協議し，憲法裁が5月

8日に総選挙無効判決を下した．違憲の根拠は，投票用紙記入台の向きを180度回転して立会人に背を向ける（日本などと同じ）方式に変更した結果，のぞき見が可能になり，投票の秘密を守れなくなったということであった．

下院は2006年2月に解散されたままであった．上院は5年の任期満了を受けて同年4月19日に選挙が実施されたものの，選挙管理委員会が機能不全に陥って当選者を確定できなかった．立法府は空白であった．選管（定員5名）は欠員2名が生じていたため，憲法に基づいて最高裁に補充を依頼した．しかし，最高裁長官は6月1日に公開書簡を送り，「国王陛下は国民の主権を国会，内閣，裁判所を通じて行使される．……下院解散によって国会と内閣が不在となっているときには……国王は裁判所を通じて主権を行使できる」と説明して[2]，裁判所が国政を運営すると仄めかし，選管には協力できないと通知した．辞任圧力に屈することなく総選挙をやり直そうとする選管に，地裁は7月24日に懲役4年の実刑判決を下し，保釈を認めず収監した．選管不在ではやり直し選挙を実施できない．それでも後任の選管が決まり選挙を実施すれば，TRTの勝利はほぼ確実であった．このため，選挙の日程が固まってくると，2006年9月19日に軍隊がクーデタを決行した．

軍事政権下で2007年5月に，憲法裁は，06年4月に選挙違反によって不当に国家権力奪取を企てたという理由でTRTを解党した．同時に，不利益処分には遡及効がないという一般原則ならびにタイの判例を無視して，クーデタ後の命令に基づいて同党幹部111名に5年間の公職追放処分を下した．刑事処分ではないから遡及しうるという説明は，説得力が乏しかった［Dressel 2010: 681］．

(2) 第2幕：2008年

2007年に，タックシン派のTRTを解党し，新憲法起草で同派の政権獲得を阻止しやすい選挙制度に改めたにもかかわらず，同年12月の総選挙では，同派の新党（PPP）が勝利し，新たに党首に迎えられたサマックが首相に就任した．PPP政権が選挙公約通りに07年憲法の改正に着手しようとすると，黄シャツのデモ隊（PAD）が政権打倒に立ち上がり，5月下旬に首相府脇の幹線道路を占拠し，12月まで続く路上集会に突入した．

サマック政権の外務大臣は2008年6月19日に，カンボジアの世界遺産登録申請を認める共同宣言に署名した．政府は批准が必要な条約と見なさず国会で承認を求めなかった．しかし，PADは領土喪失につながると主張し，行政裁判

所に訴えた．行政裁は 6 月27日に差し止めを命令した．著名な公法学者は，批准が必要としながらも，行政裁には管轄権がないと指摘し，上級審に棄却を求めた．上級審が訴えを受理しないという棄却判決を用意すると，行政裁長官が担当判事を交代させ，一審を支持する判決を出させた [Puangthong 2013: 68; Lokwanni 2013: 112-113]．他方，憲法裁は国会議長から判断を求められると，7月 8 日に，国境の変更を伴わないので批准不要という政権側の主張に対して，「国境を変更することになるかもしれない」（傍点は引用者）から批准が必要であり，違憲と判断した．風が吹けば桶屋が儲かるというようなこじつけに反発するものが少なくなかった．

PADは 8 月26日に首相府や政府のテレビ局などに押し入って占拠した．民事裁判所は政府の求めに応じて 8 月28日に立ち退き命令を出したものの，翌日には執行の差し止めを命じた．政府は 9 月 2 日に首都に非常事態を宣言したが，デモ隊の狙いが強制排除で流血の惨事を招くことと理解していたため，強硬措置を控えた．手詰まり状態が続く中，憲法裁は 9 月 9 日に首相失職判決を下した．首相が料理番組に出演して報酬を受け取ったのは「従業員」であることを意味しており，憲法が禁止する利益相反規定に抵触するということであった．民商法，税法，労働法などに共通する「従業員」の解釈とは異なっているという批判に対しては，憲法裁は最高法規の憲法をほかの法律と同じように解釈をする必要がないと主張した．

2006年クーデタ後の法改正で政党役員が選挙違反をすれば解党という規定が設けられており，08年 7 月 8 日に最高裁政治家事件部がPPP幹部の選挙違反を認定していた．解党は時間の問題となっていた．事件の審理を始めていた憲法裁は，PADが11月25日から国際空港を占拠すると，審理を急遽打ち切り12月 2 日に与党PPPの解党を命じた．解党で首相が議員資格を失って政権は瓦解した．陸軍幹部が解党で移籍が自由になった議員の説得に乗り出し，PPP議員33名が野党民主党支持に転じたため，政権交代が実現した．

(3) 第 3 幕：2012年以後

2008年12月発足の民主党政権は任期満了が間近に迫った11年に憲法を改正して選挙制度を見直し，民主党に有利になるよう比例代表制の定員を増やした．しかし，同年 7 月の総選挙では，タックシン派の政党（プアタイ党）が予想外の大差をつけて第 1 党になった．

(a) 憲法改正

2011年誕生のインラック政権は，選挙公約通りに，07年憲法の全面改正に乗り出した．12年には憲法改正の手続きを定める憲法291条改正案の可決を目指した．国会審議が終わり，採決を待つだけになった6月1日に，憲法裁は憲法68条に抵触する（体制転覆の）疑いがあるという理由で採決を差し止め，続いて7月13日に，68条に違反しない，全面改正には国民投票が必要，個別条文の改正なら可能という判決を下した[5]．手続き面では，改正案可決前の違憲審査なので，立法権の侵害であった．それもあって，法律に根拠のない決定は司法クーデタと見なされた[Nithi 2012: 24]．

国会は翌2013年に個別条文の改正に乗り出し，2つの改正案を可決した[6]．9月28日に可決された上院議員を全員民選に戻す改正については，憲法裁は11月20日に，起草手続きと改正内容の双方において憲法に抵触しているという判決[7]を下した．内容については，上院議員をすべて民選にすると，下院議員の親族が増えて下院への抑制均衡機能を果たせなくなって，68条が禁止する憲法に違反した方法による権力獲得の機会を準備することになり，違憲だというのである．他方，13年11月4日に可決された条約批准条件見直しに関連する改正については，憲法裁は14年1月8日に，①審議を尽くしていない，②立法府を弱体化し抑制均衡を崩すという2つの理由により，憲法68条に抵触するとして違憲判決を下した．

違憲判決には批判が相次いだ．第1に，68条は憲法の「第3章　国民の権利と自由」に置かれていて，個人が権利や自由を統治体制の打倒や違憲な方法による権力獲得に用いることを禁止する規定であり，国会の職務権限には適用できない[Somlak 2013; Ekkachai 2013]．第2に，憲法は国会に憲法改正権限を認めており（291条および136条），改憲に当たって禁止されるのは体制変更と国家形態の変更の2点のみである．上院や条約批准の見直しは禁止項目に該当しない．第3に，68条違反は検察を通じて起訴すると憲法に規定されており，検察は不起訴と判断していた．憲法裁は，憲法改正が少数意見を無視した多数派の横暴であって，多数決では覆せない法の支配の原則に違反しているので，野党による訴えを受理しうると述べた．しかし，これは詭弁といえよう．

(b) 総選挙無効判決

憲法裁は，改憲違憲判決に続いて，高速鉄道網を中心とした交通インフラストラクチャー整備のために7年間で2兆バーツ（約6兆円）の借金をする法律について，違憲判断を14年3月12日に下した．憲法裁は，畳み掛けるように直後の3月21日には，総選挙に無効判断を下した．

政権は2013年12月9日に国会を解散し，14年2月2日に総選挙を実施する政令を出した．ところが，PDRC（国王を元首とする完璧な民主主義へと改革する国民委員会，PADが民主党支持者と合流した集団）のデモ隊は立候補や投票を妨害した．南部の28選挙区では，届出を受理できず，候補者が不在となった．こうした妨害や選管の消極姿勢［玉田2016a］にもかかわらず，投票率は47.7％であった．憲法裁は，オンブズマンからの訴えを受理し，①28の選挙区で日を改めて選挙を実施するのは，選挙を同一日に実施すべきという憲法の規定に違反している，それゆえ②政令のうち選挙の日程を2月2日と定めた部分だけが憲法違反であると判断した．選挙は無効ながら，国会解散は有効というわけである．

これに対しては批判が相次いだ．第1に，オンブズマンには総選挙無効確認を求める権限がない（245条）．第2に，憲法は総選挙を全国で同日に実施すべきとは規定していない．2月2日を投票日と決めたことも憲法が定める条件にかなっている．事後の妨害行為から違憲と判断するのは本末転倒である．第3に，28選挙区で再選挙をすれば済むことであり，残る347の選挙区ならびに世界中の在外公館で実施された投票を無効と判断する必要はない．妨害者に荷担し，投票した者の権利を侵害する不当判決である．第4に，この判決を受け入れるならば，今後も，どこか1つの選挙区で立候補や投票を妨害すれば，総選挙は無効になってしまう．

(c) 閣僚や議員への弾劾——改憲への責任追及

憲法270条には，閣僚や議員に「異常蓄財，職務上の不正，公務上の地位・義務に対する違反，司法上の地位・義務に対する違反，または憲法あるいは法律の規定に抵触する職務権限の故意の行使がある，あるいは倫理標準への重大な違反または不遵守があった場合，上院はその者を罷免する権限を有する」と記されていた．これを根拠として，汚職防止取締委員会（NACC）は，2013年11月に違憲判決が下った上院民選化に関連して，改憲案に賛成した300名余りの国会議員の罷免に乗り出した．だが，憲法130条には，「下院，上院もしくは

両院合同会議において，議員が事実関係を発表，見解表明または投票すること
は絶対的な特権であり，いかなる方法においてもその議員を訴える事由とする
ことはできない」と規定されている．これは立法府につきものの免責特権であ
る．法律や政策に対して，違憲・違法判断が（かなり党派的に）下されるたびに，
（官選）上院での弾劾の対象になるというのでは，下院での立法活動が著しく阻
害されることになる．[8]

(d) 首相失職判決――NSC事務局長の人事問題

2011年 8 月発足のインラック政権によって，同年 9 月初旬に首相府顧問への
異動を命じられた国家安全保障会議事務局長タウィンは，12年 4 月に行政裁に
取り消しを求めて訴えた．裁判所は14年 3 月 7 日に異動が法令違反という判決
を下した．異動理由を説明していなかったというのが根拠であった．これを受
けて，任命上院議員が違法な人事異動を行った内閣の更迭を求めて憲法裁に訴
えた．憲法裁は 4 月 2 日に訴えを受理し，5 月 7 日に判決を下した．それは，
タウィンの異動はその転出で空いたポストに11年10月に警察長官を転任させ，
それによって空いた警察長官に首相の義兄を任命するための工作であったと断
じて，憲法違反の利益相反行為であると認定し，タウィンの異動を決めた11年
9 月当時の閣僚のうち判決時の第 5 次内閣にとどまっている10名を失職させる
ものであった．

この判決は様々な批判を招いた．第 1 に，国会解散で選挙管理内閣になって
いる閣僚はすでに失職しているので重ねて失職させることはできない．第 2 に，
仮に失職対象になるとしても，該当するのは2011年 9 月当時の閣僚ポストであ
り，閣僚自身ではない．第 1 次内閣と第 5 次内閣で同じポストにとどまってい
るものは 2 名しかいない．判決通りならば，違法な人事異動の決定に加わった
段階で，当該人物はその後入閣の資格を失っていたことになる．しかし，憲法
266条によると，憲法裁は失職させることができても，閣僚就任権を剥奪する
ことはできない．[9]　第 3 に，裁判所は，首相の親族だから自動的に利益相反と即
断し，当該人物に就任の適格性があるかどうかの判断をいっさいしなかった．[10]
義兄は副長官中の序列が09年には第 1 位になっていたので，必ずしも不当な縁
故人事とはいえない．

(e) 総選挙費用の損害賠償

会計監査委員会は2014年5月6日付の文書を首相に送って，2月総選挙に要した費用38億8500万バーツ（およそ120億円）の賠償を内閣に請求した．その要旨は次の通りである．選挙が予定通りに実施できず，予算が無駄になるかも知れないという警告を会計監査委員会が発していたにもかかわらず，選挙を強行した．内閣の非合理な裁量権行使は不法行為であり，38億8500万バーツが無駄になった[11]．

後に2016年3月3日になって，選挙管理委員会は14年総選挙の費用24億バーツの賠償を当時の首相と選挙を妨害したPDRCの234名に請求することを決定した．PDRC側には妨害の事実を否定し，無効になったのは元首相と選管のせいだと開き直るものが少なくなかった．そうした中，16年3月24日南部地方の地裁は選挙妨害で起訴されていたPDRCの3名について，「選挙当時は政治対立が激しく，検察側の証人は敵対陣営に属しており，信用できない」という理由で，検察の訴えを棄却した[12]．PDRCによる選挙妨害は周知の事実であり，PDRCは戦果として誇っていた．強引で説得力の乏しい論拠は，06年以後党派性が顕著な司法裁判所では珍しいことではない．同じ論拠で，PDRCは民事責任も免除される可能性がある．

(f) 汚職防止取締委員会（NACC）による汚職認定

インラック政権は8000億バーツの予算で，生産者から籾米を高価で買い上げる政策を実施した．買い上げを代行する精米業者の中には不正を働くものもいた．国際価格が低迷して大きな逆ザヤを生み，政府は売却に苦慮した．売却できないため資金が底をついた．12月の国会解散後には，憲法に基づき内閣の予算権限が制約を受けて資金調達が一段と困難になった．

NACCは，2014年1月16日，政府買い上げ米を政府間取引で中国へ売却したという商業大臣らの不正疑惑の調査に乗り出すことを決定した．首相は監督責任を問われることになった．14年5月8日にNACCは，「内閣の政策全般について国会に対して共同で責任を負わなければならない」という憲法178条に違反しているので汚職であり，罷免が相当であると判断した．汚職防止取締委員会から汚職が蔓延していると警告を2度受けており，会計監査委員会からも赤字が膨大という警告を受けたにもかかわらず，適切な措置を講じなかったことが汚職認定理由であった[13]．

籾米買い上げ政策については，インラック前首相は，2014年クーデタ後に，NACCの訴えに基づき，15年1月23日に官選国会で弾劾されて5年間の公民権停止処分を受けることになる．第2に，検察は15年2月19日に前首相を最高裁政治家事件部に起訴することを決め，5月19日に第1回公判が始まった．最高刑は懲役10年である．第3に，NACCは15年2月18日に6000億バーツの損害賠償請求を財務省に勧告した．それに応えて，軍事政権の首相は財務省が算定した357億バーツ（およそ1055億円）の資産差し押さえを16年9月に法務省刑執行局に命じた．

(4)　軍政継続に向けて

　司法化は2014年クーデタ後も続いている．ここでは，軍事政権が立憲主義に依拠した司法化の促進のために，07年憲法を破棄し新憲法を起草したことを確認しておきたい．軍事政権が起草させた最初の憲法草案は，軍隊が任命した評議会によって15年9月に否決された．起草委員長によると，憲法が成立すればじきに総選挙を実施し民政移管となるため，軍事政権を延命すべく否決したのであった[14]．新たな起草委員会が設置され，16年3月に最終草案が完成した．草案の特色は，民選機関の弱体化による脱民主化である．第1に，第一党による過半数の議席獲得を困難にし，連立政権の可能性を高める選挙制度が定められた．第2に，首相は民選議員に限定されなくなった．軍隊や王室の眼鏡にかなう人物の首相就任を可能にするための条文であり，92年以前に逆戻りすることを意味している．第3に，広義の司法機関の権限が強化された．とりわけ重要なのは，2006年や14年のようにデモ隊が国政を麻痺させたときに，憲法裁判所が中心となって打開策を決定できるという規定を盛り込んだことである．「憲法裁判所長官が，下院議長，下院の野党指導者，上院議長，首相，最高裁長官，行政裁判所長官，憲法裁判所長官，独立機関の長の会議を招集し，」「多数決で決定し，」「その決定は国会，内閣，裁判所，独立機関，その他国家機関を拘束する」という条文である．憲法裁判所が国王に代わって政治危機の収拾に当たるということである．

　この脱民主化憲法は改正が著しく困難になっていることも見逃せない．改正の発議は国会議員の1/5の賛同を得れば可能である．しかしまず，国会での審議を始めるには（第1読会），上下両院議員の過半数のみならず，上院議員の1/3の賛同を得る必要がある．これが第1の関門である．上院は当初の5年間

はNCPO（クーデタ評議会＝軍中枢）が任命することになっている．この上院において1/3の支持を得るのは至難の業である．上院の支持を得て審議が始まっても，国会の採決にあたっては（第3読会），上院議員の1/3以上の賛同，そして下院各党の2割以上の議員の賛同を得る必要がある．中小規模政党の議席獲得を助ける選挙制度が採用されるため，小さな政党が議席を獲得する可能性が高く，野党も含めた各党の議員から2割以上の支持を取り付けるのは非常に難しい．これが第2の関門である．さらに，憲法の規定のうち，① 総論，君主制，憲法改正の3つの章，② 各種公職への就任の資格要件，そして③ 裁判所や独立機関の職権，これら3点に関わる改正については，国会での可決後に，国民投票を実施しなければならない．これが第3の関門である．憲法を改正しようとすれば，国会ではほぼ不可能なので，再び軍事クーデタを待たねばならないであろう．

　もう1つ大事なのは，憲法末尾の262条から279条にかけての経過規定である．当初の5年間については，上院の定数を200名から250名へと増やし，NCPOが244名を任命する．残る6名は軍隊の最高首脳5名と警察長官1名が職権上自動的に就任する．これはNCPOが上院を確実に支配するための規定である．上院議員に首相選出投票権限を付与することにしたため，定員の50名増員は大きな意味がある．下院の定数は500名である．そこに上院議員250名が加わって首相を選ぶことになる．つまり，NCPOは首相選出にあたって1/3の票を握る．これは下院第一党を上回ると予想される．隣国ミャンマーで軍事政権が作った憲法では，軍隊任命の国会議員は1/4にとどまる．タイはその上をいく．しかも，首相を民選議員に限定する規定が削除された．軍隊は総選挙の結果を度外視し，意中の候補者を首相に就任させうる可能性が高い．

3　司法化と君主制

　以上を振り返ると，中立の審判であるべき司法が政治対立の一方の当事者になってしまっていることが分かる [Nithi 2012]．その決定や判断の多くは，司法の衣をまとった政治的な価値判断の表明に過ぎない [Punthep 2016: 19]．アメリカで教鞭を執るタイ人歴史学者トンチャイは2008年7月に"INQUISITION"と題するエッセイを発表した．共同宣言違憲判決の数日後に，タイ語でタイ人読者向けに書いたものである．中世ヨーロッパでは，被告を異端者と想定した

上で，捜査，訴追，裁判を行い，厳罰にいたる異端審問が行われていたと概説する内容である［Thongchai 2008］．今日のタイで，有罪と推定し，理由をこじつけるというのはそうした魔女狩りと似ている．司法はなぜかくも積極的で大胆なのであろうか．

(1)　司法と君主制

　タイで最大の発行部数を誇る日刊紙の論説はこう批判した．「1997年憲法にしても2007年憲法にしても，憲法に基づいて設置された独立機関［＝広義の司法機関］こそが，長期にわたって続く国家危機の発端であった．憲法を超越する権力を備え，国民代表による憲法改正を許さない憲法上の独立機関がなければ，政治危機は多数決という民主的な方法で打開できたに違いない．独立機関は民主的な方法を妨害する役割を果たしている．その結果，選挙を実施できず，国政を運営できず，立法権を行使できず，政治危機が行き詰まりに至った．歴史を振り返ると，政治危機は選挙管理委員会，国家汚職防止取締委員会(NACC)，憲法裁判所，会計監査委員会，官界汚職防止取締委員会(PACC)，人権委員会，オンブズマンといった独立機関の決定が起点になっていた．これらの機関の委員はすべてが任命制であり，選挙で選ばれたものはおらず，国民代表として行動しているものはいない[15]」．

　政治の司法化を担ってきたのは裁判所と独立機関である．独立機関は民選政治家に対する見張り役であり，裁判所は見張り役の守護者であるといってよかろう［Ginsburg 2009: 93］．裁判所の中でもとりわけ憲法裁は，この10年間，憲法の条文や立憲民主主義の精神に違背する判決を何度も下すことで，軍隊とともに多数決民主政治に対抗する役割を果たしてきた．このため，立憲主義や司法化を強く支持する研究者でさえもが，タイにおける任命の上院を民選に変更する2013年の憲法改正については，「立法府を任命制にとどめておくことを支持する民主主義運動は，アメリカのTea party以外には，想像しがたい」と辛辣に批判し，裁判所は対立の一方当事者と明らかに同盟し，ハーシュルがいう「法曹支配」へと接近したと嘆いた．彼によると，司法が2014年軍事クーデタの先導役になったことは否定しがたい．政治を過度に司法化すれば，民主主義を窒息させてしまうことになる．「立憲主義は民主主義の見守り役であるが，民主主義の代用にはならない」［Issacharoff 2015: 266-267; 275; 280］．

　広義の司法機関が，政治の司法化に大胆でありうるのは，司法化が始まった

当初の2006年に顕著であったように，司法裁判所の権威のおかげである．その権威は，政治体制における司法裁判所の特殊な地位に由来する部分が大きいと思われる．とりわけ重要なのは君主制との近接性や類似性である［Nithi 2012: 12; Soracha 2014］．

第1に，裁判官は，就任前に国王に拝謁して，憲法に明記される判事に特有な宣誓を行う．1997年憲法からは「国王に忠誠を尽くし，国民への正義及び王国の安寧のために国王の名において誠実かついかなる偏見もなく職務を遂行するとともに，あらゆる面でタイ王国憲法及び法律に基づき，国王を元首とする民主主義体制を擁護し，遵守することを誓います」という言葉になった．[16] 枢密顧問官や閣僚の宣誓の言葉は「国王に忠誠を尽くし，国と国民のために誠実に任務を遂行し，あらゆる点においてタイ王国憲法を擁護し，遵守することを誓います」となっており，もっとあっさりとしている．判事の場合には「国王の名において」「国王を元首とする民主主義体制」という表現が入っているのが特色である．これと関連して，第2に，多くの判事は，国王の名代として判決を書いており，不可侵な国王のお言葉に等しい判決は批判されてはならないと考えている［Piyabut 2009: 94-95］．第3に，司法裁判所のロゴマーク（2001年制定）は，9世王（在位1946-2016年）とのきわめて緊密な関係を表現したものになっている（図1-1参照）．裁判所を示す天秤ばかりの上に，9世王を示す王冠と9つ

図1-1　司法裁判所のロゴマーク

の蓮の花弁が描かれている．法務省によると， 9世王が［裁判所を通じて］天下に清浄さと正義を行き渡らせることを表現している［Khanakammakan 2001］．

第4に，裁判所を中心とする司法機関が法廷侮辱罪（司法権侵害罪）（刑法198条）によって守られている点が重要であろう［Nithi 2012; Kritphachara 2014］．これは君主制の不敬罪（刑法112条）と似通っている．法廷侮辱は裁判所内部において裁判所が定めたルールを守らないことであり，判決批判とは別物である．しかし，法廷侮辱罪は威圧のために用いられている．大事な点は，学術目的以外の判決批判が禁止されており，法理や常識に反する判決を下しても批判を免れるということである．

司法機関のみならず，社会の側にも，君主との関係を一因として，判決の不可侵性を肯定する人びとが少なくない．たとえば，弁護士会である．2013年11月に改憲案違憲判決が出たとき，政権側には憲法に反する判決の受け入れを拒否しようとする声があった．それに対して，弁護士会は12月3日に声明文を発表した．第1に，憲法裁判所の判決は絶対であり，国会，内閣，裁判所，その他の国家機関を拘束する．第2に，三権分立と抑制均衡は重要な原則である．第3に，国王は国会を通じて立法権，内閣を通じて行政権，裁判所を通じて司法権を行使する．判決の否定は司法面における王権の否定に等しい．このように不届きな内閣は12月5日の国王誕生日に拝謁すべきではない．弁護士会が，裁判所と国王の関係を特別視し，判決を絶対視していることが窺えよう．

(2) 司法化と君主制

すでに述べたように，国王は2006年に裁判所を司法化に乗り出させた．政治と距離を置いてきた司法を政治に関わらせるようになったのはなぜであろうか．

21世紀に入って君主制の揺らぎを感じるものが増えた．揺らぎは，タイの政治体制における君主制の特殊な地位に起因する．君主の絶大な権威や権力は，人民党が絶対王政を打倒した1932年立憲革命以後の権力闘争の成果である．46年に即位したプーミポン国王は，人民党文民派を打倒する47年クーデタ，人民党軍人派を打倒する57年クーデタを経て，その後は軍隊と共生関係を結び，73年の軍事政権崩壊で政治的地位を一気に高めた．国王は，日常的な国政運営を政治家，官僚，軍人に委ねて政治との間に距離を置きつつ，危急時には究極の調停者として介入することで体制の均衡を保ってきた．国王が政治的覇権を握

る政治体制は，1978年以後の憲法において「国王を元首とする民主主義体制」と明記されるようになった．とはいえ，国王の政治的な役割や権力は，頻繁に改正される憲法に定められているわけではない [Piyabut 2007: 19]．それは，成文化されない非公式の基本法に基づいている．この点について，ギンズバーグは，こう説明する．ヨーロッパや日本の立憲君主制では，憲法も君主制も長続きしており，君主制は憲法によって制限を受けている．それに対して，「タイでは君主は長続きしているが，憲法は寿命が短い．君主制は必ずしも憲法の制限を受けるわけではない」[Ginsburg 2009: 89]．

　憲法に明記されず制度化されない君主の権力を支えるのは，① 国王の人望，② 首相の能力・性格，③ 国民からの敬愛，である．①と③に関連して重要なのは，政治が危機に瀕したときに，国王が仲裁者の役割を成功裏に果たしてきたことである．1973年10月と92年5月に権威主義政権に反対するデモ隊に軍隊が発砲したとき，国王は発砲を止めさせ，民主的な政権への道筋をつけた．2つの事件は，国民の生命を守る民主的な国王というイメージの形成・定着に決定的に重要な役割を果たした．しかし，政治の民主化にともなって，国王の人望を相対化する首相が登場した．しかも，国王は高齢で健康状態がすぐれず，王位継承が迫りつつあった．「皇太子は父親と同等な重厚さがなく，権力を十分に思慮深く行使できるのかどうかが定かではな［かった］」[Ginsburg 2009: 89]．

　そこで，軍隊と司法を利用した奪権闘争が始まった．君主制はいくつかの過ちを犯すことになる．第1に，君主の政治的権威は，政治への介入が稀であることに依存してきた．間接的ながら，恒常的に介入することで，権威が揺らいだ．介入は権威を損ねるばかりで，強化につながらない．第2に，君主の介入はすべてのタイ人を超越した象徴として行われるときに有効である．しかし，2005年から続く政治対立において，君主制が中立だと信じるものはほとんど存在しない．第3に，政治的中立性のゆえに信頼を得てきた司法を，権力闘争に参戦させた．「それに伴って，法の支配は蚕食され，判事による支配に取って代わられた」[Dressel 2010: 686]．

┃ おわりに

　タイにおける司法化と民主化の関係について振り返っておこう．1997年憲法で導入された統治制度をうまく利用してタックシンが高い人気を得て強い指導

力を発揮する指導者として登場すると，同憲法で一新されていた司法制度が，民選政治家に挑戦する奪権闘争に2006年から加わった．06年軍事クーデタは，民選政治家に好都合な97年憲法を葬り去り，07年憲法を起草した．「[同]憲法は，タイの有権者の多数派を構成する都市部と農村部の貧困層の影響力を抑え込もうとして，政治の司法化を一層進めた」[Dressel 2009: 313]．しかし民選政治家封じ込め効果が足りなかったため，14年に再び軍事クーデタが必要となり，憲法改正で司法化が一段と強化された．立法府と執政府を弱体化し，裁判所と独立機関で構成される広義の司法機関を一層強化したのである．

　この国において，多数決民主主義に代わって立憲民主主義が定着するかどうかは，立憲主義を唱道・推進するエリートが憲法を遵守するかどうかにかかっている．憲法の起草・解釈・破棄はもっぱらエリートが独占してきた．1932年から84年間に20もの憲法が起草されてきたという事実は，エリートに憲法を尊重する意思が乏しいことを示している．06年に司法化が始まり，立憲主義が強調されるようになった後にも，自己都合による憲法の破棄と起草，そして憲法軽視の司法判断が続いている．エリートの権力闘争を背景とした司法の権限強化と積極主義は，「司法の政治化」につながっている[Ginsburg 2009: 98; Dressel 2010: 687]．それに伴って，法の支配は崩れ，「判事による支配」や「法によらない支配（un-rule of law）」へと変化している[Dressel 2010: 686-687]．

　「憲法の見直しや司法の関連した権限強化は，それ自体が進歩的というわけではなく，現状を維持しようとするエリートの努力の反映である，とハーシュルは論じる．彼の覇権維持理論は，タイの政治エリートの努力にとりわけ妥当するように思われる．そこではエリートたちは，1997年憲法で，さらにそれ以上に2007年憲法で，選挙政治にまつわる不確実性を緩和しようとした．それを通じて，エリートは，代議機関の影響力を削ぎ，民主政治にたがをかけた」[Dressel 2010: 686]．16年の憲法改正では，広義の司法機関をさらに強化することで，民選政治家への対抗を強めた．つまり，タイでは，エリートが民主化につれて相対的に縮小する権力を温存しようとして，政治の司法化を利用しており，司法の政治化を招いている．君主制の護持を大義名分として，司法は立憲民主主義を損ね，軍隊は代議制民主主義を破壊している．その結果，君主制の正当性が揺らぎつつある．立憲君主制であれば，「多種多様な用務をこなす君主，人民を魅了する言葉を口にする君主，品行方正な君主，明敏賢明な君主，戦士の君主，慈悲深い君主，これらがよき君主ではない．よき君主は憲法を遵守す

る君主である」[Piyabut 2014: 201]．憲法を遵守する君主であれば，軍事クーデタを裁可せず，憲法に反する司法判断を促さないであろう．君主制の正当性が動揺するとき，司法は新たな正当性を模索するか，強引な司法化を慎むか，いずれかの選択を迫られることになろう．

注

1）訓示の全文については玉田［2010］を参照されたい．

2）"Sandikacaeng het maisanha ko.ko.to. phoem"，*Phucatkan Online*，June 1, 2006（http://www.manager.co.th/Politics/ViewNews.aspx?NewsID=9490000072266，2016年10月31日アクセス）．

3）1997年憲法起草の中心人物の1人であり，14年クーデタ後にも憲法起草委員長になったボーウォーンサック．

4）この事件を担当し，2011年から13年まで憲法裁長官を務めた判事は，批判に次のように反論している．「今現在国境を変更するならば国会の同意を得る必要がある．しかし，「将来領土を他国に譲り渡す」と取り決めに書かれていれば，将来のことゆえに見直される「かもしれない」し見直されない「かもしれない」から，国会の批准は不要であると解釈してよいのか．政府が，国会への通知や国会での同意を抜きにして，領土を将来他国に譲り渡すという売国的な取り決めをしてもよいのか」[Wasan n.d.: 54]．共同宣言には国境線の見直しやその可能性に関する言及はまったくなかったので，これは稚拙な言いがかりといえよう．

5）焦点になった憲法68条は，第1段が「本憲法に基づく国王を元首とする民主主義体制の転覆，もしくは本憲法が規定する方法によらない国の統治権の奪取のために，本憲法に基づく権利及び自由を行使することはできない」．第2段が「個人もしくは政党が第1段に基づく行為をなした場合，その行為を知った者は，検事総長に真相を究明し，憲法裁判所に当該行為の停止命令を要請させるよう申し立てる権利を有する．ただしその申立は当該行為者の刑事訴訟には影響しない」という条文であった．これは1997年憲法の63条と同一であった．

6）2013年8月31日に憲法裁長官を退いたばかりの職業裁判官は，同年9月3日のセミナーで，この改憲を念頭に置いて，ドイツのようにタイの憲法裁も訴えがなくても違憲判決を下せるべきだと発言した．この発言は，事実にも原則にも反しており，憲法裁の政治化をよく示している[Punthep 2016: 40-41]．

7）手続きで問題とされたのは次の点であった．①2013年3月20日に提出された改正案の原案と国会の第一読会に提出された改正案の内容が一致しない．②国会での審議が始まってから14日目の4月18日になって審議日数を15日間と決めた結果，残り1日となり時間不足で発言できないものが多数出た．これは議事運営規則に違反している．③代理投票をした下院議員が1名いた．

8）弾劾の顛末については，玉田（2015a）を参照されたい．

9）"Woracet, Kittisak, Sathit thok tulakan kap sathanakan thang kanmuang,"

Prachathai April 27, 2014（http://www.prachatai.com/journal/2014/04/52896, 2014年4月28日アクセス）.

10）義兄はタックシン政権時代に警察副長官に任命された．2006年クーデタ直後に，警察を追われて首相顧問へ左遷された．08年6月に副長官に復帰したものの，08年12月から政権を握った民主党は彼を嫌って年功序列軽視の長官人事を行った．

11）選挙を実施する権限と義務は選管にあり，また憲法が規定する期限内に選挙を実施しなければ法的責任を問われること必定なので，不当な請求といえよう．

12）"Yok fong ko.po.po.so. muangkhon khadi khwangluaktang 57", *Matichon*, Mar 24, 2016（http://www.matichon.co.th/news/82311, 2016年10月31日アクセス）.

13）失職したものへの罷免に加え，a）クーデタ後の暫定憲法は官選国会の罷免権限を明記していない，b）2007年憲法下の上院で閣僚の罷免が可決されたことは1度もないという点も考慮すると，これは異様なことであった．なお，NACCは検察に刑事訴追を行わせ，財務省に逆ザヤ分の損害賠償訴訟を起こさせることに成功した．

14）"Borwornsak: More choice please", *Bangkok Post*, Feb 19, 2016（http://www.bangkokpost.com/news/politics/870124/borwornsak-more-choice-please, 2016年2月20日アクセス）.

15）Matlek, "Amnatsanratthathammanunlaeongkonissara," *Thai Rat*, Feb 17, 2016.

16）1997年以前には，「司法公務員規則に基づく司法委員会が定める言葉を用いて，国王に対して誓います」という素っ気ないものであった．

◆参考文献◆

邦文献

玉田芳史［2010］「司法による政治統制：はじめの一歩」『タイ国情報』11月号，pp. 1-10.

――――［2013］「民主化と抵抗」『国際問題』625, pp. 18-30.

――――［2014］「10月14日政変から40年」『国際情勢紀要』84, pp. 147-70.

――――［2015a］「タイにおける政治の司法化――2014年クーデタ後の状況――」『タイ国情報』5月号，pp. 1-11.

――――［2015b］「タイにおける脱民主化とナショナリズム」『アジア研究』61（4），pp. 42-60.

――――［2016a］「選挙を弄んだ選挙管理委員会」『タイ国情報』1月号，pp. 2-13.

――――［2016b］「新憲法起草で注目を集める憲法裁判所」『タイ国情報』5月号，pp. 1-13.

――――［2016c］「新憲法草案をめぐる不自由な国民投票」『タイ国情報』7月号．

外山文子［2014］「タイにおける体制変動――憲法，司法，クーデタに焦点をあてて――」『体制転換／非転換の比較政治』（日本比較政治学会年報第16号），pp. 157-81.

外国語文献

Dressel, B.［2009］"Thailand's Elusive Quest for a Workable Constitution, 1997-2007," *Contemporary Southeast Asia*, 31（2），pp. 296-325.

――――― [2010] "Judicialization of Politics or Politicization of the Judiciary? Considerations from Recent Events in Thailand," *The Pacific Review*, 23 (5) , pp. 671-91.

Ekkachai, C. [2013] "San ratthathammanun khian ratthathammanun mai phan khamwinitchai 20 phrutsacikanyon 2556," *Prachathai*, Nov 10, 2013 (http://prachatai. com/journal/2013/11/49888, 2013年11月11日アクセス).

Ginsburg, T. [2009] "Constitutional Afterlife: The Continuing Impact of Thailand's Postpolitical Constitution," *International Journal of Constitutional Law*, 7 (1) , pp. 83-105.

Issacharoff, S. [2015] *Fragile Democracies: Contested Power in the Era of Constitutional Courts*, New York :Cambridge Univestity Press.

Khanakammakan [2001] "Prakatkhanakammakanborihan san yuttitham ruang trasanyalak sanyuttitham lae trasanyalak samnakngan sanyuttitham," *Ratchakitca-anubeksa*, vol. 118, pt. 63k, p. 8 (Aug 2, 2001) .

Lokwanni [2013] *Aphinihan san cao*, Bangkok: Lokwanni.

Nithi I. [2012] *Phipak san*, Bangkok: Matichon.

McCargo, D. [2014] "Competing Notions of judicialization in Thailand," *Contemporary Southeast Asia*, 36 (3) , pp. 417-441.

Mérieau, E. [2016] "Thailand's Deep State, Royal Power and the Constitutional Court (1997-2015) ," *Journal of Contemporary Asia*, 46 (3) , pp. 445-66.

Piyabut S. [2007] *Phraratcha-amnat ongkhamontri lae phumibarami nokratthathammanun*, Bangkok: Open Books.

――――― [2009] *Naiphraparamaphithai laet ulakan*, Bangkok: Open Books.

――――― [2014] *Ratchamanlongthan bannlang patirup*, Bangkok: Shine Publishing House.

Puangthong R. P. [2013] *State and Uncivil Society in Thailand at the Temple of PreahVihar*, Singapore: ISEAS.

Punthep S. [2016] *To.lo.ko. ratthathammnun*, Bangkok: Shine Publishing House.

Somlak C. [2013] "Ratthathammanun matra 68, 291 kap san ratthathammanun," *Matichon*, Dec 19, 2013 (http://www.matichon.co.th/news_detail.php?newsid=138736 2764&grpid=01&catid=&subcatid=, 2013年12月21日アクセス) .

Thongchai W. [2008] "INQUISITION," *Prachathai*, July 11, 2008 (http://www. prachatai.com/05web/th/home/12807, 2008年7月15日アクセス) .

Wasan S. [n.d.] *Ruang (mai) sanuk nai san ratthathammanun*, Bangkok: Tontham.

第2章

弱い司法の「独立性」
——フィリピンの最高裁判所と大統領——

日 下　渉

はじめに

　立憲主義に拠って立つ司法が民主主義に拠って立つ立法と行政を積極的に抑制する現象を「政治の司法化」というのであれば，それは民主国家でのみで生じる．それゆえ，20世紀初頭に他のアジア諸国に先駆けて民主主義を導入したフィリピンは，アジアにおける政治の司法化の先進国だったといっても過言ではない．たしかに1972年からのマルコス戒厳令下では司法の独立性が失われたものの，1986年に民主化を果たすと，政治の司法化がすすんだ．最高裁判所が，強化された司法審査権を活用して，立法部の制定した法律や行政府の行為に対して違憲判決，一時差し止め命令，暫定的緊急差し止め命令を下すことが増えたのである［Cruz 2000］．

　政治が司法化した要因として，判事の積極主義と制度的要因が指摘されている．テイト［Tate 1994］は，民主化後のアキノ政権では，立法府が派閥闘争によって，行政府が非効率と執行力の弱さによって国民の信頼を失うなか，国民から尊敬と支持を維持する最高裁判所の積極主義によって政治の司法化が進んだとする．判事はおしなべて司法積極主義に肯定的で，とくにアキノに任命された者にその傾向が強かったという．内田［2003］は経済ナショナリズムが強く，社会経済的な公正までを司法の責任に含めた1987年憲法そのものが，最高裁判所の積極主義を促進したと論じる．最高裁長官も務めたパンガニバン［Panganiban 2004: 268］も，1987年憲法は，政府による重大な裁量の濫用を認定する義務を判事に与え，彼らが積極主義者になることを命じたと論じる．知花［2005］は，司法の積極主義を生み出す要因として，やはり強化された司法の権

限と役割といった制度的要因を重視する一方で，法曹家の思想的潮流にも言及する．

しかし他方で，行政府が司法府を植民地化していく「司法の政治化」も看過できない．歴代の大統領は，人事権等を通じて最高裁判所に影響力を行使しようとしてきたし，最高裁が高度に政治的なイシューをめぐって政権におもねる判決を下したことも少なくない．ジャーナリストのヴィトゥグ［Vitug 2010; 2012］は，大統領が人事を通じて司法に影響力を行使したり，最高裁判所の判決が贈賄や縁故によって捻じ曲げられたりする様子を生々しく描き出した．フィリピン政治に蔓延る縁故主義に基づく派閥的人事や賄賂による影響力の行使が，最高裁判所さえも侵食しているというのだ．

このように，フィリピンでは，最高裁判所が頻繁に大統領の意向を挫く「政治の司法化」と，大統領が最高裁判所に介入する「司法の政治化」という一見すると背反する現象がおきている．それでは，なぜ，このような振れ幅が生じるのだろうか．政治の司法化を論じる研究の多くは1987年憲法という制度的条件に着目するが，制度に変更がないにもかかわらず，こうした変化が生じる理由を説明できない．逆に，司法の政治化に着目する研究は，なぜ，いつ政治アクターの介入が司法の独立性を失わせるのかを体系的に説明できていない．それゆえ，この問題を考えるひとつのアプローチとして，まず最高裁判事の任命過程に対する大統領の介入に着目してみたい．これは，大統領が最高裁判所に子飼いの判事を多く送り込むがことができれば司法の政治化が進むが，逆にそれができなければ最高裁判所が大統領の意向を拒絶することが増えるだろう，という単純な仮説に基づく．

1 フィリピン政治と最高裁判所

(1) 司法と人事の制度

この仮説を詳しく検討する前に，フィリピンにおける司法制度と最高裁判所判事の任命制度を確認しておこう[1]．20世紀初頭，アメリカ植民地政府は人民主権に基づく民主主義と，それを三権の分立によって制限する立憲主義をフィリピンに導入する．最高裁判所は，行政と立法に対する司法審査権を与えられ，民主主義に対する歯止めとして機能する役割を果たした[2]．つまり，政治の司法化の基盤は，アメリカ流の政治制度にあった．しかし戒厳令期(1972-1986)には，

フェルディナンド・マルコス（Ferdinand Marcos）大統領が人事権でもって司法を統制し，最高裁判所も「政治問題の法理」を口実に政治争点に関する司法審査を回避したので，司法は行政府による人権侵害を保護できなかった．

民主化後の1987年憲法は，この時の反省にもとづいて，最高裁判所が大統領の暴走を防ぐ司法審査権を強化した[3]．1987年憲法は，最高裁判所に政府による重大な裁量の濫用の有無を判断する義務を与えて，司法審査を回避できないようにした．そのうえで，司法審査を発動する要件も緩和した．マルコス政権の制定した1973年憲法が，司法審査の判決に最高裁判事10名以上の合意を必要としたのに対して，1986年憲法は出席した判事過半数の合意で判決を下せるようにしたのだ．司法審査の対象も，条約，法律，行政協定に加えて，大統領令，布告，命令，通達，条例，規則といった議会の承認なしに行政府が公布できる事項まで含むようになった．

また1987年憲法は，司法府に高い独立性を保障しようとした．戒厳令期の1973年憲法は，司法審査の判決に10名以上の判事の合意を必要としたので，マルコスは最高裁判事の定員15名に意図的に欠員を生じさせ，判事の数を11名や12名に抑えることで，事実上，違憲判決を出せないようにした．こうした事態を防ぐため，1987年憲法は，最高裁判所を含む全ての判事は，空位になってから90日以内に補充すべきことを規定した．判事の定年は70歳で，若くして任命されれば，6年1期のみに任期を限定された大統領よりも長期間にわたって判事を務めることができる．

人事の手続きも，司法法曹協議会（Judicial Bar Council）を新たに設立することで，大統領の直接的な介入を防ぐように工夫された[4]．欠員の出た判事の補充は，まず司法法曹協議会が応募者に面接を行なったうえで，少なくとも3名の候補を推薦する名簿を作成し，その中から大統領によって任命される[5]．司法法曹協議会のメンバーは8名で，議長を務めるのは最高裁判所長官で，政府からは司法長官，上院と下院からの代表各1名が参加する．これらに加えて，統合弁護士会（Integrated Bar），法学教授，退職した最高裁判事，民間セクターから1名ずつが大統領の推薦を受けた後，議会の人事委員会（Commission on Appointment）によって承認される．彼らの任期は4年だが，再任の制限はない．

こうした民主化後の制度変更は，たしかに最高裁判所の独立性を相対的に高めただろう．しかし，大統領が最高裁判所の人事に影響力を及ぼす余地は残されている．まず，最高裁長官の任命である．最高裁長官には，判事のなかでもっ

とも年長者が選出され，大統領に任命されることが慣例になっている．しかし，大統領の意向によって，この年功序列が破られるケースが生じている．次に，司法法曹協議会の人事を通じた間接的な影響力の行使がある．司法法曹協議会のメンバーのなかで，そもそも司法長官は大統領の直接的な影響下にあり，上院と下院の代表は政権を支える与党から選出される．議長を務める最高裁長官も，大統領の任命職だ．しかも，統合弁護士会，法学教授，退職した最高裁判事，民間セクターの代表も大統領の推薦に基づくし，大統領は自らの意向をくむ者だけを選んで再任できる．それから，司法法曹協議会は，判事の候補者を選別するにあたって，十分な業績評価や身元調査を実施するための予算や権限を持たないので，コネに基づく恣意的な人事を排除できない［Vitug 2010: 93］．

しかし，司法法曹協議会の内部でも改革が行なわれている．2009年には，推薦者の身元調査を強化し，推薦者を控訴裁判所判事の3名に限定したうえで，記名投票で選別する制度が実験的に導入された．大統領が自分に近い法律家を最高裁判事に押し込んだりする余地を減らそうとしたのだった［Vitug 2010: 111-14］．

(2) 最高裁判所に対する大統領の影響力

今度は，先に提示した仮説をより詳しく考えてみたい．まず，最高裁判事の人事が独立して行なわれていれば，最高裁判所は行政府と立法府に対して，積極的に司法審査権を行使するので，政治の司法化が進む．その際，独立した人事を示すと考えられるのは，地方裁判所から控訴裁判所，そして最高裁判所へといったかたちで，裁判所を中心に出世してきたキャリア判事の採用である．彼らは，裁判官としての評価に基づいて出世してきたので，政治から独立的で，法学的な判断のもと行政府・立法府の意向に逆らう判決を下すことも厭わない，と想定できよう．

逆に，判事の人事に大統領の影響力が介入するならば，司法の独立性が侵食され，司法の政治化が助長される．大統領による恣意的な人事を表していると考えられるのは，大統領が自らの閣僚，法律顧問，検事総長などを務めた政治キャリアのある法律家や，司法キャリアのない弁護士や教授を採用したケースである．彼らは，大統領や有力政治家との関係を駆使して判事になったと考えられるので，政権の意向に沿った判決を下す可能性が高い．

判事を任命した大統領が現職なのか前職なのかも，判事の政治的性格に影響を与えるだろう．一般に，判事には自分を任命した大統領の意向を尊重するの

表2-1　現職の大統領がそれぞれの判事に行使できる影響力

最高裁判事の特徴	現職の大統領による影響力
現職の大統領が任命した長官（自分で最高裁判事に任命）	+4
現職の大統領が任命した長官（以前の大統領が最高裁判事に任命）	−2
現職の大統領が任命した非司法キャリア判事	+2
現職の大統領が任命した司法キャリア判事	+1
以前の大統領が任命した最高裁長官	−4
以前の大統領が任命した非司法キャリア判事	−2
以前の大統領が任命した司法キャリア判事	−1

（出所）著者作成.

で，以前の大統領によって任命された判事は，現職の大統領の意向をそれほど尊重しない傾向があると想定できる．大統領との縁故で任命された非司法キャリアの判事ほど，その傾向は強いだろう．それゆえ，現職の大統領が任命した判事が支配的で，しかも非司法キャリアの判事が多ければ，大統領は最高裁判所に影響力を行使しやすくなろう．しかし，以前の大統領が任命した判事が多ければ，現政権の政策や法律が最高裁判所に妨げられる可能性が高くなる．

　以上の想定に基づくと，大統領がそれぞれのタイプの判事に行使できる影響力の程度を仮に**表2-1**のように指標化できよう．それぞれの判事のタイプに与えられた異なる数値には，長官が大きな権力を持ち，司法キャリア判事よりも，非司法キャリア判事のほうが現職の大統領との協力，もしくは対立関係に応じた政治的な判決を下すだろうという想定が反映されている．もちろん，この指標化は決して厳密なものではなく修正の余地も大きいが，全体的な傾向を把握するために，あえて便宜的に用いてみたい．そのうえで，民主化後の大統領が任命した判事の一覧（**表2-2**）と参照しつつ，15名の判事の数値を各年単位で集計すると，大統領が最高裁に行使できた影響力の程度を**図2-1**のように表すことができる．

　ここから，大統領が最高裁にもっとも影響力を行使できたのは，コラソン・アキノ（Corazon Aquino）政権期とグロリア・マカパガル・アロヨ（Gloria Macapagal Arroyo）政権の中期以降であり，それ以外の時期は司法の独立性が担保され，政治の司法化が生じただろうと推測できる．革命政権として全ての判事を任命できたアキノを除いて，以降の大統領は自身が任命した判事が1人もいない状況から政権を発足させた．彼らは新たな判事を任命するごとに漸進的

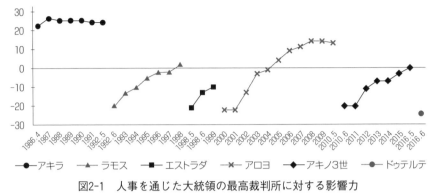

図2-1 人事を通じた大統領の最高裁判所に対する影響力
(出所) 著者作成.

に自身の影響力を強化しようとしたが、6年の大統領任期のうちに全ての判事を入れ替えることはできず、政権末期でも最高裁への影響力は限定的に留まった。ただし、アキノと同様、政変によって政権についたアロヨ大統領は例外的に10年の任期を得たので、21名もの判事を任命し最高裁への影響力を増やすことができた。しかも、各大統領の任命した判事の類型を表した**表2-3**を見ると、アキノとアロヨは任命した判事の数だけでなく、非司法キャリアの任命数においても際立っており、政治的な人事介入があったことを伺える。

しかし、実際には**図2-1**の通りには説明のいかない事例も多い。たとえば、もっとも最高裁判所をコントロールできたはずのアキノ政権やアロヨ政権後期でも、最高裁判所が政権の意向を覆したことはあった。逆に、大統領が自身の任

表2-3 各大統領が任命した最高裁判所判事のキャリア

	任命した判事の総数	任命した長官の総数	司法キャリア	非司法キャリア	
				政治キャリア	弁護士・教授
アキノ	24	4	9	8	7
ラモス	14	0	10	2	2
エストラダ	6	0	5	1	0
アロヨ	21	3	13	7	1
アキノ3世	6	1	2	3	1

(注) 地方レベルの裁判所から始めて控訴裁判所か公務員弾劾裁判所の判事を務めた後に、最高裁判所の判事になった者を「司法キャリア」に分類した。1度でも政治家や政党の法律顧問、閣僚、検事総長を務めた判事は、「政治キャリア」に分類した。判事の多くが、大学で教えたり弁護士をした経験を持つが、司法キャリアも政治キャリアもなく、弁護士事務所と大学のみで働いてきた判事を「弁護士・教授」に分類した。
(出所) 著者作成.

表2-2 各政権期の判事一覧　(1) アキノ期

No.	氏名	誕生	主なキャリア	任命者	備考	アキノ政権						
						1986 +23	1987 +27	1988 +26	1989 +26	1990 +26	1991 +25	1992.5 +25
1	Claudio Teehankee	1918/4/18	司法長官(67)→最高裁判所判事(68, マルコス政権)	マルコス→アキノ	最高裁判所判事として、マルコス政権の意向に異議を唱える投票	4●	●					
2	Vicente Abad Santos	1916/7/12	UP法学部長(58-69)→司法長官(70)→最高裁判所判事(79, マルコス政権)	マルコス→アキノ	最高裁判所判事として、マルコス政権の意向を唱える投票	4-7○	●					
3	Jose Feria	1917/1/11	1971年憲法制定会議議員→サン・トーマス大学教授	アキノ	大学	4○	1○					
4	Pedro Yap	1918/7/1	国連人権委員会委員→1971年憲法制定会議議員→PCGG(アキノ政権)	アキノ	1973年憲法への署名を名指し	4○	○	4-6●	●	●		
5	Marcelo Fernan	1927/10/24	パタサン/バンルッサ議員	UNDO(反マルコス野党)	野党議員として、マルコス政権を批判。	4○	○	7●	●	●	12●	
6	Andres Narvasa	1928/11/30	サン・トーマス大学学長	アキノ	マルコスによってアキノ暗殺事件の真相究明委員会に任命され、ガルシア暗殺への闇の関与を指摘	4○	○	●	●	●	12●	5○
7	Ameurfina M. Herrera	1922/5/11	控訴裁判所判事→最高裁判所判事(マルコス政権)	マルコス→アキノ	アキノ(マルコスの孫)最高裁判所判事(女性で二人目)よりも年長だったが、Narvasaが先に就いた。	4○	○	●	●	○	○	5○
8	Nestor B. Alampay	1920/2/17	控訴裁判所判事→最高裁判所判事(マルコス政権)	マルコス→アキノ		4○	3○	○	○	○	○	
9	Hugo E. Gutierrez Jr.	1927/1/29	検事総長室→最高裁判所判事(マルコス政権)	マルコス→アキノ	息子がSarmientoの贈賄疑惑、外孫よりPLDTをめぐる判決の判示疑惑で最高裁判所判事を辞任	4○	○	●	○	○	○	
10	Isagani A. Cruz	1924/10/11	弁護士・大学教授	アキノ	大学	4○	○	○	○	○	○	
11	Edgardo L. Paras	1922/7/4	控訴裁判所判事	アキノ	父が元最高裁判所長官	4○	○	○	○	○	○	
12	Florentino P. Feliciano	1928/3/14	弁護士	アキノ	最高裁退職後にWTO上級委員会委員長→ラモスの貿易交渉委員会委員長	8○	1○	○	○	○	○	
13	Teodoro R. Padilla	1927/8/24	弁護士	アキノ			1○	○	○	○	○	
14	Abdulwahid A. Bidin	1925/4/7	控訴裁判所判事	アキノ	初のムスリム最高裁判所判事		1○	○	○	○		
15	Emilio A. Gancayco	1921/8/20	控訴裁判所判事	アキノ			1○	○	8○			
16	Abraham F. Sarmiento	1921/10/8	1971年憲法制定会議議員→補欠後のマニラ市議会議員(86-87)	UNDO, Bayan(反マルコス野党)	戒厳令に息子が反連行されて後に死亡した。人権派示		1○	○	○	10○		
17	Irene R. Cortes	1921/10/20	UP法学部長	アキノ			2○		10○			
18	Carolina Griño-Aquino	1923/10/22	控訴裁判所首席判事	アキノ	夫Ramon Aquinoがマルコスの同期生で、元最高裁判所長官			2○	○	○	○	
19	Leo D. Medialdea	1927/8/17	最高裁判所行政官	アキノ	ピナンドゥラブンデュ撃ったがりがあった。息子がウラノの幼馴染で改憲の官房長官			5○	○	○	○	
20	Florenz D. Regalado	1928/10/13	1986年憲法制定会議議員→サン・ベダ大学法学部長	アキノ	大学			7○	○	○	○	
21	Hilario G. Davide Jr.	1935/12/20	1971年憲法制定会議議員→国民議会議員→1986年憲法制定会議議員→選挙管理委員会委員長→アロヨ政権特別顧問団代表	国民議会野党(反政党)アキノ	最高裁退職後、アロヨ期の不正工作に対する委員実究明委員会委員長に任命。国連フィリピン代表				○	○	1○	○
22	Flerida Ruth Romero	1929/8/1	弁護士・大学教授→アキノ/大統領特別顧問	アキノ/政府					○	10○	10○	○
23	Rodolfo N. Nocon	1924/3/15	控訴裁判所判事	キャリア判事						12○		
24	Josue N. Bellosillo	1933/11/13	控訴裁判所首席判事→最高裁判所行政官	キャリア判事								3○

(注) ●は最高裁長官を。網かけは非同法=キャリアの判事を示している。○はアキノ、△はラモス、□はエストラダ、◇はアロヨ。☆はアキノ3期がそれぞれ任命した判事を示す。

表2-2　各政権期の判事一覧　(2) ラモス期

No.	氏名	誕生	主なキャリア	任命者	備考	1992.6 (−21)	1993 (−13)	1994 (−10)	1995 (−6)	1996 (−2)	1997 (−2)	1998.5 (+2)
					ラモス政権							
6	Andres Narvasa	1928/11/30	サント・トーマス大学法学部	アキノ	マルコスによってアキノ暗殺事件の真相究明委員会に任命された。ガルシア暗殺への関与を指揮。息子がSarmientoへの贈賄疑惑、外資がPLDTを守る判決の際記録係が最高裁判所判事を兼任	●	●	●	●	●	●	●
9	Hugo E. Gutierrez, Jr.	1927/1/29	検事総長 → 最高裁判所判事（ガルシア（マカパガル）、マルコス政権）	マルコス	息子がSarmientoへの贈賄疑惑	○	3○					
10	Isagani A. Cruz	1924/10/11	弁護士・大学教授	アキノ		○	○	10○				
11	Edgardo L. Paras	1922/7/4	キャリア判事	アキノ	父が元最高裁判所長官	7○						
12	Florentino P. Feliciano	1928/3/14	弁護士	アキノ	最高裁退職後にWTO上級委員会一データの真実究明委員会委員長	○	○	12○				
13	Teodoro R. Padilla	1927/8/24	弁護士	アキノ		○	○	○	○	○	8○	
14	Abdulwahid A. Bidin	1925/4/7	キャリア判事	アキノ	初のムスリム最高裁判事	○	○	○	5○			
18	Carolina Griño-Aquino	1923/10/22	控訴裁判所首席判事	アキノ	夫Ramon Aquinoがマルコス政権で、元最高裁判所長官	○	10○					
19	Leo D. Medialdea	1927/8/17	最高裁判所行政官	アキノ	ビクトラ・ドラックと繋がりがあった。息子がウラルデの別荘建築で政府の信頼を毀損	11○						
20	Florenz D. Regalado	1928/10/13	1986年憲法制定委員会委員 → サン・ベタ大学法学部長	アキノ		○	○	○	○	○	○	
21	Hilario G. Davide, Jr.	1935/12/20	1971年憲法制定会議議員 → 国民議会議員 → 1986年憲法制定委員会委員 → コラゾン政権選挙管理委員会委員長	アキノ政権	最高裁退職後、アロヨ期の不正に対する真実究明委員会委員長に就任。国連フィリピン代表	○	○	○	○	○	○	●
22	Florida Ruth Romero	1929/8/1	弁護士・大学教授 → アキノ大統領特別顧問	アキノ		○	○	○	○	○	○	○
23	Rodolfo N. Nocon	1924/3/15	キャリア判事	アキノ		○	○	3○				
24	Josue N. Bellosillo	1933/11/13	キャリア判事	アキノ		○	○	○	○	○	○	○
25	Jose A.R. Melo	1932/5/30	キャリア判事	ラモス	最高裁退職後に、選挙管理委員会委員長	8△	△	△	△	△	△	△
26	Jose C. Campos, Jr.	1923/4/9	国民議会議員 → 商工会議所法律顧問・企業弁護士	ラモス		9△	△					
27	Camilo D. Quiason	1925/7/18	検事総長 → 司法省特別検察 → 司法次官	ラモス			△	△	7△			
28	Reynato Puno	1940/5/7	検事総長 → 控訴裁判所判事（マルコス政権） → 控訴裁判所判事	ラモス	超法規的殺害の真相究明		6△	△	△	△	△	△
29	Jose C. Vitug	1934/7/15	大学教授	ラモス			△	△	△	△	△	△
30	Santiago M. Kapunan	1932/8/12	検事総長 → 大学教授 → 控訴裁判所判事	ラモス				1△	△	△	△	△
31	Vicente V. Mendoza	1933/4/5	検事総長 → 控訴裁判所首席判事	ラモス				6△	△	△	△	△
32	Ricardo J. Francisco	1928/2/13	控訴裁判所判事	ラモス				△	△	△	△	△
33	Regina C. Hermosisima Jr.	1929/2/2	公務員勤労裁判所判事	ラモス	サロンガ一派代表 → 自由党法律顧問 → PPCRV法律顧問			△	△	△	△	
34	Artemio Panganiban	1936/12/7	弁護士	ラモス	ピープルパワー2の時にアロヨの就任宣言をダビデ長官に促した				10△	△	△	△
35	Justo P. Torres, Jr.	1927/11/1	控訴裁判所判事	ラモス						3△	11△	
36	Antonio M. Martinez	1929/2/2	控訴裁判所判事	ラモス						11△	△	△
37	Leonardo A. Quisumbing	1939/11/6	国防次官（アキノ）→ LAKAS-NUCD上院候補（1992 落選）→ 代理労働長官・労働雇用省長官（ラモス）	アキノ、ラモス政権								1△
38	Fidel P. Purisima	1930/10/28	1971年憲法制定委員会委員・公務員勤労裁判所判事 → 弁護士 → 控訴裁判所首席判事	ラモス	弾劾司法試験を受けることを事前に報告しなかったため最高裁で懲戒決議							1△

表2-2　各政権期の判事一覧　　(3) エストラダ期

	氏　名	誕　生	主なキャリア		任命者	備　考	エストラダ政権 1998.6 -21	1999.6 -13	2000.1 -10
6	Andres Narvasa	1928/11/30	サント・トーマス大学学長	大学	アキノ	マルコスによるアキノ暗殺事件の即時糾明委員会に任命され、ガルマン暗殺への軍の関与を指摘	11 ●		
20	Florenz D. Regalado	1928/10/13	1986年憲法制定会議議員 → サン・ベダ大学法学部長	大学	アキノ		10 ○		
21	Hilario G. Davide, Jr.	1935/12/20	1971年憲法制定会議議員 → 国民議会議員 → 1986年憲法制定会議議員、選挙管理委員会委員長 → コーデタ究明委員（アキノ）	国民議会議員　アキノ政権	アキノ	最高裁退職後、アロヨ期の不正に対する員実究明委員会委員長に任命。国連フィリピン代表	11 ●	●	●
22	Flerida Ruth Romero	1929/8/1	弁護士 → 大学教授 → アキノ大統領特別顧問	アキノ政権	アキノ		○	8 ○	
24	Josue N. Bellosillo	1933/11/13	控訴裁判所判事 → 最高裁判所行政官	キャリア判事	アキノ		○	○	○
25	Jose A.R. Melo	1933/5/30	控訴裁判所判事	キャリア判事	ラモス	最高裁退官後に、アロヨ政権で超法規的殺人・調査委員長と選挙管理委員会委員長	△	△	△
28	Reynato Puno	1940/5/17	検事総長 → 控訴裁判所判事 → 司法次官（マルコス政権）→ 控訴裁判所判事	マルコス政権	ラモス	超法規的殺人真相究明	△	△	△
29	Jose C. Vitug	1934/7/15	大学教授	大学	ラモス		△	△	△
30	Santiago M. Kapunan	1932/8/12	控訴裁判所判事	キャリア判事	ラモス		△	△	△
31	Vicente V. Mendoza	1933/4/5	検事総長 → 大学教授 → 控訴裁判所首席判事	キャリア判事	ラモス		△	△	△
34	Artemio M. Panganiban	1936/12/7	サロンガ法律事務所 → 自由党法律顧問 → インクワイラー紙代表 → 商工会議所法律顧問・PPCRV法律顧問	自由党	ラモス	ピープル・パワー2の時にアロヨの就任宣言をタビ会長に促した	△	△	△
36	Antonio M. Martinez	1929/2/2	控訴裁判所判事	キャリア判事	ラモス			2 △	
37	Leonardo A. Quisumbing	1939/11/6	国防省次官（アキノ）→ LAKAS-NUCD上院候補（1992落選）→ 代理雇用管理省官 → 労働雇用省官（ラモス）	アキノ、ラモス政権	ラモス		△	△	△
38	Fidel P. Purisima	1930/10/28	1971年憲法制定会議議員 → 公務員弁護裁判所判事（93-95）→ 選挙管理委員会委員長（95-98）→ 控訴裁判所首席判事	ラモス政権	ラモス	旧司法試験を受けることを事前に報告しなかったため最高裁で懲戒決議	△	△	10 △
39	Bernardo P. Pardo	1932/2/11	控訴裁判所判事	キャリア判事	エストラダ	Jose Diokno法律事務所	9 □	□	□
40	Arturo B. Buena	1932/3/25	控訴裁判所判事	キャリア判事	エストラダ	司法省		1 □	□
41	Minerva P. Gonzaga-Reyes	1931/9/25	控訴裁判所判事	キャリア判事	エストラダ	女性で初のキャリア判事、収賄疑惑		1 □	□
42	Consuelo Ynares-Santiago	1939/10/5	控訴裁判所判事	キャリア判事	エストラダ			4 □	□
43	Sabino R. De Leon Jr.	1932/6/9	公務員弁護裁判所判事	キャリア判事	エストラダ			10 □	□
44	Angelina Sandoval-Gutierrez	1938/12/28	控訴裁判所判事	キャリア判事	エストラダ				12 □

表2-2　各政権期の判事一覧　　(4) アロヨ期

番号	氏　名	誕生	主なキャリア	任命者	備　考	アロヨ政権										
						2000.2	2001	2002	2003	2004	2005	2006	2007	2008	2009	2010
						-22	-22	-13	-3	-1	+4	+9	+11	+14	+14	+13
21	Hilario G. Davide, Jr.	1935/12/20	1971年憲法制定会議議員→国民議会議員→1986年憲法制定会議議員→選挙管理委員会委員長→クーデタ真相究明委員長(アキノ)	アキノ	最高裁退職後、アロヨ時の不正に対する真実究明委員会委員長に任命。国連フィリピン代表	●	●	●	●	●	12●					
24	Josue N. Bellosillo	1933/11/13	控訴裁判所判事→最高裁判所行政官	アキノ		○	○	○	11○							
25	Jose A.R. Melo	1932/5/30	控訴裁判所判事	ラモス	最高裁引退後にアロヨ政権で超法規殺人調査委員長と、選挙管理委員会委員長	△	△	5△								
28	Reynato Puno	1940/5/17	検事総長室→控訴裁判所判事→司法次官(マルコス政権)→控訴裁判所判事	ラモス	超法規的殺害の真相究明	△	△	△	△	△	△	△	12▲	▲	▲	5▲
29	Jose C. Vitug	1934/7/15	大学教授	ラモス		△	△	△	△	7△						
30	Santiago M. Kapunan	1932/8/12	控訴裁判所判事	ラモス		△	△	8△								
31	Vicente V. Mendoza	1933/4/5	控訴裁判所首席判事→大学教授→控訴裁判所首席判事	ラモス		△	△	△	4△							
34	Artemio Panganiban	1936/12/7	サロンガ法律事務所→自由党法律顧問→インクアイラー紙代表→商工会議所法律顧問、PPCRV法律顧問	ラモス	EDSA2時にアロヨの就任宣言をダビデ長官に促した。	△	△	△	△	△	12△	12▲				
37	Leonardo A. Quisumbing	1939/11/6	国防次官(アキノ)→LAKAS-NUCD上院候補(1992落選)→代理官房長官(アキノ、ラモス)	アキノ、ラモス政権		△	△	△	△	△	△	△	△	△	11△	
39	Bernardo P. Pardo	1932/2/11	控訴裁判所判事(93-95)→選挙管理委員会委員長(95-98)	エストラダ	Jose Diokno法律事務所	□	□	2□								
40	Arturo B. Buena	1932/3/25	控訴裁判所判事	エストラダ		□	□	3□								
41	Minerva P. Gonzaga-Reyes	1931/9/25	控訴裁判所判事	エストラダ	司法省	□	9□									
42	Consuelo Ynares-Santiago	1939/10/5	控訴裁判所判事	エストラダ	女性で2例目のキャリア判事。収賄疑惑。	□	□	□	□	□	□	□	□	10□		
43	Sabino R. De Leon Jr.	1932/6/9	公務員勾留所判事	エストラダ		□	□	6□								
44	Angelina Sandoval-Gutierrez	1938/2/28	控訴裁判所判事	エストラダ		□	□	□	□	□	□	□	□	2□		
45	Antonio T. Carpio	1949/10/26	大統領首席法律顧問、大学教授	ラモス政権アロヨ政権	Conchita Carpio-Morales は、third cousin		10◇	◇	◇	◇	◇	◇	◇	◇	◇	◇
46	Alicia Austria-Martinez	1940/12/19	控訴裁判所主席判事	アロヨ				4◇	◇	◇	◇	◇	◇	◇	4◇	
47	Renato C. Corona	1948/10/15	大統領主席補佐官、代理官房長官(アロヨ政権)	ラモス政権アロヨ政権	コロナ長官の就任に反対、就任式をボイコット。			4◇	◇	◇	◇	◇	◇	◇	4◇	5◆
48	Conchita Carpio-Morales	1941/6/19	控訴裁判所判事	アロヨ				8◇	◇	◇	◇	◇	◇	◇	◇	◇
49	Romeo J. Callejo, Sr.	1937/4/28	控訴裁判所判事	アロヨ				8◇	◇	◇	◇	◇	4◇			

表2-2　各政権期の判事一覧　　（4）アロヨ期

#	氏名	誕生	主なキャリア		任命者	備考	アロヨ政権										
							2000.2	2001	2002	2003	2004	2005	2006	2007	2008	2009	2010
							-22	-22	-13	-3	-1	+4	+9	+11	+14	+14	+13
50	Adolfo S. Azcuna	1939/2/16	大統領主席法律顧問兼 報道長官（ラモス政権）	ラモス政権	アロヨ	1971年憲法制定会議メンバー、1986年憲法制定会議メンバー			10◇	◇	◇	◇	◇	◇	◇	2◇	
51	Dante O. Tinga	1939/5/11	大学教授	大学・下院	アロヨ	下院議員(87-98)				7◇	◇	◇	◇	◇	◇	5◇	
52	Minita V. Chico-Nazario	1939/12/5	公務員懲戒裁判所主席判事	キャリア判事	アロヨ						2◇	◇	◇	◇	◇	12◇	
53	Cancio C. Garcia	1937/10/30	控訴裁判所准席判事	キャリア判事	アロヨ						10◇	◇	◇	10◇			
54	Presbitero J. Velasco, Jr.	1948/8/8	司法省次官・住宅土地利用規制委員会所所判事 → 最高裁判所行政官	ラモス政権	アロヨ								3◇	◇	◇	◇	◇
55	Antonio Eduardo B. Nachura	1941/6/13	教育省次官(94) → 下院議員(98-04) → 大統領主席法律顧問(06) → 検事総長(06)	ラモス政権／アロヨ政権	アロヨ									2◇	◇	◇	◇
56	Ruben T. Reyes	1939/1/3	控訴裁判所判事	キャリア判事	アロヨ									8◇	◇	1◇	
57	Teresita De Castro	1948/10/8	公務員懲戒裁判所主席判事	キャリア判事	アロヨ	公務員懲戒裁判所でエストラダとソフィアに有罪判決を下した直後に、最高裁判所判事に就任								12◇	◇	◇	◇
58	Arturo D. Brion	1946/12/29	労働雇用省次官(84-86、マルコス政権) → 労働雇用省長官(アロヨ政権)	マルコス政権／アロヨ政権	アロヨ										3◇	◇	◇
59	Diosdado M. Peralta	1952/3/27	公務員懲戒裁判所主席判事	キャリア判事	アロヨ											1◇	◇
60	Lucas P. Bersamin	1949/10/18	控訴裁判所判事	キャリア判事	アロヨ	アブラ選出の下院議員の兄弟。2015年、略奪罪で審議中のエンリルの保釈を認める判決										4◇	◇
61	Mariano C. del Castillo	1949/7/29	控訴裁判所判事	キャリア判事	アロヨ	日本占領期の従軍慰安婦の訴えを否定する判決において剽窃を行なった疑惑										7◇	◇
62	Roberto A. Abad	1944/5/22	検事総長室 → 弁護士	検察・弁護士	アロヨ	RH法案の提唱者をヒトラーと比較した										8◇	◇
63	Martin Villarama, Jr.	1946/4/14	控訴裁判所判事	キャリア判事	アロヨ											11◇	◇
64	Jose P. Perez	1946/12/14	最高裁判所行政官	キャリア判事	アロヨ											12◇	◇
65	Jose C. Mendoza	1947/8/13	控訴裁判所判事	キャリア判事	アロヨ	控訴裁でエストラダの取り巻き Dante Tanを釈放。アロヨ政府の賞相続明委員会とRH法案に違憲判決											1◇

表2-2 各政権期の判事一覧 (5) アキノ3世──ドゥテルテ期

						アキノ3世期							ドゥテルテ期
	氏名	誕生	主なキャリア	任命者	備考	2010.6	2011	2012	2013	2014	2015	2016.5	2016.6
						-20	-20	-11	-7	-7	-3	0	-24
45	Antonio T. Carpio	1949/10/26	大統領首席法律顧問、大学教授	ラモス政権	Conchita Carpio-Morales は、third cousin	◇	◇	◇	◇	◇	◇	◇	◇
47	Renato C. Corona	1948/10/15	大統領主席補佐官、代理官房長官（アロヨ政権）	ラモス政権／アロヨ政権	ラモス政権の副官房長官	◆	◆	5◆					
48	Conchita Carpio-Morales	1941/6/19	控訴裁判所判事	キャリア判事	コロナ長官の就任に反対。アキノ3世の就任にブラボ。		6◇	◇	◇	◇	◇	◇	◇
54	Presbitero J. Velasco, Jr.	1948/8/8	司法省次官、住宅土地利用規制委員会 → 控訴裁判所判事 → 最高裁判所行政官	ラモス政権		◇	◇	◇	◇	◇	◇	◇	◇
55	Antonio Eduardo B. Nachura	1941/6/13	教育省次官（94）→ 下院議員（99-04）→ 大統領主席法律顧問（06）→ 検事総長（06）	ラモス政権／アロヨ政権		6◇	6◇						
57	Teresita De Castro	1948/10/8	公務員懲戒裁判所主席判事	キャリア判事	公務員懲戒裁判所でエストラダとジンゴイに有罪判決をくだした直後に、最高裁判所判事に就任	◇	◇	◇	◇	◇	◇	◇	◇
58	Arturo D. Brion	1946/12/29	労働雇用次官（84-06、マルコス政権 → アロヨ政権）判事 → 労働雇用省長官	マルコス政権／アロヨ政権		◇	◇	◇	◇	◇	◇	12◇	
59	Diosdado M. Peralta	1952/3/27	公務員懲戒裁判所主席判事	キャリア判事		◇	◇	◇	◇	◇	◇	◇	◇
60	Lucas P. Bersamin	1949/10/18	控訴裁判所判事	キャリア判事	アブラ選出の下院議員の兄弟。2016年、贈賄罪で審議中のエンリレの保釈を認める判決	◇	◇	◇	◇	◇	◇	◇	◇
61	Mariano C. del Castillo	1949/7/29	控訴裁判所判事	キャリア判事	日本占領中の従軍慰安婦の訴えを否定する判決において剽窃が行われたとの疑惑	◇	◇	◇	◇	◇	◇	◇	◇
62	Roberto A. Abad	1949/5/22	検事総長室 → 弁護士	検察・弁護士	PH法案の提唱者セペーラーニと比較された	◇	◇	◇	◇	5◇			
63	Martin Villarama, Jr.	1946/4/14	控訴裁判所判事	キャリア判事		◇	◇	◇	◇	◇	1◇		
64	Jose P. Perez	1946/12/14	最高裁判所行政官	キャリア判事		◇	◇	◇	◇	◇	◇	◇	12◇
65	Jose C. Mendoza	1947/8/13	控訴裁判所判事	キャリア判事	控訴裁でエストラダの取り巻きのDante Tanを無罪。アロヨ閣政の員相究明委員会と共に法案に遺憾せい	◇	◇	◇	◇	◇	◇	◇	◇
66	Maria Lourdes Sereno	1960/7/2	大学教授・弁護士	大学	Jose C. Mendosa と同じ弁護士事務所を経営した。ドゥテルテとブラウンター兄弟で、宣誓式でブラボ	8☆	☆	8★	★	★	★	★	★
67	Bienvenido L. Reyes	1947/7/6	控訴裁判所首席判事	アキノ3世	キャリア判事		8☆	☆	☆	☆	☆	☆	☆
68	Estela Perlas-Bernabe	1952/5/14	控訴裁判所判事	アキノ3世	キャリア判事		9☆	☆	☆	☆	☆	☆	☆
69	Marvic Mario Victor F. Leonen	1962/12/29	UP法学部長 → 政府和平交渉団長（2010-12、アキノ政権）	アキノ政権	アキノ3世	21世紀で最も若い最高裁判事。ボーラ（Bora）lil処理審判に次でイニシアティブ		11☆	☆	☆	☆	☆	☆
70	Francis H. Jardeleza	1949/9/26	オンブズマン副長官（10-12）→ 検事総長（12-14、アキノ政権）	アキノ政権	アキノ3世				8☆	☆	☆	☆
71	Alfredo Benjamin Caguioa	1959/9/30	大統領主席補佐官（13-15）→ 司法長官代理（15-16？キ／及検）	アキノ政権	アキノ3世					1☆	☆	☆

命した判事がほとんどいない政権初期の状況でも，最高裁が政権の意向に沿う判決を下したこともあった．なぜ，最高裁判所は，時によって人事を通じた大統領の影響力からだけでは説明できない「独立性」を示すのか．以下では，各政権期の行政府と最高裁判所の関係を個別に検討していき，その理由を検討したい．結論を先取りして言えば，最高裁判所がしばしば大統領に対して「独立性」を見せるのは，強固な立憲主義の上に立脚しているからではなく，むしろ以前の大統領も含めた様々な政治勢力間の抗争のなかで政治化されたためだった．様々な政治勢力の介入によって司法が政治化される一方で，大統領が司法人事を完全にはコントロールできない状況のもと，大統領の意向や意図を妨げる最高裁判所の「独立性」が生じているのである．

2 存在感を増した民主化後の司法

(1) 戒厳令期の清算と民主主義の定着（アキノ期）

コラソン・アキノ大統領は，民主化直後の「革命政権」として例外的に全判事の任命権を持った．1986年2月に政権の座に就くと，彼女は全ての最高裁判事を辞任させたうえで，マルコス政権に対して批判的な評決をしてきたクラウディオ・ティハンキー（Claudio Teehakee）判事やヴィセンテ・アバド・サントス（Vicente Abad Santos）判事を中心に5名を「アキノ派」とみなして再任命した．その後に任命した15名を加えて，6年の任期中に計24名もの判事を任命し，うち4名を長官に就任させた．その手続きに着目すると，1886年4月から翌年2月までは，法曹界のメンバーで構成された人事委員会の推薦に基づき，大統領が17人の判事を任命した[6]．1987年2月に新憲法が成立すると，新設された司法法曹協議会が推薦の役割を果たすようになり，この新制度のもと7人が就任した．アキノの任命した最高裁判事のキャリアに着目すると，司法キャリアが9名，非司法キャリアが15名で，他の政権と比べると非司法キャリアの割合が高い．

司法法曹協議会が設立される以前の人事が多かったことも相まって，アキノ政権期には政治的な性格の強い人事が行われた．その背景には，政変直後の不安定な民主主義を定着させるために，「マルコス派」を国家の要職から一掃し，「アキノ派」で最高裁判所も固める必要があったことを指摘できる．このことは，アキノ政権の目論見どおり，政権の基盤を固めることに貢献したようだ．

最高裁判所は，政権交代の正統性を疑問視する訴えに対して，「アキノ政権

の正統性問題は司法判断に適さず，フィリピンの人民のみが判断を下しうる政治の領域に属する」として退けた［内田 2003: 173］．また，政変から1年以内に全ての公務員が辞任するよう規定した暫定憲法3条2項に基づいて，アキリノ・ピメンテル（Aquilino Pimentel Jr.）内務自治長官は，全国の首長を辞任させて首長代行を新たに任命した．これに対して，辞任を強いられた首長らは，首長交代の権限は大統領に属するもので内務自治長官にはないと訴えたが，最高裁判所は内務自治長官の命令による首長の交代を擁護した［内田 2003: 176］．さらに，アキノ政権はマルコスと彼のクローニー（取り巻き政商）の不正蓄財を差し押さえて国庫に還元させるため，「大統領府行政規律委員会」（Philippine Commission on Good Government: PCGG）を設立した．PCGGには不正蓄財と関連する個人資産を差し押さえることができる権限を与えられたが，これに対してクローニーからの訴訟が相次いだ．最高裁判所は，PCGGによる個人資産の差し押さえに「甚大な権限ユ越はない」として退けた［内田 2003: 176］．

　しかし，最高裁判所が常に政権の意向に従ったわけではない．マルコス・クローニーとして著名なエドワルド・コファンコ（Eduardo Cojuangco Jr.）らの資産を差し押さえようとしたPCGGに対して，最高裁判所は法的制約を与えた［Tate 1994］．より重大な事例として，1989年12月にクーデター未遂事件に関わったフアン・ポンセ・エンリレ（Juan Ponce Enrile）上院議員をめぐる判決がある．アキノ政権が「殺人を伴う反乱罪（rebellion complexed with murder）」でエンリレを厳格に処分しようとしたところ，最高裁判所はそのような犯罪は法律上存在せず，起訴されるならば「反乱罪（rebellion）」しか認められないとし，最終的にエンリレの罪を問わなかったのである．

　最高裁判所はアキノ大統領の人事によって固められていたにもかかわらず，これらの事例では，なぜ権威主義体制の遺産を清算し，民主主義の定着を進めようとする政権の意向に逆らったのだろうか．コファンコの不正蓄財をめぐる裁判では，マルコス政権下で検事総長や司法長官を歴任したエステリート・メンドーサ（Estelito Mendoza）が，辣腕弁護士として腕をふるってきた［Vitug 2002: 164-67］．彼は法曹界のネットワークを駆使して最高裁判所に影響力を行使し，政権と敵対する時には裁判を長引かせ，自らに有利な状況で裁判を勝利に導いてきた[7]．エンリレのクーデター未遂事件をめぐっては，アキノ政権樹立後に最高裁判事を解任されたセラフィン・キュベス（Serafin R. Cuevas）が，エンリレの弁護士となった．しかも，この時エンリレを訴追した検察長官は，キュ

ベスがフィリピン大学で教えていた時の学生だった[8].

　アキノ政権は,マルコス派の一掃と民主主義の定着という政治課題のなかで,最高裁判所の人事に多大な影響力を行使できた.しかし,これらの事例では,マルコス期に出世したものの民主化後に公職を失った法律家が,法曹界を熟知し多大なネットワークを持つ弁護士としてアキノ政権に立ちはだかり,その意向を覆す最高裁の判決を引き出した[9].

(2)　経済改革との軋轢（ラモス期）

　続くフィデル・ラモス（Fidel Ramos）政権（1992-1998）のもとでは,政権の意向を妨げる最高裁判所の存在感がいっそう高まった.その背景には,アキノの任命した判事が長らく多数派を占め続け,最高裁長官を任命する機会も得られなかったことがあろう.ラモスの任命した判事が10名と多数派になったのは,政権発足から5年以上も経った1997年の年末のことである.しかも,ラモスが任期中に任命した14名の判事のなかで,司法キャリアが11名だったのに対して,非司法キャリアは3名と少なかった.このことは,司法法曹協議会の人事推薦が軌道にのり,大統領による人事への影響力を減じたことを反映しているだろう.

　ラモス政権は経済発展を実現すべく,マルコス期に国有化された産業に規制緩和や民営化を導入して経済の自由化に取り組み,外資も積極的に誘致しようとした.だが,こうした政府の経済政策に対して,入札等で敗れた側が合憲性を問う訴訟を起こし,司法が差し止め命令を下す事例が相次いだ.経済政策をめぐる訴訟はアキノ期から生じていたが,ラモス期に入って深刻さを増した.最高裁判所は,世界貿易機構（World Trade Organization: WTO）への加盟,付加価値税の拡大といったイシューでは合憲性を認めたものの,いくつかの訴訟では政府の経済政策に違憲判決を下したのである［内田 2003: 188］.

　その代表例は,1997年のマニラ・ホテルの外資への売却をめぐる判決である［内田 2003: 189-191; 知花 2005: 141-143］.公務員保険基金（Government Service Insurance System: GSIS）が所有していたマニラ・ホテルの株式51％をマレーシアの企業が落札したところ,敗れたフィリピン企業がこの取引の無効を訴えた.最高裁判所は「国家が国民の経済と財産に関する権利・特権・許認可を付与する際には,資格あるフィリピン人を優先すべきである」と規定した憲法12条10節に基づいて,この訴えを認めた.マニラ・ホテルはフィリピンの文化的遺産なので,外国資本に売却するのは違憲だというのである.また1997年には,ラ

モス政権が進めるエネルギーの自由化に基づいて議会が石油規制緩和法を制定すると，野党議員が大手3社による独占を招くとして訴えた．これに対して，最高裁判所は「反独占の精神」をもつ憲法12条19節に違反するとして違憲判決を下した［内田 2003; 知花 2005: 143-145］[10]．

議会で成立した経済政策や，当事者間で決まった取引に，司法が違憲判決を下し無効化したことに対して，経済界とラモス大統領は反発を表明した．法曹界からも，長期間にわたる利害調整と妥協のうえで成立した経済政策や取引に白黒の司法判断を下すことや，司法積極主義が経済発展を妨げてしまう危険性に対して批判が寄せられた［Romulo 1993］．

なぜ，こうした批判にもかかわらず，最高裁判所は経済政策に介入したのだろうか．パンガニバン最高裁判事は，1987年憲法が「民族の経済の方向性と人民の経済的権利」を強調しているので，裁判所はその原則に従うのが義務だと説明している[11]．内田［2003: 192］は，外国人による土地や株式の所有を制限する1987年憲法の経済ナショナリズムが，経済の自由化と外資の導入による経済発展という政府の政策と矛盾することを指摘する．川中［2003: 34］は，「権威主義の再発を防ぐものとして憲法が導入した行政に対するチェックの強化と，行政による迅速な政策決定・実施との間の軋轢」と見る．

最高裁判所の司法審査に悩まされたラモス政権は，2つの手段で対抗しようとしたようだ．ひとつは1987年憲法の改正である．それによって，経済ナショナリズムの強い条項を修正すると同時に，議院内閣制に移行し，政権の任期を延長しようとしたのだった．しかし，戒厳令の記憶が強く残るなかで，憲法改正は多くの批判を浴び，撤回せざるを得なかった．そのため，ラモス政権の側近は，憲法改正を求める「国民発議（people's initiative）」を組織した．これは，選挙区ごとに有権者の3％以上，全有権者の12％以上の署名で改憲発議を行なう制度である．しかし，この国民発議は，その手続きを具体的に規定した法律がまだ制定されていないとして，最高裁判所に却下された．

もうひとつは，退陣間際での判事の任命（midnight appointment）である．憲法7条15項は，大統領選挙の60日前から30日後まで90日間にわたって大統領による公職の任命を禁じている．これは，次期大統領の人事権を尊重するための措置として設けられた．しかし，ラモスはこの規定の適用が開始される1998年3月12日の1日前に，空位になっていた控訴裁判所の8ポストに判事を任命した[12]．しかもラモスは，この禁止規定の対象は行政府だけで司法府には当たらないとし

て，自身の法律顧問だったレナト・コロナ（Renato Corona）を最高裁判事に押し込もうとした．司法法曹協議会のなかでも，ラモスの要請に応じてコロナを含む推薦者名簿を作成するよう，議長のアンドレス・ナルヴァサ（Andres Narvasa）最高裁長官に要請する動きがあった．しかし，コロナをラモスの取り巻きと警戒していたナルヴァサ長官は，90日間の任命禁止規定を理由に断固拒絶した．

ラモスは自身の改革を司法によって頻繁に妨げられたので，司法人事に介入することで，次政権への影響力を保持して，改革路線の継続を強固にしようとしたと考えられる．しかし，こうした大統領による司法人事への介入は司法の政治化を助長した．

(3) 政治に乗っ取られた司法（エストラダ期）

ジョセフ・エストラダ（Joseph Estrada）政権（1998-2001）は，短命に終わったので，6人の最高裁判事しか任命できなかった．そして，彼が十分な影響力を行使できなかった司法は，超憲法的な政権崩壊を正当化する役割を果たした．

1998年大統領選挙で，アクション映画俳優のエストラダは「貧者に優しい政治」を訴え，貧困層の支持を受けて当選した．エリートに支配されてきたフィリピン政治で，これは画期的なことだった．しかし，エストラダの腐敗疑惑が次々と暴露されると，かねてより彼の「知性と道徳性の低さ」を批判してきた都市中間層，教会，財界の反発が強まる．2000年12月，ついに下院で大統領に対する弾劾発議が発動され，フィリピン史上初めて大統領に対する弾劾裁判が上院で開始された．

大統領への弾劾裁判では，最高裁長官が議長になり，下院から選出された11名の下院議員が検察官役を，24名の上院議員が裁判官役をつとめる．上院議員2/3の同意で有罪が決まり，議長は評決には参加できない．村上［2003］が指摘するように，弾劾裁判は司法を模して法的な言語で議論されるものの，法的厳格さに欠き，あくまで政治的で，むしろ民衆に対する説明責任の場としての意味を持つ．それゆえ，1987年憲法が下級公務員の腐敗を法的に裁く公務員弾劾裁判所（Sandiganbayan）を設置したにもかかわらず，上級公務員を裁く制度として弾劾裁判を残したことは，司法に政治が介入する余地を大きく与えた．

結局，この弾劾裁判は，裁判官役を務めた上院議員に対してエストラダが多数派工作を行ったことで行き詰まる．すると，都市中間層，教会，財界が街頭

を舞台に,「ピープル・パワー2」と呼ばれる大規模抗議デモを行使した.軍部も含めて閣僚の辞任が相次ぐなか,2001年1月にエストラダは大統領宮殿の退去を強いられた.この時,アルテミオ・パンガニバン判事とヒラリオ・ダビデ(Hilario Davide)最高裁長官は,クーデターなど不測の事態による混乱を避けるため,2001年1月20日の正午までに,ダビデ長官の立会いのもとグロリア・マカパガル・アロヨ副大統領が大統領就任の宣誓を行なえるようにした.ただし,エストラダは正式に辞任を表明しておらず,政権交代の違憲性を最高裁判所に訴えた.すると最高裁判所は「人民の意志と福利」の名のもと,この超憲法的な政権交代に合憲の判断を下し,大法廷に出席した13名の満場一致で却下した.1カ月後にエストラダが提出した決定再考の申立ても同様の目にあった.

村上[2003: 117]によれば,超憲法的な政権交代を認めた最高裁判所の判決は,立憲主義に対する民主主義の勝利を意味したという.たしかに,最高裁判所が自身の拠って立つべき立憲主義を否定したことは間違いない.ただし,民主主義の勝利だったとは必ずしもいえない.民主主義とは,制度的な意味において,一部の国民によるデモではなく,選挙による代表の選出を意味する.それゆえ,最高裁判所は,選挙で選出された大統領の超憲法的な追放を認めたことで,立憲主義だけでなく民主主義も否定したといえよう.

もとよりエストラダ政権による司法人事への介入が限定的だったことを考えれば,最高裁判所が政権の息の根を止めたことは驚きではない.しかし,なぜ最高裁判所は,あえて立憲主義と民主主義を否定するきわめて政治的な判決を下したのだろうか.まず,当時の緊迫した状況のなかで,立憲主義の原則に基づいて法の支配を貫徹するよりも,混乱を収めて安定した秩序を回復しようとする意図があった[村山 2003: 125; Vitug 2010: 49-56].次に,より大きな視点に立てば,貧困層の支持を受け,民主主義の制度を通じて台頭したポピュリズムに対抗して,最高裁判所がエリート・都市中間層・教会・財界といった既得権益層と連携したからだろう.換言すれば,最高裁判所のエリート主義的な志向性が,政治的危機によって露呈されたのだった.

要するに,立憲主義に基づく最高裁判所が,民主主義に基づく行政府に立ちはだかった結果,エストラダ政権が崩壊したのではなかった.この時,最高裁判所は立憲主義ではなく,むしろポピュリズムとそれを支える民主主義への対抗という既得権益層の党派政治に基づいていた.それゆえ,この最高裁判所の判決は,立憲主義と民主主義が争われる政治の司法化を示すものではなく,司

法が政治的競合のなかに巻き込まれた結果，生じたものだった．

3 司法をめぐる政治闘争

(1) 腐敗と暴力の防波堤（アロヨ期）

　超憲法的な政権交代によって成立したアロヨ政権は，前任から引き継いだ4年間と，2004年選挙後の6年間で計10年間もの任期を得て，21名もの判事を任命した．しかも，他政権と比べて非司法キャリア判事の任命が多く，政治的な人事を行った（表2-3）．それゆえ，他の大統領よりも大きな影響力を司法に行使できる条件を得たことは間違いない．

　もとより最高裁判所は，アロヨ政権の成立に重要な役割を果たしたし，エストラダ派からの攻撃からも政権を守った．エドアルド・コファンコは，マルコス期の利権をエストラダ政権下で着実に回復してきたので，政権交代は望ましくなかった．そこで2003年には，下院に影響力を行使して，アロヨ政権の正当性を支えたダビデ最高裁長官に対して弾劾裁判を発議させた．だが，最高裁判所は，同一人物に対する弾劾告発は年一回に限るという憲法に違反しているとして違憲判決を下したのである[13]．

　2004年大統領選挙での不正疑惑が暴露され，アロヨに逆風が吹き始めた後も，最高裁判所は政権の政策に合憲判断を下した．たとえば，2005年に合憲判断を下した政策には，消費税の拡大，石油規制緩和法，外資による大規模鉱山開発，国民ID制度がある．これに対して，アロヨは最高裁判所に感謝の意さえ述べている［Vitug 2010: 56-58］．もっとも，2005年の時点ですでに最高裁判事の多数派になる9人を任命していたことからすれば，これは驚きではない．ところが2006年頃から変化が生じ，アロヨは人事によって影響力を増したはずの政権後期に近づくにつれて，最高裁判所との関係に苦しんだ．

　2005年，アロヨは大統領と議会の対立による政治的停滞を解消するためとして，憲法改正による議院内閣制への移行を打ち出した．ただし，その意図は下院の権限を拡大することで下院におけるアロヨの支持基盤をより強固にし，弾劾発議を押さえ込むことにあった．これに対して，議院内閣制によって権限を縮小される上院が反対し，審議が停滞する．2006年，この行き詰まりのなか，アロヨ派は，国民発議による憲法改正を再び組織した．国民発議は，ラモス期に最高裁判所によって却下されたが，判事の顔ぶれが変わっていたので，今度

は異なる判決が出るだろうと考えたのだ．しかし最高裁判所は，この国民発議に対して賛成7票・反対8票で違憲判決を下した．署名の集め方に不正があり，議院内閣制への移行は国民発議に認められた憲法「修正(amendment)」以上の「改訂（revision）」にあたるとの理由であった．

またアロヨは，政権への腐敗疑惑追及を押さえ込もうと，2005年9月に大統領の同意なしに政府関係者が議会の公聴会で証言することを禁止する「行政命令464号」と，無許可のデモを禁じる「街頭デモ制限令（Calibrated Preemptive Response）」を発動した．だが翌年4月，最高裁判所は，これらに全会一致で違憲判決を下す．さらに2006年2月に国軍改革派によってクーデター未遂事件が起きると，アロヨは大統領布告1017号によって「非常事態宣言（State of National Emergency）」を発し，人身保護令を停止し，政権批判者に対する令状なしの逮捕を可能にした．だが最高裁判所は，賛成3票・反対12票で，「不法な暴力（lawless violence）」の抑制に関係ない法の執行までを国軍に命じるのは違憲だとの判断を示した．

2006年の時点で，アロヨの任命した判事が定員15人中10名を占めており，大統領府が判事に強く働きかけたにもかかわらず，大統領の意向に反する投票が多数派になった（表2-4）．アロヨの抜擢したレナト・コロナ，プレスビテーロ・ベラスコ（Presbitero Velasco），ダンテ・ティンガ（Dante Tinga），ミニタ・チコ－ナザリオ（Minita Chico-Nazario）判事は，ほとんどの場合，彼女への忠誠を示した．だが，これらの判決ではパンガニバン長官や，アロヨに任命された最初の判事でありながら政権を激しく批判し続けたアントニオ・カルピオ（Antonio Carpio）判事がリーダーシップを発揮したのである[14]．アロヨは，長官を政権側につけることに失敗した．2005年12月，ダビデ長官の退任に伴い，アロヨは最高裁判所でもっとも長く務めた判事を長官にするという慣行を破り，レイナート・プノ判事ではなく，アルテミオ・パンガニバン判事を長官に任命した．パガニガンの方が影響力を行使しやすいという判断があったという[15]．しかしパンガニバン長官のもと，最高裁判所は独立性を示した．

プノ判事も，次期長官に任命されるべく，国民発議をめぐっては政権側に票を投じ，非常事態宣言をめぐる裁判はあえて欠席したが，2006年12月に長官に任命されるとアロヨに批判的な態度を取った．彼は深刻化していた1000人を超える左派系団体のメンバーに対する超法規殺害に取り組む姿勢を見せた．この超法規的殺害には国軍の関与が疑われ，国際的な批判も受けていたものの，ア

ロヨ政権はそれを止められなかった．その背景には，比例名簿制選挙で左派系の政党が下院に進出したことに危機感を抱いた国軍が左派団体の切り崩しにかかった一方で，アロヨは国軍を支持基盤にしたので断固たる態度を取れなかったことがあるといわれる．

プノ長官は，2007年7月に国軍，警察，人権委員会，メディア，大学教授，市民団体らの代表を招聘して，「超法規的殺害と強制失踪に対する国民会議」を主催し，そこでの提言を大統領と議会に伝えた．そして，10月に被害者の関係者が司法に申し立てれば，国軍・警察が不明者の身柄拘束を否定した場合でも，裁判所は事件に関する捜査・情報の提供，身柄の提出，目撃者の保護を関係者に命令できる「救済命令 (writ of amparo)」を採用した．これは，従来の「人[16]

表2-4　2006年にアロヨ政権の行為に違憲判断を下した最高裁判事の投票

判事名	キャリア	任命者	国民発議	行政命令464号	デモ制限令	非常事態宣言
Reynato Puno	マルコス政権	ラモス	○	―	―	―
Artemio Panganiban	自由党	ラモス	×	×	×	×
Leonardo A. Quisumbing	アキノ，ラモス政権	ラモス	○	×	×	×
Consuelo Ynares-Santiago	司法キャリア	エストラダ	×	×	×	×
Angelina Sandoval-Gutierrez	司法キャリア	エストラダ	×	×	×	×
Antonio T. Carpio	ラモス政権	アロヨ	×	×	×	×
Alicia Austria-Martinez	司法キャリア	アロヨ	×	×	×	×
Renato C. Corona	ラモス，アロヨ政権	アロヨ	○	×	×	○
Conchita Carpio-Morales	司法キャリア	アロヨ	×	×	×	×
Romeo J. Callejo, Sr.	司法キャリア	アロヨ	×	×	×	×
Adolfo S. Azcuna	ラモス政権	アロヨ	×	×	×	×
Dante O. Tiñga	大学・下院	アロヨ	○	×	×	○
Minita V. Chico-Nazario	司法キャリア	アロヨ	○	×	―	×
Cancio C. Garcia	司法キャリア	アロヨ	○	×	×	×
Presbitero J. Velasco, Jr.	ラモス政権	アロヨ	○	×	×	○
投票結果			7-8	0-14	0-13	3-12

（注）○は合意，×は違憲，―は欠席を意味する．

身保護令状（writ of habeas corpus）」では，国軍・警察が，超法規的殺害や強制失踪への関与を否定した場合，それ以上の強制力を執行できなかったという弱点を強化したものである．また，被害者に関する情報の提出を国家機関に義務付ける「情報公開令状（writ of habeas data）」も発効した．その結果，2008年までに３名が釈放されるなどの成果もあった[17]．だが，強制失踪者は200名を超えている．しかも，2009年２月までに52件の救済命令が被害者の関係者から請求されたが，７件しか認められておらず，認められても実施の面で限界があった．

　このように，プノは人権問題の解決に向けて積極的な動きをしたが，かつてはこれと矛盾する言動があった．エストラダ政権の大統領犯罪対策委員長だったパンフィロ・ラクソン（Panfilo Lacson）が超法規的にギャング団を処刑したとされる事件をめぐる2003年の判決で，プノはラクソンを擁護する側に回っている[18]．こうした判事の変節を説明するのは難しいが，アロヨ政権下のプノは世論と時流を読み，最高裁判事として自らの名誉と評価と高めようとしたためとも考えられる．実際，人権問題への取り組みは高く評価され，プノに大統領選挙への出馬を期待する声さえ一部からあがった．

(2)　コロナ長官の任命と弾劾（政権移行期）

　最高裁判所に煮え湯を飲まされたアロヨは，任期が終わる直前にコロナ判事を長官に任命しようとした．1998年の政権交代直前にも，ラモスは自身の法律顧問だったコロナを最高裁判所に送り込もうとしたが失敗した．その後，コロナはアロヨ政権の大統領首席補佐官や報道官を務めた後，2002年にアロヨに最高裁判所判事に任命された．アロヨが彼を長官に任命した最大の理由は，退任後に予想された政敵の疑惑追及から自身を守らせるためだった．

　2009年の年末からアロヨ陣営によるコロナ長官擁立の動きが本格化するなか，政権移行期に退任間際の大統領が最高裁長官を任命できるのかをめぐって，司法法曹協議会では熾烈な対立が生じた[19]．コロナの任命に反対した委員は，選挙の60日前から30日後までの政府職の任命を禁止する憲法７条15項を理由に，この人事は違憲だと訴えた．他方，アロヨ派の委員は，最高裁判事に空位が出たら大統領は90日以内に新たな判事を任命しなくてはならないとする憲法９条８項を根拠に，最高裁長官に空白期間を空けることは許されないと主張した．2010年選挙で混乱が生じた場合に長官がいないと危険だというのである．また７条15項の任命禁止規定は，司法職には適用されないという解釈を示した．

1998年，最高裁判所はこの任命禁止規定は司法職も含むとの判断を下している．しかし，アロヨ派の積極的なロビー活動のもと，最高裁判所は7条15項の任命禁止規定は司法には適用されないという新たな判断を示した．プノは，1998年の判決に参加していたにもかかわらず，2010年にはそれは覆したのだった[Vitug 2012: 47-48]．司法法曹協議会でも，コロナを推す派閥が主導権を握り，彼を含む推薦者リストの提出に成功した．司法法曹協議会の議長も務めたプノ最高裁長官は，この一連の過程でコロナを推す側に回った．プノの退任後に長官への就任が予想されたカルピオ判事と確執があったからだという[20]．こうして，アロヨは2010年5月12日，コロナの長官任命に成功した．

その2日前の選挙で当選したベニグノ・アキノ3世（Benigno Aquino Ⅲ）大統領は，アロヨ政権の暴力と腐敗に対抗する道徳の政治を訴えて当選した．それゆえ，彼にとってアロヨの腐敗を追及することは至上命題で，コロナ長官との対決は不可避だった[21]．アキノ大統領は，最高裁判所長官のもとで就任宣誓式を行うという慣例を破って，コロナではなく，アロヨに批判的な評決を続けたコンチータ・カルピオ・モラレス（Conchita Carpio-Morales）判事を宣誓式に招いた．そしてアキノは，行政命令1号によってアロヨ政権下での腐敗を解明するための真実究明委員会を設立しようとした．ヒラリオ・ダビデ元最高裁長官が，委員長に就任することが予定されていた．しかし，コロナ率いる最高裁判所は，真実究明委員会の設立は，「憲法の保障する平等の保護に違反している」として違憲の判断を下した．

しかもコロナは，病気治療を理由に出国を希望するアロヨの意向を，最高裁判所の一時差し止め命令の要件を満たしていないにもかかわらず認めた．そればかりか，コロナのもと最高裁判所は，アキノの母方コファンコ家が所有する5000ヘクタール近い巨大なルイシタ農園に対して，その株式か土地を農民に譲渡するよう命じるなど，アキノに不利な判決を続けた．

アキノ政権にとってアロヨ政権の腐敗を解明するうえで，メルセディタス・グチェレス（Merceditas Gutierrez）行政監察院長も障害となった．グチェレスは，アロヨの夫の同級生で，アロヨ政権下で司法長官，大統領法律顧問を歴任し，行政監察院長に任命された．行政監察院は政府機関の腐敗を監視・追訴する役割を担っているにもかかわらず，グチェレスはアロヨ政権の腐敗疑惑に対する追求と追訴を妨げた．これに対してアキノは，2011年，下院で多数派工作を行って弾劾裁判を発議させ，グチェレスを辞任に追い込んだ．

アキノは，コロナ最高裁長官に対しても，司法予算20億ペソの配分を差し止めるなどの圧力をかけた．これに対してコロナは，行政府が司法の独立を破壊しようとしていると激しく非難するなど，両者の対決が先鋭化した．2012年5月，アキノは，コロナの資産報告の虚偽と不正蓄財の疑いで国会に弾劾裁判を開始させ，下院では188人，上院では20名の賛成によって弾劾に成功した．コロナは弾劾された初の最高裁長官になった．

コロナ弾劾後，もっとも年長だったカルピオ判事が長官代理となり，同年12月にマリア・ロウデス・セレノ（Maria Lourdes Serano）判事が新長官に任命される．セレノは元大学教授で民間の政策シンクタンク代表をしている時に，日比経済連携協定の批准に対する反対など，様々なイシューでアキノと意見が一致し，信頼を得た．彼女はアキノが最初に任命した判事で，最高裁判事のなかでもっとも若く，年功序列の慣行を破る異例の人事となった．セレノは長官就任時に50歳だったので，定年の70歳を迎える2030年まで18年間にわたって長官を務めることになった．こうして，アロヨ派の司法リーダーが排除されると，アロヨは2007年の不正選挙疑惑によって逮捕され，在任中の様々な腐敗疑惑についても追訴が進んだ．

(3) ポークバレルをめぐる攻防（アキノ3世政権）

ただし，アキノが最高裁判所をコントロールできたわけではない．アロヨの任命した判事の9名がアキノ期の最後まで退官を迎えなかったので，アキノは6人の判事しか任命できなかった．これは2年半しか職務を務められなかったエストラダと同数である．それゆえ，アキノは長官こそ弾劾によって強引に変えることに成功したものの，任期中ずっとアロヨの任命した判事が多数派を占める最高裁判所と付き合っていかなければならなかった．しかも，俗に「ポークバレル」と呼ばれる国会議員が自身の裁量で執行できる予算をめぐっては，アキノの任命した判事までもが違憲判決を下した．

そのきっかけとなったのは，2013年7月，多くの国会議員が，ポークバレルとして使われてきた「優先開発支援資金（Priority Development Assistance Fund）」計100億ペソを，2003年から2013年にかけて不正に着手した疑いが暴露されたことである．優先開発支援資金は，上院議員には2億ペソ（約4億円），下院議員には7000万ペソ（約1億5000万円）が，大統領の承認のもと毎年配分されてきた．この予算を，上下院議員あわせて100名以上が架空のNGOを通すかたちで不正

に流用したというのだ.

　この疑惑が暴露されると，かねてより腐敗の元凶と批判されてきたポークバレルに，改めて国民的な批判が高まった．ただし，大統領にとってポークバレルを完全に廃止することは容易ではない．フィリピンでは政党が流動的なので，大統領は議会からの支持を得るにあたって政党の党議拘束に頼れない．そのため，ポークバレルの配分を承認するかどうかで議員に影響力を行使し，多数派工作を図る慣行が行なわれてきた．もし，ポークバレルを廃止すれば，大統領自身の議会運営が困難に陥ってしまいかねないのだ．

　このジレンマのなかで，アキノ政権は自らと対立する政敵のみを対象に不正疑惑を追求して失脚させることで，政治的安定と反腐敗の政治改革を両立させようとした．行政監察院はこの不正に関わったとして，現職の上院議員，元下院議員を含む関係者51名を起訴したが，腐敗追求の対象となった有力政治家は，すべてアキノ政権の政敵だった[22]．

　しかし，この試みは最高裁判所によって妨げられた．2013年11月，予算成立後に使途を新たに特定するのは立法府の役割ではないとの理由で，最高裁判所が優先開発支援資金に全会一致（1名）で違憲判決を下したのだ．そのためアキノ政権は，優先開発支援資金を廃止する一方で，議員がそれと同等の予算を，全て事業を公開したうえで，諸官庁を通じて執行する改革案を導入した．また同時に，予算執行の遅れている資金を別の予算項目に移して実施し，経済成長を活性化させるためとして2011年に導入した「歳出促進プログラム（Disbursement Acceleration Program）」を議会の多数派工作に流用した[23]．

　しかし，優先開発支援資金の不正疑惑で逮捕されたジンゴイ・エストラダ（Jinggoy Estrada）上院議員が，アキノ政権から各上院議員に5000万ペソを支給され，コロナ長官の弾劾に協力するよう要請されたと暴露する．これをきっかけに，アキノ政権がコロナ弾劾のために歳出促進プログラムから124億ペソを用いて上下院議員188人を買収した疑惑が持ち上がった．歳出促進プログラムは隠れたポークバレルだとの批判が再び高まるたなか，最高裁判所は，議会で可決された予算項目の変更は大統領の権限を越えるとの理由で，2014年7月に歳出促進プログラムの執行にも，ふたたび全会一致で違憲判決を下す．アキノはこの判決に不快感を隠さず，最高裁に再考を促したが，決定は覆らなかった．その結果，政府の歳出が滞り経済成長も鈍った．

　ポークバレル以外のイシューでも，政権の導入しようとした「サイバー犯罪

予防法」と「生殖に関する健康・権利法（reproductive health）」をめぐって最高裁判所が部分的に違憲判断を下し，修正を求めた．

このように，最高裁判所がアキノ政権の意向をしばしば妨げた理由として，前任者アロヨの任命した判事が最後まで多数派だったこと以外にも，世論の影響を指摘できよう．2013年7月にポークバレル詐取疑惑が暴露されると，アキノ大統領への支持率は，2013年6月の64％から同年9月の49％へと15％下がった（Social Weather Station社）．8月には10万人ほどの人びとがルネタ公園に集りポークバレルの廃絶を訴える大規模デモを開催した．「生殖に関する健康・権利法」についても，カトリック教会関係者が激しい批判を展開した一方で，2008年9月の世論調査では国民の71％が支持を表明していた（Social Weather Station社）．

おわりに

本章では，大統領による人事介入の程度によって，時期によって異なる最高裁判所の独立性――「政治の司法化」と「司法の政治化」の振幅――を説明できるのではないかという仮説を立てた．そのうえで，具体的に各政権と最高裁判所の関係を検討すると，民主化後の大統領は，人事を通じて影響力を行使しようとしたが，誰も最高裁判所を完全には飼い慣らせなかったことが分かった．コラソン・アキノは全判事を任命したにもかかわらず，クーデターの首謀者を罰することができず，マルコス・クローニーの不正蓄財も追及しきれなかった．ラモスは経済の自由化を何度も妨げられた．エストラダにいたっては，超憲法的な失脚と政権交代を合憲とされた．アロヨは21名もの判事を任命したにもかかわらず，政権の延命をはかるための憲法改正や非常事態宣言に違憲判決を突きつけられた．アキノ3世は，長官を弾劾裁判で交代させたが，予算の執行に違憲判決を下された．

なぜ，最高裁判所は大統領の人事介入にもかかわらず独立性を示すことができたのだろうか．多くの研究が指摘するように，制度的条件は重要だ．最高裁判事は70歳まで任期を保証されているので，大統領は自身の6年間の任期中に全ての判事を入れ替えることはできない．また大統領は，司法法曹協議会の推す司法キャリア判事を無視して，自身の子飼いの法律家だけを任命することもできない．最高裁判事もいったん任命されてしまえば，現職の大統領の任期中に最高裁長官を目指したり，退任後の政府職を求めたりするのでなければ，大

統領に忠誠を誓う必要は少ない．そして，1987年憲法そのものが最高裁判所の積極主義を促しているという議論も根強い．こうして制度に着目すると，1987年憲法の強化した司法の独立性と権限が，立憲主義に拠って立つ司法と，民主主義に支えられた行政・立法との対立を前傾化させたという「政治の司法化」が説得的に思われる．

　しかし，アクターに着目すると，最高裁判所が大統領の意向を妨げたのは，立憲主義に立脚していたからというよりも，むしろ多様なアクターの介入によって政治化された結果だったともいえる．実際，大統領だけでなく，様々な政治アクターも最高裁判所に影響を行使しようとしてきた．たとえば，マルコスの取り巻き政商だったコファンコは，民主化によって政権から排除された元閣僚で法律家のメンドーサを弁護士に雇って，不正蓄財追求を妨害し続けている．その結果，アキノ家は母と子で2世代，20年にわたって，彼らと司法闘争を続けなくてはならなかった．大統領が最高裁判所への介入を独占できなかった結果が，最高裁判所の大統領に対する「独立性」を生み出したのである．

　また，判事自身が憲法の解釈者ではなく，自身の選好をもつ政治アクターとして行動することもあった．ピープル・パワー2による超憲法的な政権交代に最高裁判所が合憲判断を下したのは，混乱の深刻化を避けようとする判事の政治的な判断のゆえだった．その判断には，フィリピンを良き方向へ導こうとする判事の信念もあったろうし，貧困層の票を得たポピュリストの台頭に危機感を覚えた既得権益層としての利害関係もあっただろう．また，判事の選好に影響を与えるものとして，世論や政治状況も無視できない．法曹界の頂点に立つ最高裁判事が次に求めるものが，社会的な名声であってもおかしくない．アロヨ政権期にプノ長官が人権問題にコミットしたり，アキノ3世政権期に最高裁判所がポークバレルに違憲判決を下したりした背景には，判事による世論や名声への配慮もあっただろう．

　要するに，最高裁判所は「政治の司法化」（高い独立性）と「司法の政治化」（弱い独立性）の両極を揺れていたのではなく，常に後者が支配的な傾向だった．最高裁判所が大統領に対して時に「独立性」を見せたのも，強固な立憲主義に基づいていたからではなく，むしろ最高裁判所が様々な政治的文脈のなかで，判事の信念や利害関係，世論，有力アクターによって政治化された結果だった．いわば，最高裁判所は様々な政治勢力からの介入や判事の政治アクター化に対して「弱い」がゆえに，大統領に対する「強さ」を発揮しているという逆説を

見出すことができる．さらに，政治化された最高裁判所に意向を挫かれた大統領は，最高裁判所への人事介入によって影響力を増大させようとした．その結果，最高裁判所がいっそう政治化されるというサイクルが助長されているようだ．

こうした最高裁判所の性格は，民主主義にどのような影響を与えているのだろうか．否定的な側面として，司法が政治闘争の対象となることで，三権の分立という民主制度のルールが形骸化され，政治闘争が予測不可能な政治不安を引き起こす危険性がある．たとえばアロヨによるコロナの長官任命とアキノによる彼の弾劾は，その最たる例だった．肯定的な面として，世論の期待を受けた最高裁判所が改革的な役割を担う可能性も指摘できよう．アロヨ政権期には，最高裁判所は，様々な限界のなかではあれ，深刻な人権侵害に対する「免責の文化 (culture of impunity)」を変えようとする姿勢を見せた．またアキノ期には，反腐敗の機運のなか，最高裁判所はポークバレルに違憲判決を下し，政治家が国家資源を略奪し合う政治を否定した．

本章では，十分な内部情報を集められなかったこともあり，推論を重ねる形で議論をせざるを得なかった．本章の議論を検証するには，大統領による判事の任命プロセス，司法法曹協議会内の政治，最高裁判事のキャリアと信念，辣腕弁護士のロビー活動，世論と最高裁判所の関係などについて，より厳密な検討が必要である．

注

1）フィリピンの司法制度については，内田［2003］，知花［2005; 2012］を参照．

2）アメリカ人が最高裁判所判事の多数派を占め，違憲審査権によって拒否権をもつ積極的なアクターとして機能した［知花 2005: 133-134］．

3）1987年憲法は，国民の人権を保障するために，広範にわたる権利章典を保証し，戒厳令の執行や人身保護令の停止にも「切迫した脅威」ではなく「実際の反乱や侵略」が生じていることを条件にするなど厳重な規制をかけた．最高裁判所の役割には，下級裁判所への命令，下級裁判所の判断に対する審査，司法機関の職員の任命および監督権などがある［内田 2003: 174-175］．

4）戒厳令以前の最高裁判事の多くも，司法キャリア判事から選ばれた．もっとも，そのプロセスは，大統領と議会の任命委員会（commission on appointment）次第だったので，議員へのあからさまなロビー活動が行われた．

5）最高裁判所判事の資格は，40歳以上のフィリピン人で，判事または弁護士として15年以上の実務経験があること．2000年に，判事の候補者名簿作成のガイドラインが制定された［内田 2003: 178］．

6）この人事委員会は，Roberto Conception 元最高裁長官 (1966-1973)，J.B.L. Reyes

元判事（1954-1972），Cecilia Munoz-Palma元判事（1973-1978），Nepatali A. Gonzales
法務長官，Teehankee 判事らで構成された.

7）コファンコの不正蓄財と裁判闘争については，Parreño［2003］も詳しい.

8）Cuevas: Being Enrile's ex-lawyer no big deal, ABS-SBN News March 1, 2012
（http://news.abs-cbn.com/-depth/03/01/12/cuevas-being-enriles-ex-lawyer-no-big-
deal，2916年11月18日アクセス）.

9）メンドーサがどのように判決に影響を及ぼしてきたかについては，ヴィトゥグ［Vitug
2010; 2012］に詳しい.

10）違憲判決の下された石油規制緩和法は議会で修正されたうえで，合憲性を認められた.

11）内田［2003: 191-192］参照.

12）Vitug［2012: 43-47］参照. 次期大統領のエストラダは，この8名の判事を罷免しよ
うとしたが諦めざるを得なかった. そのうちの2人VelascoとVillaramaは，後に最高裁
判所判事に出世した.

13）2003年には，これに先駆けて，エストラダ前大統領が下院司法委員会に弾劾告発を行っ
たが失敗していた.

14）カルピオが最初に任命された背景には，彼が共同設立した法律事務所の他のメンバー
がアロヨの法律顧問だったことがある.

15）Vitug［2010: 41］参照.

16）救済令状は，軍政期のラテン・アメリカ諸国で，市民の権利擁護に使われた.

17）ゴンサガ［Gonzaga 2011］によれば，アロヨは，政権への抗議活動は経済発展を阻害
すると批判し，「法の支配」を遵守するように訴えた. そうしたなか，政権の暴力に対
する最高裁判所の批判は，エリートが支配する公式の法的枠組みの中へと人々の不満と
政治を制約することで，執政府による権力濫用を制約するというよりも，逆説的にも三
権のネットワークの結びつきによるエリート支配を強化したという.

18）Vitug［2010: 159-160］参照.

19）プノ長官の任期は2010年5月17日までで，大統領選挙の投票日は2010年5月10日，次期
大統領の就任は6月30日に予定されていたので，2月17日以降は任命できないはずだった.

20）かつてプノが司法法曹協議会によって最高裁判所判事の推薦された時，カブリオはラ
モスの顧問弁護士として候補者の身元調査をした結果，プノを推さなかった. プノがコ
ファンコを弁護したメンドーサと親しく，コファンコに有利な立場をとっていると考え
たからだった［Vitug 2012: 27］.

21）アロヨは議員としての影響力を保持すべく2010年に下院議員に出馬して当選した. ア
ロヨの立候補資格をめぐって争われたが，アロヨの側近ベンジャミン・アバロス選挙管
理委員長が立候補届を受理し，コロナ最高裁長官のもと最高裁もそれを承認した.

22）とりわけBong Revilla, Jinggoy Estrada, Juan Ponce Enrileという野党の上院議員3
名が逮捕されたことは大きな着目を集めた. 会計検査院によると，アロヨ政権下の2007
年から2009年の間，予算に計上された798億ペソを超えて，1160億ペソのポークバレル
が支給された. そのほとんどがアロヨ派議員に支給されており，2/3が使途不明である.

23）2011年から2013年まで，歳出促進プログラムは総額1671億ペソのうち1444億ペソが実
施された.

◆参考文献◆

邦文献

内田晴子 [2003]「民主化後のフィリピンにおける司法審査制度」, 作本直行・今泉慎也編『ア
ジアの民主化過程と法――フィリピン・タイ・インドネシアの比較――』アジア経済
研究所, pp. 167-202.

川中豪 [2003]「フィリピンの民主化と制度改革」, 作本直行・今泉慎也編『アジアの民主
化過程と法――フィリピン・タイ・インドネシアの比較――』, アジア経済研究所,
pp. 21-39.

知花いづみ [2005]「司法の役割――民主主義と経済改革のはざまで――」, 川中豪編『ポ
スト・エドサ期のフィリピン』, アジア経済研究所, pp. 131-165.

―――― [2012]「フィリピンにおける司法制度の枠組み」, 今泉慎也編『アジアの司法化
と裁判官の役割』, アジア経済研究所, pp. 73-104.

村山史世 [2003]「フィリピン大統領弾劾にみる政治と法」, 作本直行・今泉慎也編『アジ
アの民主化過程と法――フィリピン・タイ・インドネシアの比較――』, アジア経済
研究所, pp. 99-128.

外国語文献

Cruz, I. A. [2000] *Res Gestae: A Brief History of the Supreme Court from Arellano to Narvasa*, Manila: Rex Book Store.

Gonzaga, F. P. [2011] "Rule of Law in the Philippines: The Reproductive Logic of Elite Democracy," *Asian Perspective in the Arts and Humanities*, 1 (2), pp.17-37.

Paganiban, A. V. [2004] "Judicial Activism in the Philippines," *Philippine Law Journal*, 79 (2), pp.265-279.

Parreño, E. G. [2003] *Boss Danding*, Quezon City: First Quarter Storm Foundation (堀田正彦・加地永都子訳『フィリピンを乗っ取った男――政商ダンディン・コファンコ――』太田出版, 2005年).

Romulo, R. L. [1993] "The Supreme Court and Economic Policy: A Plea for Judicial Abstinence," *The Philippine Law Journal*, 67 (3), pp.348-353.

Tate, N. [1994] "The Judicialization of Politics in the Philippines and Southeast Asia," *International Political Science Review*, 15 (2), pp.187-197.

―――― [1995] "The Philippines and Southeast Asia," in N. Tate and T. Vallinder eds., *The Global Expansion of Judicial Power*, New York: New York University Press, pp.463-483.

Vitug, M. D. [2010] *Shadow of Doubt: Probing the Supreme Court*, Quezon City: Public Trust Media Group.

―――― [2012] *Hour Before Dawn: The Fall and Uncertain Rise of the Philippine Supreme Court*, Quezon City: Cleverheads Publishing.

第 *3* 章

インドネシア憲法裁判所の
生存戦略と政治参加

相沢伸広

は じ め に

　ジョコ・ウィドド／ユスフ・カラ組対プラボウォ・スビアント／ハッタ・ラ
ジャサ組の一騎打ちとなった2014年インドネシアの大統領選挙の行方は，最後
の最後まで予断を許さなかった．各社世論調査の結果予想は拮抗し，どちらの
組が勝っても不思議ではない状況下で投票日を迎えた．かつてない接戦であった
だけに，どちらが勝利するのかという期待以上に，果たして敗者陣営が結果を
抵抗なく受け入れることが可能か，極めて不安視されていた．ジョコ・ウィド
ド組が勝利すればプラボウォ組の支援者が大規模な混乱を引き起こし，一方で
プラボウォが勝利すればジョコ・ウィドドの支持者が大暴れする，といった不
穏な噂が絶えず流れ，選挙の勝者が誰であるかという以上に，ヒートアップし
た大統領選挙をどうソフトランディングさせ，選挙制度の安定を守ることがで
きるかが，大統領選挙の最終的な成否を判断する上で大きな焦点となっていた．
　このような政治状況において，誰もが注目していたのが選挙管理に係る各政
府独立機関の動向である．まず選挙管理委員会が投票数を集計し結果を確定さ
せた後，この結果に対して異議申し立てが発生した場合には，異議申し立て内
容を憲法裁が精査し結論を下すことになっていた．実際，インドネシア大統領
選挙は前回2009年選挙において，2014年大統領選ほど接戦でなかったにも関わ
らず，敗北したメガワティ陣営は異議を申し立て，最終的に憲法裁の判断を仰
いだ．近年地方選挙においては選挙結果が拮抗すれば必ずと言って良いほど，
選挙管理委員会が発表する結果には異議申し立てがなされ，最後は憲法裁が判
断するということが常態化していた．したがって，インドネシアの選挙は選挙

管理委員会の発表で確定するわけではなく，憲法裁の裁定を経て初めて終了するという事実上の２回戦方式であることを，立候補者はもちろんのこと国民もまた十分に了解していた．選挙管理において，選挙結果に対する敗者陣営の異議申し立ては織り込み済みとはいえ，これまで地方首長選挙の選挙結果をめぐっては，大規模な街頭デモの発生を含めて幾度となく泥沼化してきた経緯がある[1]．地方首長選挙でさえ，接戦となった選挙の幕引きには極めて慎重な対応が求められてきただけに，５年に１度の大統領直接選挙というインドネシア最大の選挙の幕引きをどのように成功させるかは，勝者の確定そのものと同様に，インドネシアの民主主義体制そのものさらには東南アジア全体の民主主義の行く末を左右する事項であった．

　その理由は，2014年７月に実施されたインドネシア大統領選挙直前の５月22日，長らく東南アジアの先進民主主義国と目されていたタイにおいて2006年来のクーデタが起きていたことにある．この間，タイでは民選議員および政府与党に対して，公職停止命令や与党の解党命令を通じた司法とりわけ憲法裁判所による事実上の「司法クーデタ」が実行され，憲法裁はタイの民主主義制度を根本から否定する機能を果たしていた．2014年のクーデタは2008年に発効したASEAN憲章に謳われた「憲法外手続きによる権力奪取を禁ずる」という東南アジア各国の合意を反故にする行為でもあり，カンボジアにおける2014年の選挙後の混乱も相まって，東南アジアにおける民主主義の退潮が盛んに論じられる最大の要因であった．そのような中で行われたインドネシアの大統領選挙は東南アジア全体の民主主義にとっても大きな砦であった．タイでは選挙管理委員会の結果発表後も幾度となくその選挙自体の認否をめぐって紛糾し，最後にはクーデタによって選挙外手段による政権奪取の方法に帰結してしまった．そのようなシナリオがインドネシアの現実とならないよう，選挙管理委員会の発表する大統領選挙の結果を敗者が受け入れられるかに，注目が集まり，選挙結果の最終認定権限を持つインドネシア憲法裁には，インドネシアの民主主義のみならず，東南アジアの民主主義の安定がかかっていた．実際，タイの政治学者，ティティナンは，新聞の論説で次のように述べた．「*東南アジアでは……中略……バランスは崩れ，より多くの国が権威主義的体制に移行し，民主主義体制の国はより少なくなっている．タイで軍事介入が発生したのは典型的だが，カンボジア，マレーシア，ミャンマーについても，その民主主義の後退が見て取れる．ゆえに，インドネシアには最後の望みがかけられていたのである．世*

界最大のムスリム人口を有する国であり，世界3位の人口規模を持つ民主主義国である[2]」〔Thitinan 2014〕．

　2014年7月9日大統領選挙の投票自体は大きな事件もなく滞りなく行われた．投票直後には，双方勝利を確信したのか，両陣営ともに勝利宣言を行い，選挙結果については選挙管理委員会の判断に従うと述べていた．しかしながら，日を追うごとに投票結果の大勢が徐々に判明し，ジョコ・ウィドド陣営の優勢が報じられると，プラボウォ陣営は態度を変えていった．そして遂に7月22日の選挙管理委員会による投票結果発表直前において，プラボウォ陣営は選挙結果を一旦拒否する声明を出した．同日，選挙管理委員会はジョコ・ウィドド陣営の勝利を確定したと発表した．

　この時から選挙結果を拒否すると述べたプラボウォ陣営が，どのような手段に訴えて大統領の座を獲りに行くのかに注目が集まった．プラボウォ陣営は申し立て期限終了直前の7月25日，選挙運営について大規模かつ組織的な違反があったとして，正式に選挙結果に対して異議を申し立て，憲法裁の裁定を求めた．その理由として，約2000万票の取り扱いに不備があり，800万票差を覆すのには十分な規模の違反が見つかったと述べた．プラボウォ陣営が選挙結果を覆せるかどうかは，まずは憲法裁の判断に委ねられることになった．

　8月6日に憲法裁の審理が行われ，プラボウォも大規模な不正があったことを法廷で自ら主張した．この日，憲法裁前ではプラボウォ支持者らが数百人規模の抗議行動を行ったが，ジャカルタ都内においては2万人規模の警官が配置され，警戒に当たっていたこともあり大規模な衝突は避けられた．審理においてプラボウォ陣営は「トラック5台」分の証拠資料を提出したものの，いずれも証拠能力において不備があると憲法裁によって却下された．証言者の証言も信ぴょう性を欠き，証拠能力として非常に不備の多いものと判断された．

　8月21日，憲法裁は全会一致でプラボウォ陣営による全ての異議申し立てを棄却し，選挙結果は確定した．この結果に対して，プラボウォは不満を表明した．支持者たちは軍仕様のオフロード車ウニモグ5台を配備し，約2万人が憲法裁へ突入することも辞さない準備をしていたが[3]，ジャカルタ首都警察の対策が功を奏し，当初心配されていた大規模な暴動等は発生せず，収束した．

　以上のプロセスの途上で，目立たないものの看過できない重要な出来事があった．それは，プラボウォ陣営の選対本部長のマフッドMDの辞任である．元憲法裁長官の彼は，投票結果が確定する前の7月18日，まさにこれから辣腕

を振るって欲しいタイミングで，「私の仕事は終わった」としてプラボウォ陣営選対本部長の職を一方的に辞任した．インドネシアの選挙戦は選挙管理委員会と憲法裁によって2回承認される戦いであるからこそ，戦いの場が憲法裁に移った時に，司法審議の経験を誰よりも重ね法廷での戦い方を熟知している彼が陣営にいることは大きなアドバンテージとなる筈であった．したがって，その戦いが始まる前に辞任したのは，プラボウォ陣営にとっては大打撃であった．7月22日に選挙管理委員会が発表した投票結果において，両候補の得票数の差は約800万票であった．これだけの票数の差を覆すという不可能に近いミッションを可能にするような仕事をやり遂げられるとしたら，マフッドをおいて他にはいない．プラボウォが手にしたはずのそのような頼みの綱を断ち切るかのように，7月22日の選挙管理委員会による結果発表時，マフッドはプラボウォに「異議申し立てをしても結果は覆らないのだから，しないほうがいい」と伝えたことを述べ，なぜそう言い切るかについて，「私は憲法裁長官として369件もこうしたケースを裁定してきたんだ．どうなるかはわかる」と当日テレビインタビューにおいて自信を持って断定した[4]．2014年の大統領選挙は事実上この瞬間をもって決したのであった．

▎1 憲法裁は民主主義を支えうるのか？

インドネシアにおいて，2003年に設立された憲法裁は，民主主義の定着に確かな役割を果たし続けている．インドネシアの憲法裁は司法の中でも選挙案件を扱う，とりわけ選挙結果の最終認定権限を持ち，選挙制度の番人たる役割を担っている．民主主義を支える司法という観点において東南アジアの他の国々が困難に直面している中で，インドネシアではなぜ憲法裁は有効に機能し続けているのか．有効，つまり敗者が選挙ルール外の手段に訴えることなく敗北を受け入れるのはなぜだろうか．インドネシアにおいては憲法裁が設立されて以後も選挙制度が目まぐるしく変更され，変更のたびに違憲審査を行っている．加えて，憲法裁は地方分権化に伴って地方首長選挙にかかる異議申し立てを1つづつ処理することが求められ，ゆえに取り扱う選挙事例が急増している．インドネシアの選挙史上最もダイナミックな時代を乗り越え，現在に至るまで新設組織である憲法裁が選挙結果の最終裁定機関として国民の信任を得ているということは特筆に値する[5]．本章では，上記の問いについて制度的理由，実績，

危機対応，そして，憲法裁判事個人の政治的利益の４点から検証し，インドネシアにおいて憲法裁の有効性が維持されてきた理由を明らかにしたい．

　民主主義の安定に対する司法の役割について，先行研究のアプローチは，主として第１に制度的に司法の独立性がいかにして維持されているか，もしくは侵食されているかを検討し，第２に司法の権限がどのように設定されているのかについて検討することを中心に据えてきた．政治の司法化，および司法の政治化を分析する上での問題意識は，たとえ民主化を進めたとしても，強い行政府に対し弱い司法府では，行政の長が民選であっても容易に司法に介入することが可能となり，必然的に司法の独立は失われることを危惧する点にある．司法府が行政府のあらゆる政策を法的に裏書きし，民選権威主義体制の一翼を担う公平でも公正でもない法的チアリーダーとして働くことになれば，たとえ選挙自体が公正に行われたとしても，その後の政策，政権運営が公正ではなくなる．そのような「民主主義の質」の低下を防ぐためにも，現在は法の支配，端的に言えば，司法府の行政府からの高い独立性が担保されていることが民主主義の安定にとって必要であり，司法による政治判断がより積極的になっていると分析されている．したがって，司法府が民主化を支えているか否かという問いは，第１に司法府の独立性が保障されているか，第２に行政府や立法府などの他の国家機構と比べて，どのくらい広く，強い権限を与えられているかが，最も重要な分析ポイントとして研究が進められてきた[6]．また，もう１つの先行研究群はまさに本書で問われている司法化する政治の中で力を得たいわば強すぎる司法府による司法独裁，司法テロリズム（Judicial Terrorism）[Heru 2016]，法曹支配（Juristocracy）[Hirschl 2004]と呼称される状況の発生に焦点をあてている．司法が行政府からの独立性，権限範囲を確保しても，そのことが民主主義を維持し，質を担保するわけではなく，民意を無視する司法府の権限濫用を許し，かえって民主主義を貶めてしまうという逆説的な現象に対する問題意識が基礎にある．

　以上の２つの先行研究群の知見を単純化すると，司法の独立性のジレンマ，すなわち司法の民選行政府に対する独立性が弱すぎる場合も，強すぎる場合も，民主主義との関係においてはマイナスであるということがわかる．したがって，研究を一歩進めて問うべきは，どのような形でそのどちらにも転ばずに，司法が民主主義を下支えするバランスが取れるのか，ということとなる．この点について本章ではインドネシアの事例から学ぶ．以下において，憲法裁の制度的

特徴,選挙裁定にかかる実績,憲法裁の危機対応,そして憲法裁判事個人の政治的利益について分けてインドネシアにおいて民主主義の安定に対する憲法裁の有効性が維持されてきた理由を検討し,明らかにする.

2 インドネシア憲法裁の制度的特徴

(1) 代表任用メカニズム

インドネシアの憲法裁は,一審制の裁判所であり,違憲立法審査,国家機関間の紛争裁定,政党に対する解散の決定,選挙結果に関する異議申し立てに関する審査及び裁決を行う権限を有する.インドネシアの憲法裁はまさにこの選挙結果に関する異議の審査を通じて,その存在価値を確固たるものにしたと言っても過言では無い.インドネシアが民主化と地方分権化を同時に進めたため,国政選挙は5年に1度だとしても,その5年間の間に400弱の選挙結果に対する異議申し立てについて裁定を下してきた.その結果,選挙結果を決するのは,投票そのもの以上に,選挙管理の最終決定機関であるところの憲法裁であるということを国民にも印象づけ,それだけの権限行使をしつつも,現在まで,主だった判決の不履行等は起きていない.

では憲法裁の制度的独立性についてはどうであろうか.この点を最も重要な人事について確認したい.インドネシア憲法裁は9名の判事からなり,大統領,国会,最高裁それぞれから3名ずつ指名される.ギンズバーグの整理で言うところの「代表任用メカニズム(Representative Appointment Mechanisms)」を採用しており,イタリア,ブルガリア,韓国,モンゴルにおいて,すでに採用されている方式である.とりわけ韓国の事例から学んだインドネシアは,この代表任用制度を通じて,まず国家,大統領,最高裁をいわば憲法裁のステークホルダーとして内部化することで,組織間で憲法裁をめぐって対立のエスカレーションが生まれないよう制度設計している.この制度の強みは,個々の判事が指名機関の利益を体現しノミニーとしての行動をとることを抑制できるところにある.なぜならば,仮にこの制度下で判事が完全なるノミニーとして行動した場合,最大でも1/3の勢力にしかならず,ノミニーとして強引な手法を取れば取るほど,残りの6人の判事の反発を惹起し,少数派に追い落とされてしまう.このことが制度上容易に予見できるようになっているため,各判事は純粋なるノミニーとして行動するよりは他の組織から任命されてきた判事との共通

利益，憲法裁の利益を探る方が意見が通りやすくなることを理解し，憲法裁の利益を第1に考えることが合理的になるよう制度設計されている．判事指名機関も，このことを了解し，あまりにわかりやすいノミニーを指名するのではなく，どちらかというと多数派工作が得意でいたずらに反作用を生むことがない，中立的な人物を任命することが合理的となるよう，制度が設計されている．

　こうして，インドネシアの憲法裁判所は大統領，国会と有力な国政の担当組織を関わらせ続けながらも，過度の介入を防ぐというバランスが維持できるようになっている．このように，代表任用メカニズムは組織間関係上のバランスをとるという意味で大きなメリットがある．他方，このメカニズムには当然弱点もある．それは，組織間の調整を重視するあまり，法的な整合性よりも組織間の政治的調整を重視する事なかれ主義の集団に成り下がりやすいという点である．ここには，憲法裁の権威失墜の危険性が孕んでいる．事なかれ主義の司法判断は，憲法裁の法的信頼性を著しく傷つける危険性もある．判事を指名する組織にしても，組織的利益の体現を期待できない以上，能力のある人物を指名するインセンティヴはどこにもない．その結果，指名機関としても，法的能力ではなく政治的調整能力の高さで人選を行い，結局憲法裁の法的な信頼性が損なわれ，司法判断の権威も信用も低下するという可能性が存在するのである．代表任用メカニズムの以上の長所と短所を理解し，憲法裁の独立性とパフォーマンスの向上の両者を実現できる判事が輩出されるか否かが大きな課題となる．この点は後ほど改めて論じたい．

(2) 憲法裁の権限範囲と拠り所

　インドネシア憲法裁の主たる権限，業務は5点定められている．それは，第1に違憲審査，第2に政府機関間の憲法上の権限重複の解決判断，第3に選挙結果をめぐる異議申し立て処理，第4に政党の解党処分，そして第5に大統領弾劾手続きにおける弾劾理由書類審査である．上記の中でも，違憲審査についてインドネシアでは個人に原告適格があり，憲法裁には抽象審査権も付与され，適用範囲が幅広く設定されており，これらの規定が憲法裁の積極的な司法活動を支えている．インドネシアの憲法裁はとりわけ原告適格を広く認めており，法律に記載されている個人や法人，国家機関，慣習法上の共同体等に加えて，判例上NPOや市民団体にも認められている．訴えの要件についても，判例上，実際に損害が生じているという要件は緩和され，将来損害が発生することが見

込まれる場合も要件を満たすとされた．このように，憲法裁は原告適格につい
て広く，訴えの要件についても緩く認めることで，より多くの国民にとって活
用できる機関として自らを位置付けることで，社会的な信頼を獲得することに
した．憲法裁は，こうして得られる社会的信頼を基礎に，判決の直接的な執行
機関なしに積極的な司法活動を行うことを可能にしているのである．その具体
的な例として1974年婚姻法43条，水資源法，タバコ税などについての違憲審査
を通じた条件付き合憲判断が挙げられる．これらは，国会の修正立法の遅さに
業を煮やした原告の訴えを受けて，憲法裁が下した判断である．条件付き合憲
判断とは，条件を満たす修正を行うことで合憲となるということであるから，
これは間接的な立法指示，さらに言えば憲法裁による事実上の立法行為といえ
る．こうした積極的な司法判断は，とりわけ国民に人気のある汚職撲滅委員会
法の条文改正に掛かる違憲審査や，各選挙関連法規，例えば無所属の独立候補
の立候補可否や，政党要件規定にかかる違憲審査にて発揮され，社会的な期待
に応える実績を築いてきた．

3 インドネシア憲法裁の実績

　もっとも，憲法裁が与えられた権限，制度的な役割の中で，インドネシアの
民主制度を守るために最もその力を発揮したのは，選挙関連法令の違憲審査，
司法審査，そして選挙結果に対する異議申し立ての処理，選挙結果の確定作業
においてであった．1999年にスハルト体制崩壊後最初の民主的な選挙が実施さ
れると，選挙人登録，政党の資格要件の確定，選挙管理委員会の権限確定，そ
して結果の認定や異議申し立ての処理をめぐる制度的問題が多数見つかった．
憲法裁の設立と期を一にして選挙法の改正が頻繁に行われた．大統領選挙もま
た間接選挙から直接選挙に変わったが，その中で直接選挙を行う上での大統領
選立候補資格として，政党の支持が不可欠か否か，不可欠であるとするならば
事前に行われる国会議員選挙において，何％の得票，もしくは何名の国会議員
数の推薦を集めることが，立候補資格につながるのか，こうした細則はすべて
最終的に憲法裁でその合憲性を確認することになった．このことは国会議員選
挙，地方議会選挙，地方首長選挙，それぞれにかかる政党成立要件，独立候補
の立候補可否，選挙日程，選挙運動のルール，有権者登録をめぐるルールといっ
た選挙事務のすべてにおいて同様であった．めまぐるしく選挙制度が修正され

る民主化の過渡期であっただけに，立候補者は選挙で不利だと思えば，決まって選挙ルールがおかしいとその度に司法審査を憲法裁に要求するようになった[10].

　なかでも憲法裁の民主化の砦としての役割が試されたのは，2016年地方首長選挙法に対する司法審査であった．この改正地方首長選挙法は，地方首長の選出方法をそれまでの一般投票ではなく，地方議会の議員投票によって行われるようにする修正案であった．この修正案は政治政党の力を強化するだけであり，一般国民の直接的な投票機会を奪うことから，民主主義の後退であるとして国民的な反対運動が起きていた．紛糾しながらも国会を通過してしまったがゆえに，反対派の最後の頼みの綱が憲法裁となった．憲法裁はこの修正案を違憲として退け，直接選挙制を死守し，存在感を見せつけたのであった．そしてその中で，憲法裁は地方首長選挙に関わるべきではないという意見も退け，改めて選挙結果の最終裁定機関は憲法裁であるという点も維持し，自己利益を保存しつつ，制度的に選挙制度と憲法裁の関係を再確認し，強化したのであった．

　このような選挙関連法令をめぐる訴えに大きな役割を果たしてきた実績に加え，憲法裁が存在感を見せつけたのは，選挙結果の異議申し立てにかかる裁定実績であった．以下の**表3-1**のように国会議員選挙における異議申し立て数も，回を重ねるごとに増え，何よりも，**表3-2**のように2008年以降の地方首長選挙にかかる裁定は大幅な業務負担増を憲法裁に求めた．**表3-3**に現れているように，憲法裁判所の審議件数は2003年から2008年までは100件以下で推移していたものの2009年には大統領，国会選挙の影響で174件に増え，そして2010年には急増した地方首長選挙にかかる審議件数の影響で351件に倍増した．憲法裁判所の審議件数の半分以上が地方首長選挙結果の審議であったということになる．2011年には290件のうち138件，2012年には287件のうち112件，そして2013年に至っては247件のうち200件が地方首長選挙にかかる審議に費やされた．

　以上の統計から見ても，これまで憲法裁が急増する非常に多くの選挙関連訴

表3-1　国会議員選挙

年	2004	2009	2014
異議申し立て訴え	273	650	903
認定	38	70	23

(出所) Butt［2015: 7-8］.

表3-2　地方首長選挙

年	2008	2009	2010	2011	2012	2013
選挙数	135	3	246	116	79	149
訴え受理	27	12	230	138	112	200
異議申し立て認定	4	0	26	13	12	14

（出所）Butt [2015: 7-8].

表3-3　審 議 件 数

違憲審査	2003	2004	2005	2006	2007	2008	2009	2010	2011	2012	2013
審議入り	24	93	38	41	41	78	174	351	290	287	247
判決	4	81	28	32	29	56	135	285	229	207	161

（出所）Mahkamah Konstitusi Republik Indonesia [2013: 199].

訟の処理をしてきたことがわかる．憲法裁は当然のことながら判決の執行機関を有しない．しかし憲法裁の裁定にこれまで全てのケースにおいて候補者たち，とりわけ敗者らは判決に従い，裁判官を恨み襲撃する事例もない．それは憲法裁が制度にあぐらをかくことなく実績を重ね，信用を築いてきたからこそ，選挙の敗者たちはその決定に服してきたのであろう．2003年に新設されたこの組織が民主化の過渡期に実績を重ねたこと，これ自体がインドネシアにおいて憲法裁が民主主義を支えるという歴史的な礎を築くことにつながったのであった．

4　危 機 対 応——アキル・モフタル憲法裁長官汚職事件

先に述べた通り，インドネシアの憲法裁判所は制度的に立法，行政，司法の非常に絶妙なバランスの上に設計され，その均衡点をより安定させるべく実績を重ねてきた．しかしながら，憲法裁が築き上げてきた信用と実績を一気に吹き飛ばす事件が起きる．2013年10月2日，アキル・モフタル憲法裁長官が，内偵を進めていた汚職撲滅委員会の捜査官により収賄の罪で現行犯逮捕されたのであった．これは中部カリマンタン州のグヌンマス県の県知事選挙の選挙結果をめぐり，敗れた候補者側が行った選挙結果への異議申し立ての訴えをアキル長官が却下するよう，当選した現職候補ハンビット・ビンティが求め，そのた

めの贈賄金をアキル長官が収めようとしていたところ，仲介役を務めた中部カリマンタン選出のゴルカル党議員ハイルン・ニサと実業家のコルネリスとともに憲法裁長官の公邸にて現行犯で捕まったものであり，汚職撲滅委員会捜査官はその場で現金2万2000米ドル及び28万4040シンガポールドルを押収した．その後の調べにより，アキル長官はモロタイ島嶼部県の県知事選挙やバンテン州ルバック県の県知事選挙の再選挙判断で同様に賄賂を受けとり，有利な判決を下していたことも明らかになった．この事件を受けて，当時のユドヨノ大統領は「国民は怒りと驚きを感じている．憲法裁は強力な権限を持つ機関．長官逮捕は民主国家インドネシアの根幹を揺らがせる事件だ」と憤り，失望を語ると共に国民の怒りを代弁した[11]．

　アキルの逮捕前までは，憲法裁は選挙の公平性を担保し，インドネシアの民主化の安定を支える最重要機関であったとみなされていた．しかし，憲法裁長官が個人的に賄賂を収め，さらにはアキル長官側がお金を要求していたことが後々の調査で明らかになったことで，それまで築きあげてきた憲法裁の権威は失墜した．憲法裁長官が持つ選挙結果に対する絶対的な権力を，個人的な金銭獲得のためのレントとして用い，その結果憲法裁による裁定が公平ではなかったということが露見すると，国民が有していた選挙制度全体に対する信頼がゆらぎ，国民に一気に動揺が広がった．インドネシアの民主化は憲法裁が下支えしていたというのは，それまで多くの識者が共通して持っていた評価であったが，ここにきて憲法裁の評価は大きく転換することになるとともに憲法裁の存続そのものまでもが危機を迎えることになった．

　このことに最大の危機感を持ったのが，他の憲法裁判事，また元判事達であった．初代憲法裁長官のジミリー・アシディキや2代目長官マフッドMD，さらに汚職撲滅委員会の委員長のアブラハム・サマッドらは，アキル・モフタルの悪質性，またこの事件が持つ波及効果の大きさから，最大限の怒りを込めて，特別法を制定してでもアキルを死刑にすべきだと憤慨した[12]．これは，何よりも憲法裁の組織的な権威を死守する，そしてそのことを通じて，各判事が保有する元憲法裁判事としての肩書きの社会的・政治的価値を守り抜く戦いでもあった．そもそも汚職事件の最高刑が無期刑であるということを知りつつも，判事のほぼ全員が「死刑」，「極刑」を求めたのは，アキルの事件の深刻さと皆の危機感を表していた．事実，インドネシアの世論調査（Linkaran Survei Indonesia: LSI）によると事件前は憲法裁に対して国民の64％が信認していると答えたが，

事件後は18％に急降下した．新聞の社説にも，「憲法裁判所がインドネシア民主主義の番人であった時代は終わった」「憲法裁がクリーンであるという期待は幻想であることが明らかになった」という見出しが掲げられ，憲法裁解散やむなしとの声も上がった．

　事件の主人公，アキルは司法府内で仲間を断罪することはできないだろうと目論んでいたのか，当初は裁判に際し楽観的に臨んでいたようであった．しかし，第一審で汚職事件としては最高刑となる無期懲役判決が下され，アキルの控訴もむなしく，第二審，最高裁ともに差し戻され，刑が確定した．汚職事件の無期刑はインドネシア史上2度目の判決であり，事件の重さを物語るとともに，司法府としても，仲間を匿うのではなく，厳しく裁くことが組織的利益に適うという判断も下されたのであろう．アキルは最高裁の判決を「不公平だ」として退け，大統領への恩赦を求めたが，こちらも却下され刑が確定した[13]．

　国民の信頼を失墜させた憲法裁にとって，この事件は組織解体もありうる最大の危機であった．それは裏を返せば，憲法裁の弱体化を目論む各勢力にとっては千載一遇のチャンスでもあった．その一つである大統領が事件の2日後早速その牙をむいた．アキル・モフタル長官が正式に汚職事件の容疑者となったことで，規定にのっとり大統領権限により長官職を停止させた．その上で，「憲法裁の汚職が2度と起きないよう，できうるすべてのことを行う」と語気を強め，憲法裁の自浄作用に期待するのではなく，大統領が憲法裁をチェックする必要があると国民にアピールし，「我々のイニシアティヴはあくまでも憲法裁の組織的名誉と信用を回復するために行っていることであるから，憲法裁は一切の抵抗をしないことを期待する」と述べた[14]．2013年10月には憲法裁に関する緊急修正法令2013年第17号を発令し，2003年の憲法裁に関する法令を一方的に改正した．この緊急修正法令においては以下の3つの重要な変更をおこなった．第1に，それまで憲法裁判事は就任直前に政党党員資格を返上すれば良かったが，就任前7年間に遡って政党党員資格を有していてはいけないと規定変更した．第2に，憲法裁判事は就任にあたって，大統領によって任命された法曹専門家によって構成される法務委員会（Komisi Judicial）の「身体検査」を全員受ける必要があると定めた．第3に，重要判決を出す際など，憲法裁は，自らが指名した5名の専門家からなる憲法裁判所顧問委員会と大統領が任命した法務委員が合同で作る会議で監査を常時受けるとした．以上のように，憲法裁に様々な縛り，とりわけ大統領の意向が反映されやすい縛りを加えてきた[15]．大統領の

みならず，国会も憲法裁の独立性を制限しようとする動きに同調し，大統領提案の緊急修正法令を2014年に国会で承認し，正式な改正憲法裁法となった．

　こうした大統領，国会の挑戦に対して，憲法裁は真っ向から対抗した．上記3点の改正ポイントがいずれも憲法に違反しているとした．2014年に国会で承認された改正法について，憲法裁は違憲審査を行い，第1に，直近7年間の政党不参加要件については，公職に就こうとする人間についていかなる差別もしてはいけないと規定する憲法に反するとして，違憲と判断し，そもそもアキルのようなケースを一般化してはならないし，汚職が目的ならば，代理人を送り込めばいいだけの話なので，この法律変更は改正の目的上も，合理的ではないと主張した．第2に，憲法裁判事の選出過程については，憲法ですでに，国会，大統領，最高裁の三者の間でそれぞれの基準においてそれぞれが判事任命について3名づつ自由裁量で指名することが求められており，こうしたバランスを保つことこそが憲法の趣旨に合致しているのであり，この自由裁量権を崩すような法改正は憲法が規定したバランス，そして判事の多様性を容易に失わせることとなるため，違憲であると断じた．第3に，大統領の指名したメンバーで構成される法務委員会もしくは顧問会が，憲法裁の判決審議過程において何らかの関わりを持つことになれば，これは憲法に規定された憲法裁の独立性に違反することになり，憲法裁が外部の政治的な影響に極めて脆弱になることを意味する．すなわちこれは，憲法が設計した組織間の権力関係，バランスを崩すものであるから，違憲であるとした．

　そもそも憲法裁が，憲法裁について規定する法律を違憲審査することに問題はないのかというのは，当然問われるべき質問であるが，憲法裁はこの点についても，法律を制定した国会，そして大統領ともに，憲法裁は同格の法的地位を持つもので，大統領府や国会が一方的にルールを制定するというのはおかしいという点で，問題なしとした．憲法裁に審査権があるとなると，結果は明らかで，憲法裁の権限を縮小させる2014年の改正憲法裁法は全面的に違憲とされ，結審した．国民の人気と信用を憲法裁は一気に失ったものの，法的には憲法裁の役割や機能についてその自由裁量の牙城を維持し，危機を乗り越えるため，大統領と国会の挑戦を退けたのであった．

　こうして，アキル長官の逮捕に端を発する危機的状況において，大統領府と国会が仕掛けてきた攻撃に対して，憲法裁は防戦を張ることに必死であった．それは，まとめていえば，第1に，憲法裁には自浄作用がないから，外部機関，

つまり大統領や国会が憲法裁を外から変えるしかない，という文脈が形成されることを防ぐためにも，アキル・モフタルという同僚を切り捨て，組織を守るために，同僚を死刑に処すべきと，法的な根拠もなく，なりふり構わず他の誰よりも強く，攻撃的に糾弾する（姿勢を国民に見せる）ことで，憲法裁自身の自浄能力を印象付けることに注力した．その上で，実際に仕掛けてきた緊急法，さらに恒久法の制定に対して，憲法裁の組織的利益を防御するためにも，憲法裁は新たな法令を違憲審査権で潰したのであった．国民の信頼がない時期にこうした違憲審査を実行するのは，相応のリスクがあったが，結果的にはここで反対し，既存の憲法裁の持つ独立性を死守したことが，その後の信頼回復の土台作りとしては結果的に吉と出た．

5 憲法裁判事個人の政治的利益

　以上の憲法裁判所の危機対応において，重要な役割を果たしたのは，すでに退職していた初代憲法裁長官のジムリー・アシディキや2代目長官マフッドMDであった．考えてみれば，彼らがそこまで，憲法裁の存続にこだわった理由は何であろうか．単純に考えれば，アキルのような汚職まみれの悪徳裁判官とは違うということをはっきりさせるということであろう．憲法裁という組織に対する国民の信頼の獲得こそが，元憲法裁長官であったというキャリアの価値を決するものとなるがゆえに，危機時に憲法裁を救おうと奮起する個人的理由が彼らにあっても不思議ではない．この節ではこのような，憲法裁判事個人の政治的立場や利益が司法と民主主義の両立を可能にしているという構造を示したい．

　インドネシアの憲法裁の人事は冒頭でも述べた通り，国会，大統領，最高裁判所の三機関から等しく3名ずつ選出されバランスを取っている．従って，この制度設計では判事個々人について，憲法裁判事着任時には中立の誓いを立てるものの，推挙した機関の利益を一義的に考えて司法判断を行うことは想定内となっている．[16]

　インドネシアの憲法裁判事について，何よりも興味深い特徴は憲法裁判事の着任時年齢が例えば長官についてみると，47歳，51歳，45歳，48歳，57歳と最高裁長官のそれと比べてはるかに若いということである．つまり，憲法裁長官たちは，キャリアの最終ポストとしてその職に任じたわけではなく，この点は

組織のヒエラルキーを粛々と上がって，最後に最高裁に到達するという最高裁長官とは大きく異なる．憲法裁の判事には退官後もまだ長いキャリアがある．したがって，憲法裁判事は組織的利益以上に，個人的な退官後のキャリアを計算しながら行動を取っているという前提で分析することも必要であろう．

　上記２つの点から，インドネシアの憲法裁判事個人の利益について，精査することの意義があると考える．選挙結果の最終決定権者という極めて大きな権力を有することを承知した判事達が「憲法裁判事」という肩書きを実際に如何に個人的に活用し，また政治政党の側も彼らをどのような局面で取り込もうとしているかに焦点を当てて以下２名の憲法裁長官について見ていきたい．より具体的には，最高裁判事のような「天下り」として他の独立機関，国営企業や民間大企業の取締役等に転任する形とは異なる，インドネシア憲法裁判事自身が政治家となり，憲法裁を個人の政治キャリアの重要な資産とみなす事例を取り上げ，そのことが制度全体に取ってどのような効果をもたらすのかを検討する．

(1)　第３代憲法裁長官　マフッドMD

　冒頭で紹介した2014年大統領選挙において，マフッドMDは極めて大きな存在感を放った．プラボウォが選挙結果を拒否し，デモや暴動，さらには軍隊を使うといった制度外の方法で権力奪取を企むことなく，敗北を受け入れた１つの要因は，元最高裁長官にして，選挙対策本部長であったマフッドMDが，これ以上法廷闘争をしても意味がない，というシグナルを送ったことが大きいと考える．マフッドは幾度となく選挙結果の異議申し立てについて司法判断を行ってきた元憲法裁長官であり，選挙結果の異議申し立ての是非の判断をする上で，彼以上にその経験を積んでいる人物はいない．したがってこのシグナルは，プラボウォ自身に敗北を受け入れさせるのみならず，広くプラボウォ支持者に敗北を受け入れさせるのに非常に効果的であった．

　マフッドMDはワヒド政権時代には防衛大臣を務め，2004年から2008年にかけて民族覚醒党 (PKB) 所属の国会議員であり，また大票田であるナフダトゥールウラマーの有力なイスラム指導者でもあった．こうした重鎮政党政治家としてのキャリアに，憲法裁長官というキャリアを加えたことで，退任後は大統領になる野心を決して隠そうとしなかった．憲法裁の長官職を辞した2012年末から2013年１月時点では，世論調査によっては2014年大統領選挙の有力な候補としてマフッドMDの名前が取り沙汰されていた．[17]　こうした世論情勢もあり，

2014年の大統領候補者指名争いの際は憲法規定により再選できないユドヨノ大統領が所属する民主主義者党の予備選に参戦した．結果として指名獲得はならず敗北したが，その後も彼の所属政党であるPKBの大統領候補としてその名が取りざたされた．集票力のある有力政治家として一目を置かれるようになった彼が，場合によってはジョコ・ウィドドとコンビを組む副大統領候補になるという噂もあった．

　最終的に，2014年選挙では大統領，副大統領候補にはなれなかったものの，PKBがジョコ・ウィドドを支持する連合に入ったのに対して，彼個人は対抗候補であったプラボウォの選対本部長となった．彼が選対本部長になった大きな理由の１つには間違いなく彼の憲法裁長官としてのキャリアがあった．[18] プラボウォにしてみれば，マフッドMDを取り込むことは彼のチームの法的な信用，選挙戦における法的な対応能力のレベルアップにつながり，究極的には勝負が憲法裁に持ち込まれれば最強カードとして使えるという計算が働いていたであろう．仮にプラボウォが当選していれば，政府の要職に就く可能性もあるところまで迫っていた．彼自身の隠しようのない個人的な政治的野心を鑑みれば，2014年の大統領選挙の最終局面でプラボウォを見限ったのも，彼の政治的判断が働いたと言っても過言ではないだろう．

　その政治的判断というのは，「元憲法裁長官」という彼個人の政治資源を守ることにある．仮に選対本部長として，最後までプラボウォと共に勝利の可能性の低い異議申し立てプロセスに参加すれば，当然その成否の責任は憲法の「専門家」である彼が負うことになろう．異議申し立てが失敗すればそこで，彼の「元憲法裁長官」という政治資源は失われる公算も高い．しかしながら，彼は冒頭で紹介したインタビューにあるように「元憲法裁長官」として，異議申し立てに反対だと表明することで，プラボウォへの忠誠を通じて得られる政治的資源よりも，「元憲法裁長官」という政治的資源を選択したのであった．

　憲法裁長官として彼自身の国民的知名度が高まったのは，何より汚職撲滅委員会（KPK）の権限強化に注力したことが大きなきっかけであった．この時，KPKが国家警察による運転シミュレータの入札をめぐって，大規模な汚職があったとして国家警察を捜査した件で，国家警察とKPKは対立していたが，マフッドMD率いる憲法裁はこの捜査を違法とする警察の訴えを退け，KPKの捜査を合法なものとして認定した．このことが，汚職撲滅を応援する姿勢をとったとして，世論の強い支持を受けた．世論の支持を喚起した代表的なもう一件

は政府の石油ガス上流部門執行機関（BPMigas）に対して，国家の自然資源に対するコントロール権限を低下させたとして，組織の規定根拠法となっている石油ガス法が違憲であるという判決を下したことにある．この判決はエネルギーセクターへの新規投資に極めて大きな悪影響を及ぼすと財界から強い批判を受けたものの，憲法裁は動じず，経済ナショナリズムに煽られた世論の支持を背景に違憲判決を下したのであった．

　こうした判決に見られるように，マフッドMDは憲法裁長官という立場を自身の国民的人気を喚起するために最大限活用した人物であったといえよう．収賄で逮捕された後任のアキル長官を一切かばうことなく，誰よりも積極的に断罪することによって自身の元憲法裁長官としての肩書きの信用の維持に務め，2014年大統領選の最終段階でのプラボウォへの裏切りもまた，プラボウォの選対本部長としてではなく，元憲法裁長官としての計算からくる判断であろう．このことはマフッドMDがプラボウォへの忠誠よりも，憲法裁長官としての名誉をその後の政治キャリアにおいて，より有効な踏み台とみなしたことの表れと理解できる．マフッドが判断した通り，政治的パトロン関係よりも，憲法裁のプロフェッショナルレコードが政治的により有効だとするならば，民主主義の元で政治的野心をもつ政治家にとって，憲法裁が公正な組織であることにこそ政治的価値を見出していることを示す重要な判断であったといえよう．

(2)　ハムダン・ズルファ

　第4代目憲法裁長官のハムダンは，2014年大統領選挙においてプラボウォ陣営の異議申し立てを棄却した時の憲法裁長官であった．アキル・モフタルの逮捕の後，ハムダンは信用が失墜した憲法裁長官職を47歳という若さで引き継ぎ，大統領，国会からの圧力をはねつけて憲法裁の独立を守り，最終的に僅差となった2014年大統領選挙の成否を握る判断を下した．もともと，月星党（PBB）の設立メンバーとして政治家であった彼は，2015年の退任後，国政選挙がなかったこともあり，マフッドほどの知名度はまだない．しかし，市民組織シャリカット・イスラムの議長として市民の経済状況の改善に努めると訴える彼の活動からは，約100年前の1910年代にインドネシアのナショナリズム運動の一翼を担ったサレカット・イスラムの系譜を継ぐ組織であると自称していることからも，既存のイスラム政党とは異なる大きな政治勢力を構築しようという大きな政治的野心が透けて見える．[19] この政治戦略の中で元憲法裁長官であったという経歴

をどれほど効果的に用いているのか現時点では判断は下せないものの，そうした大組織の議長として政治的キャリアを積んでいることだけは確かである．ここでハムダンの事例から，彼が憲法裁判所をどのように政治資源として活用したかではなく，大統領選挙という民主政治最大の通過儀礼において，大統領候補たちが彼をどのように扱ったのか，という点についてみていきたい．

　現職当時，国民の憲法裁判所に対する目が厳しい時代であったこともあり，ハムダンから直接的にジョコ・ウィドド，もしくはプラボウォに関係を求めた痕跡はみあたらない．しかし，両候補者陣営が彼に個人的に近づこうとした痕跡は無数に見られる．その中でも代表的なものを2つあげたい．第1に，ジョコウィ陣営である．彼の兄弟であるアフマッド・ティブ・ラヤ（Ahmad Thib Raya）の妻はジョコ・ウィドド陣営の選対チームメンバーのムスダ・ムリアで あった[20]．彼女は著名な法学者であり，人権派活動家に与えられる権威あるヤップ・ティアム・ヒエン賞を受賞したことにも現れるように，個人の専門性において選対チームの法務担当として十分なキャリアを有している．したがって，ムスダ・ムリアが憲法裁長官の義理の妹であったから，ジョコウィの選対チームに雇用されたと断定するのは一方的かもしれない．ただ，彼女はジョコウィを大統領候補者に推挙した闘争民主党の党首メガワティ・スカルノプトリが運営するメガワティ・インスティチュートの所長も務めていることからも，政治的に中立であるというのも考えにくい[21]．

　一方のプラボウォ陣営はハムダンの元同僚にアプローチした．ハムダンが憲法裁判事に選出される前は，弁護士事務所O.C. Kaligis& Associatesにて働いており，そこで著名な弁護士エッギ・スジャナとパートナーを組んでいた．このスジャナ弁護士こそが，マフッドMDが選対本部長を退任した後，プラボウォ陣営が憲法裁に異議申し立てをした際の弁護人である．憲法裁の判断に好影響を及ぼすことを期待して，盟友である人物を雇ったというのはもちろん推測であるが，十分な合理性のある選択である[22]．ハムダンの場合は憲法裁長官という肩書きを主体的にその政治的目的に使った形跡は現時点では見られない．しかし，2014年選挙では，現職にある憲法裁判所長官に対して，個人的な関係において政治的アプローチがあったことを示唆する痕跡が残されている．

　ハムダンに対する以上のような両陣営のアプローチは，アキル・モフタルの汚職事件後にあっても，憲法裁長官には極めて高い政治的価値を認識させるのに十分な効果を発揮している．とりわけ，両陣営が用いるアプローチが，義理

の妹や過去の同僚といった，極めて個人的なチャネルを使う点からも，ハムダンが憲法裁長官在任中に，来るべき政治的機会に備えて個人的なネットワークの構築に活用できうることを，周囲が示していた．マフッドMDの事例のように，憲法裁長官の方に個人的な政治野心があり，ハムダンの事例のように周囲が個人的に政治的にアプローチを仕掛けるという憲法裁判事と政治の相思相愛の関係がここにはある．

　今後，これら仲介者の政治的登用，またハムダン自身がジョコウィ政権によって政治的任用されることがあれば，憲法裁長官に対する典型的な論功人事として，今後のインドネシアの憲法裁判事の政治的価値を証明することになるであろうし，たとえ，そうならなくとも，2014年に危機にあった憲法裁を国会と大統領の挑戦から守り，そして，国会議員選挙，大統領選挙を大きな事故なく取り仕切ったというのは，大きな成果として彼のキャリアに，とりわけ彼の政治キャリアにおいて，有効に活用されることがあっても不思議ではない．

おわりに

　インドネシアの憲法裁がなぜ機能しているのかという疑問について，制度，実績，危機対応，そして個人のインセンティヴという4つの観点から検討した．民主化後のインドネシアにおいて，あらゆる政治制度が改革の途上にある中で，たとえ憲法裁にかかる当初の制度的デザインが，憲法裁の独立性と国民からの信頼を調達する上でうまくいったとしても，安定的にその状態を維持できるかというと，そこには別の要因が必要であった．制度的な成功は必要条件であっても，十分条件ではなかった．アキル・モフタル長官の件のように，1人の汚職事件が，憲法裁の全ての土台を崩すかのような危機をひきおこしたことに，憲法裁がよって立つところが，如何に微妙なバランスの中に位置付けられているのかが示されていた．したがって，そのようなバランスを絶えず必要とする細い道筋を進む憲法裁が，安定的に民主制度の番人であり続けるためには，何よりも実績が必要であり，危機の際の強固な危機管理対応能力が求められた．インドネシアの憲法裁は間口が広い．無数の選挙結果の裁定機会に加え，一般個人が訴える権利，とりわけ抽象審査権があり，論理的には国民の誰もが訴えを起こすことができるという参加しやすい政府機関である．訴える費用も安価であり，実際に判事と直接対話で自らの主張を届けることができるという意味

において，憲法裁は国会に比べても一般国民がアクセスしやすい組織であるといえよう．たとえ殆どのケースで訴えが棄却されたとしても，非常に多くのケースを裁いているという実績と，その訴えの数が増え続けているということ，選挙の度に否応なくメディアが憲法裁に注目し露出することなどが重なって，憲法裁への信頼は保たれている．憲法裁は選挙制度維持にとって極めて重要な，候補者と国民の不満のうけ皿としての役割，また国民と選挙制度の間の緩衝帯の役割を任じている．だからこそ，アキル・モフタルの事件で1度失墜した国民の信頼も，2014年の国会議員選挙，大統領選挙を経て，2013年の28％から2015年には59.1％に回復していた．インドネシアの選挙制を支えているのはもちろん憲法裁だけではないが，憲法裁判所の民主主義プロセスにおける不満のガス抜き機能としての有効性なしには，インドネシアの複雑な選挙制度の維持は考えられない．問題はその先である．[23]

　上のような制度と実績，民主制の強化と憲法裁の制度的強化が相互補完的に進むという好循環が回り続けるには，その好循環に利益を見出す裁判官個人のインセンティヴが必要であろう．制度的な設計である代表任用メカニズムは，あくまで行政，立法，司法が判事をノミニー化することを防ぐためのシステムであり，判事が良いパフォーマンスを続けるインセンティヴを保証するものではない．インセンティヴがなければ実績を積むこともなく，アキル・モフタルのような，収賄に精を出すレントシーカーが大量発生しても不思議ではない．しかしそうはならなかった理由として，憲法裁判事がレントシーキング以上に憲法裁判事として公正な仕事をすることがよりキャリアにとって有意な政治資源であることを見出すような人物が出てきたことにある．現時点ではまだマフッドのように，より直接的に国政参加の道を探る元判事はごく一部であるが，一部であっても，そのように憲法裁判所が民主制度において政治資源として使えるという可能性を示したのは，裁判官として，レントシーカーとして任期を過ごすか，憲法裁の任期終了後の政治キャリアの道を計算して，公正な仕事に徹するかという選択になった時に後者を選択させる重要なモデルになったといえよう．

　インドネシアの憲法裁の判事に元国会議員が含まれていることに対する批判は絶えず存在する．本章で中心的に触れたアキル・モフタル，マフッドMD，ハムダン・ズルファは3人とも元国会議員の憲法裁判事である．この中で，アキル・モフタルを事例として取り上げれば，確かに国会議員を憲法裁に入れる

ことは制度そのものに対するリスクとして考えられ，国会議員は憲法裁から締め出すべきという考え方も取れるであろう．しかし，マフッドMDやハムダン・ズルファのように，公正な憲法裁判事であることに積極的な価値を見出す民選議員が存在することは，民主主義制度と憲法裁判所に代表される法治主義のバランスを取る上で，極めて重要な触媒，または安定剤になっている．彼らは，そのキャリアを考えれば，民主化の安定と法治が両立しなければ，活躍が見込めない政治家である．法治にしかコミットしない憲法裁判官で固めれば，ハーシュルが論じた法曹支配への道を進むことになり，選挙政治にしかコミットしないのであれば，司法の独立性をないがしろにする民主主義の独裁を志向するであろう．そのどちらにも流れない存在は稀有である．制度的危機を乗り越えてきたインドネシアの事例からわかることは，制度や実績，危機対応といった必要条件に加え，民主制度と法治主義に相互補完的な利益を見出せる政治的野心をもった憲法裁判事の存在が有効な触媒として機能した，という新たな知見である．毀誉褒貶のある政治家出身の憲法裁判事ではあるが，少数であっても原理的にはマフッドMDのような人物が政治家となり，元憲法裁判事としてその後の政治で活躍することが増えるということが，新興民主主義国において民主制と法の支配安定条件をもたらすミッシングピースの1つを埋めることになる，とインドネシアの事例は教えてくれる．

注

1）1例としては，2013年の南スマトラ州のパレンバン市長選挙が挙げられる．選挙管理委員会の決定への異議申し立てを認めて，最高裁が当選無効の決定を下したことで，支持者たちが猛反発し，デモに発展した．このデモの一部は市内の商店に投石，放火するなどの暴動となった．

2）インドネシアの2014年選挙が，最終的に大きな混乱を招かずに，収束したことは，まさに東南アジアにおける民主主義の退潮を危惧していたタイ人にとって，大きな安堵であった．タイの国際政治学者，ティティナンは「ジョコウィがインドネシア（と，おそらく東南アジア全体）の民主主義を救った」と論じたのはその象徴であった．Thitinan Pongsudhirak, "Jokowi saves Indonesia's democracy（and maybe Southeast Asia's too）," *East Asia Forum*, July 28, 2014（http://www.eastasiaforum. org/2014/07/28/jokowi-saves-indonesias-democracy-and-maybe-southeast-asias-too/, 2014年7月31日アクセス）．

3）"5 Fakta Unimog 1300L yang dipakaimassa Prabowo demo ke MK," *Merdeka.com.*, Aug 24, 2014（http://www.merdeka.com/peristiwa/5-fakta-unimog-1300l-yang-dipakai-massa-prabowo-demo-ke-mk.html 2016年5月12日アクセス）．

4）2014年7月22日Metro TVにて放送されたインタビューより.

5）インドネシアの選挙制度は，この間大統領選挙が間接性から直接性にかわり，有権者数が1億5000万人を超える規模で行われる世界でも有数の大規模選挙である.

6）以上の点を詳しくかつ簡潔に整理している論考として川村［2012: 77-102］が挙げられる.

7）憲法裁にはまた，国民議会（国会）が大統領および副大統領に対する罷免請求が実行される際には，まず罷免理由となる汚職や職権乱用にかかる証拠書類の審査を行い，その罷免手続の是非を決定する権限を有する.仮に憲法裁が罷免手続について是と判断すれば，最終的には国民協議会が裁定することとなる.

8）他の類型としては，最高裁など，一般裁判所の中から憲法裁の判事全員を選ぶ「専門家任用メカニズム（Professional Appointments）」，米国やロシアのように大統領が指名し，国会が承認する「協力的任用メカニズム（Cooperative appointing Mechanisms）」がある［Ginsburg 2003: 43］.

9）インドネシア憲法裁の制度設計上，最も参考にしたのが韓国である. Butt［2014: 123］.

10）司法審査は選挙のそのものに関わらない事例でも，例えば2016年11月にバスキ・チャフヤ・プルナマ知事が現職の知事が再選を目指して立候補する上で，知事職を一時停止しなければいけないと言うルールは違憲だとして司法審査を求めるケースがあり，選挙関連の司法審査の対象は着実に広がっている.

11）"SBY KagetKetua MK Akil Mochtar Ditangkap KPK," *TEMPO*, October 3, 2013（https://m.tempo.co/read/news/2013/10/03/063518699/sby-kaget-ketua-mk-akil-mochtar-ditangkap-kpk, 2016年5月11日アクセス）.

12）"Top Officials Demand Death for Chief Justice Busted for Bribery," *The Jakarta Globe*, October 16, 2013（http://jakartaglobe.beritasatu.com/news/top-officials-demand-death-for-chief-justice-busted-for-bribery/, 2016年5月11日アクセス）.

13）"Life sentence for Indonesia Constitutional Court Judge Akil Mochtar," *Reuters, AFP*, June 20, 2014.

14）"SBY temporarily dismisses Akil Mochtar from chief justice post," *Jakarta Post*, October 5, 2013.

15）憲法裁判所にかかる2003年第24法を改正する2013年緊急代行令（PENETAPAN PERATURAN PEMERINTAH PENGGANTI UNDANG-UNDANG NOMOR 1 TAHUN 2013）

16）9名の判事の中から1名の憲法裁長官を互選で5名からの推薦を得た人物に決定する.判事の任期は5年であり，再任も可能である. 憲法裁の長官は，憲法裁の事務職員全員を統括する立場にあり，他の判事には事務職員を動かす権限はない. つまり，審議を行うための操作指示，スケジュール管理など，すべて長官にその決定権限が集中していることになり，他の憲法際判事とは有する権限が大きく異なる

17）"Kalla, Mahfud top LSI survey for 2014," *The Jakarta Post*, November 29, 2012. 'Social media users see Mahfud, Kalla, Prabowo as best candidates', *The Jakarta Post*, January 7, 2013.

18) もう1つの理由は彼がNUの有力イスラム指導者として東ジャワ州の票を動員することができるという点である．この決定はジョコウィ陣営としては，東ジャワの票田を期待してPKBとの選挙協力を求めたのに対して，計算外であった．"No easy fight for Jokowi Camp," *Jakarta Post*, May 21,2014.

19) ユスフ・カラ副大統領を始め，既存の政治からはこぞってシャリカットイスラムの政党登録が認められないよう，あくまで経済活動支援組織にとどまるよう，呼びかけ続けている．なお，100年前のサレカット・イスラムも商業団体であった．

20) 'Indonesian Election Dispute In the Hands of These Nine Judges', *The Wall Street journal*, August 14, 2014（http://blogs.wsj.com/indonesiarealtime/2014/08/14/indonesian-election-dispute-in-the-hands-of-these-nine-judges/, 2016年6月18日アクセス）.

21) 'Musdah Mulia Timses Jokowi Ternyata Kakak Ipar Ketua MK Hamdan Zoelva' *voa-islam. com*, July 31, 2014（http://www.voa-islam.com/read/indonesiana/2014/07/31/31960/musdah-mulia-timses-jokowi-ternyata-kakak-ipar-ketua-mk-hamdanzoelva-cerita-kibul-ini-p/;#sthash.Ac7FdBRE.dpbs, 2016年6月18日アクセス）.

22) Ibid.

23) Butt［2015］参照.

◆参考文献◆

邦文献

川村晃一［2012］「司法制度」，中村正志編『東南アジアの比較政治学』アジア経済研究所．

外国語文献

Aspinall, E., Mietzner, M. and D. Tomsa eds.［2015］*The Yudhoyono Presidency: Indonesia's Decade of Stability and Stagnation*, Singapore: ISEAS.

Butt, S.［2015］*The Constitutional Court and Democracy in Indonesia*, Leiden: Brill.

Heru Susetyo［2016］"The Indonesian Constitutional Court Between Judicial Activism and Judicial Terrorism," in H. Glaser ed., *Constitutional Jurisprudence -Function, Impact and Challenges*, Baden-Baden:Nomos Verlagsgesellschaft.

Hirschl, R.［2004］*Towards Juristocracy: The Origins and Consequences of the New Constitutionalism*, Cambridge, Mass.: Harvard University Press.

Ginsburg, T.［2003］*Judicial Review in New Democracies: Constitutional Courts in Asian Cases*, Cambridge ; New York: Cambridge University Press.

Mahkamah Konstitusi Republik Indonesia［2013］*Sejak Langkah Satu Dasawarsa: Mengawal Konstitusi* 2003-2013.Jakarta: Mahkamah Konstitusi Republik Indonesia.

Thitinan Pongsudhirak, 'Jokowi saves Indonesia's democracy（and maybe Southeast Asia's too）'［2014］*East Asian Forum*, July 28th（http://www.eastasiaforum.org: 2014年7月31日アクセス）.

第4章

インドネシアにおける政治の司法化，
そのための脱司法化
──汚職撲滅委員会を事例に──

岡 本 正 明

はじめに

　1998年にインドネシアが民主化してから18年が経ち，4回の総選挙，3回の大統領直接選挙もほぼ平穏に行われ，選挙を通じて政権が3度交代した．そのことからすると，インドネシアは32年間続いたスハルト権威主義体制とは決別して，アジアでも最も民主主義が定着した国家になっていると言ってよい．もちろん，民主主義の実態を見れば，金権政治がはびこっていて，中央でも地方でも寡頭支配やカルテル政治が顕著であり，実質的な意味での民主主義からは程遠いという意見はインドネシア国内の知識人からは頻繁に聞かれており，それも間違いではない．しかし，その一方で，人気と実力を兼ね備えた政治家が政界で要職を占めるということも起き始めている．2005年から始まった地方首長公選制がこの傾向を強めた．地方自治体の首長として優れた成果を出すことに成功すれば，国政レベルにまで進出することができるダイナミズムが生まれている．

　その典型は，2014年に大統領直接選挙で勝利を収めたジョコ・ウィドドである．2005年に中ジャワ州の小都市ソロ市の首長に直接選挙で選ばれた後，5年の任期中に行政改革と住民との直接対話により人気を博し，2010年に9割を超える得票率で再選された．彼の知名度は全国化していき，2012年には首都ジャカルタ州の州知事に選ばれ，更に2014年には大統領にまで上り詰めた．それまでの大統領と違い，彼は低所得者層出身者であり，社会階層が政治的台頭を妨げなかったという意味で，民主化・分権化の申し子ともいえる．こうしたポジティブな政治的スパイラルは他にもみられる．西スマトラ州にあるソロック県

の知事を務めた後，同州知事になり，ユドヨノ政権時代に内務大臣を務めたガマワン・ファウジ，バンカ・ビリトゥン島嶼部州の東ビリトゥン県の県知事を務めた後，ジョコ・ウィドドを支えるジャカルタ州副知事になり，更には州知事になったバスキ・チャハヤ・プルナマなどである．

　こうしたポジティブなスパイラルがインドネシアにおける民主主義の質の向上へとつながっていく一方，司法の積極主義もまた民主主義の質の向上に一役買っている側面がある．その典型的司法機関といえるのは，2003年に発足した憲法裁判所（Mahkamah Konstitusi）であり，また，独立司法機関である汚職撲滅委員会（Komisi Pemberantasan Korupsi : KPK）であろう．そのうち，憲法裁判所については別章で論じられることから，本稿では汚職撲滅委員会を取り上げることにする．

　2002年に設置法ができて2003年から活動を開始したインドネシアの汚職撲滅委員会は，おそらく世界的にもっとも強力な権限を有した汚職取締機関であり，また，そのパフォーマンスの高さと中立性からインドネシア国内でも最も信頼されている国家機関となっている．金権政治が常態化しているインドネシア政治に楔を打ち込み，質の高い民主主義の実現に貢献していることは間違いない．汚職撲滅に取り組む国際的NGOであるトランスパランシー・インターナショナルが毎年発表する腐敗認識度数（Corruption Perceptions Index）によると，インドネシアは少しずつ他国と比べてランクを上げ，2012年の176カ国中118位から2015年には168カ国中88位になり，汚職は減っているとの認識がインドネシア人の間でも広がっており，汚職撲滅委員会がそうした変化に貢献していることは間違いない[1]．実際，この委員会は，あとで述べるように，多くの国会議員，地方議員，地方首長，各省庁の高官を摘発・訴追して刑務所に送り込んできた．それだけに，政治家や文武官僚のなかには，建前では汚職撲滅委員会を褒めそやしながら，実際には強い反感を抱いており，さまざまな手段を使ってこの委員会の解散，権限縮小を目論んできたものもいる．しかし，今に至るまで，委員長や副委員長が訴追されてきたことはあっても，委員会そのものは存続し続け，また，高い逮捕・訴追件数を誇り続けてきている．それはなぜなのであろうか．その点について本章では考えたい．

　都市中間層を中心とした市民社会勢力のオンライン・オフラインでの汚職撲滅委員会への強い支持が重要なことは間違いない[van Luebke 2010: 89]．ただし，それに加え，同委員会と他機関との対立が深刻化した時には，法の支配の名の

もとに司法的正義を追求して白黒をはっきりさせるのではなく，判断回避
（Deponering）という柔軟な，脱司法的ともいえる形での正義が追求されてきた
ことが，対立の深刻化，ひいては汚職撲滅委員会の崩壊という事態に至らなかっ
たと考えている．

　汚職撲滅委員会はその達成度から多くの研究が生まれている［Butt 2009; 2010
; 2015; Rizki 2015; Rohmat 2009; Schütte 2011; 2012; 2015; Tim Penyusun LPIKP 2016; Tofik
2014; von Luebke 2010］．とはいえ，民主化時代の司法の積極主義の象徴的存在で
ありながら，皮肉にもその存続のためには脱司法的手段も不可欠である点を強
調した研究はこれまで存在しない．例えば，汚職撲滅委員会については，
Simon Buttが一連の研究を行ってきており，2015年の研究では，同委員会と
警察との関係が悪化したときにユドヨノ大統領の沈黙（reticence）が同委員会
の存続に意味があったと述べている［Butt 2015: 176］．本章では，大統領の沈黙
ではなくて，大統領が少なくとも汚職撲滅委員会の存続を図るような政治的影
響力を行使したことが重要だったと考えている．本章では，この汚職撲滅委員
会の権限と達成度に触れた後，ユドヨノ大統領，ジョコ・ウィドド大統領が汚
職撲滅委員会と警察の対立にどう対処したのかをみていくことにしたい．それ
ではまず，この汚職撲滅委員会設立に至る経緯から見ていこう．

1　「汚職」の誕生から権威主義体制下の反汚職の動き

　そもそも汚職とは何であろうか．『広辞苑』（第4版）に従えば，「職権や地位
を濫用して，賄賂を取るなどの不正な行為をすること」とある．一方，現在の
インドネシアにおいて汚職撲滅を目的として定められた1999年第31号法では，
汚職罪行為（Tindak Pidana Korupsi）を次のように定義している．2条では，「法
律に違反して，自ら，他人，あるいは，ある企業に利益をもたらし，それによ
り国家財政あるいは国家経済に損害を与えうる」行為とある．続いて，3条で
は，「自ら，他人，あるいはある企業に利益をもたらすことを目的として，職
位や地位からくる権限，機会，あるいは施設を悪用して国家財政あるいは国家
経済に損害を与えうる」行為とある．つまり，法律を違反するか，権限乱用に
より，誰かに利益をもたらして国家に損害を与える行為が汚職罪行為である．
　インドネシアにおいてこうした汚職を法的に処罰すべき対象として初めて明
記したのは，1957年の軍司令官令である．1949年に国際承認を得て正式に独立

をしたインドネシアは，当初は連邦共和国であったが，1950年には単一共和国となり，西欧型の議会制民主主義を採用した．この議会制のもとで汚職が目立ち始めたことから，1955年には汚職事件のための特別裁判所設置などを視野に入れた反汚職法案づくりが始まった．しかし，反汚職法が政敵排除に使われることを恐れた政治家たちもいたことから，結局，この法案は成立しなかった．

　1950年から59年まで続いた議会制民主主義の時代は，国造りが始まったばかりである上，民族主義政党，イスラーム政党，共産党が乱立していたことから，政治は不安定であった．この間，7つの政権ができては短期間で潰れていった．加えて，中央政府が地方に賦存する天然資源などからの利潤を地方に還元していないことから，57年3月には複数の地方軍司令官が中央政府に反旗を翻して地方反乱さえもはじまった．中央でも地方でも政治的に不安定になり始めたことから，スカルノ大統領は同年4月に戒厳令を布告した．戒厳令のもとで陸軍参謀長ナスティオンが広範な権限を掌握した．彼は，議会制民主主義のもとではびこる汚職に不満を抱いていたことから，汚職撲滅についての軍司令官令を出した．これが最初の反汚職法令となった [BPKP 1999: 23]．そして，翌58年には，汚職を特別犯罪とする中央戦争司令官令を交付した．議会制民主主義を否定して「指導される民主主義」という権威主義体制を1959年に始めたスカルノ大統領のもと，1961年には，この司令官令は法律と同格の位置づけを与えられ，インドネシア初の反汚職法が誕生した [Rizki 2015: 107-108]．

　しかし，この反汚職法はほぼ意味をもつことなく，1965年9月の共産党クーデター（930事件）を阻止した陸軍幹部のスハルトが1967年に政権を掌握して権威主義体制を樹立した．このスハルト体制のもとでも汚職が目立ち始め，世論の反発が表面化したことから，次々と汚職撲滅の試みを始めた．1967年12月には大統領決定第228号により，検事総長をリーダーとする汚職撲滅チーム（Tim Pemberantasan Korupsi）が誕生する．このチームは汚職したとされる9人を摘発しただけで任務を終えた．1970年には初代副大統領ハッタを顧問とする4人委員会(Komisi Empat)が誕生した．政府による汚職撲滅の手段を客観的に評価し，より効果的な手段についての提言をすることを目的としていた．さらに，同じ年に元学生活動家たちからなる反汚職委員会（Komisi Anti Korupsi）が誕生しているが2カ月で活動を終えた．

　1971年には，先の1961年の反汚職法に変わる汚職罪行為についての1971年第3号法を制定することで，スハルトは汚職への批判をかわそうとした．しかし，

70年から77年の間に逮捕されたもので高官といえるのは警察副長官ぐらいであり，それ以外は一般官僚であり，しかも裁判になる事件は多くなかった．

その後もスハルト権威主義体制のもとで汚職撲滅の動きは続いた．1980年には贈賄撲滅に関する第11号法ができ，また，スハルト時代に強大な権限を持っていた治安秩序回復作戦司令部に1977年には清掃作戦（Operasi Tertib）なる作業部隊が発足して，政府省庁内での改ざんや違法な徴収を監視して取り調べる役割を与えられた．この部隊の続いた4年の間に，2000億ルピアの国家財政の損害を防ぎ，6000人を摘発しており，効果もあったが，清掃作戦の名のもとに軍人が汚職隠蔽の代わりにカネを要求するケースもあったという［ICPSS 2011; Rizki 2015: 117］．さらには，検察庁や財務省で内部監査制度も設けたりした［Rizki 2015: 119-120］．

スハルト体制はこのように法令や組織設置で反汚職に取り組む姿勢は見せてきた．しかし，スハルト体制は構造的に汚職を組み込むことで維持されてきた体制であり，文武官僚高官や政治家が摘発されることはほぼ考えられなかった．体制末期の1997年には，シンガポール，マレーシア，香港に存在する反汚職組織の事例を踏まえ，同様の組織をインドネシアにも設置する必要性を訴えるものがいたが，スハルト体制期に実体化するはずもなかった［Rizki 2015: 121-122］．

2　汚職撲滅委員会の誕生

1997年のアジア通貨危機を受けて1998年5月，32年間続いたスハルト権威主義体制が崩壊する．スハルト体制打倒に立ち上がった学生たちが声高に批判していたのは，スハルト体制の「汚職・癒着・縁故主義」であった．だからこそ，スハルト大統領のもとで副大統領を務めていたハビビが大統領に就任したときには，この汚職・癒着・縁故主義排除が極めて重要な政治的アジェンダとなった．ハビビにすれば，スハルトの申し子との批判をかわすためにも，民主化・分権化の推進と並んで，汚職撲滅を推進する必要があった．

ハビビは，98年8月の独立記念日前日にははやくも汚職罪行為についての第31号法を布告した．そして，98年11月には，国権の最高機関である国民協議会は，第10号決定や第11号決定で汚職・癒着・縁故主義を排除する必要性をうたった．この国民協議会決定を受けて，99年5月には，清廉にして，汚職・癒着・縁故主義のない国家運営に関する1999年第28号法が制定され，さらに，同

年8月には，汚職罪行為撲滅に関する1999年第31号法が制定された．この第31号法では，同法施行後2年以内に，事前捜査（penyelidikan），捜査（penyidikan），公訴（penuntutan）権限を持つ汚職罪行為撲滅委員会を設置するという条項も盛り込んでいた[2),3)]．

　こうした諸法令の制定を受けて汚職対策組織も生まれていった．1999年10月には1999年第127号大統領令で国家要職者資産監査委員会を発足させ，2000年4月には2000年第19号政令で汚職罪行為撲滅合同チームを発足させた．ただし，どちらの組織も機能不全を起こしてしまう．独立委員会として発足した国家要職者資産監査委員会は国家要職者資産の監査が職務であり，国家要職者資産に問題があれば警察に捜査依頼をするにとどまる．例えば，2002年10月，同委員会は，検事総長には国家要職者資産報告に記載されていない不動産と出所不明金8億ルピアがあると警察に報告したが，当時のメガワティ大統領が捜査許可を出さなかったこともあり，それ以上の追求がなされなかった[4)]．同委員会は捜査権がないために国家要職者の汚職追求を徹底できなかった．

　2000年に誕生した汚職罪行為撲滅合同チームは，第31号法で設置の決まった汚職罪行為撲滅委員会が設置するまでの暫定的措置として，アブドゥルフマン・ワヒド大統領が設置を決めた．合同チームは立証困難な汚職事件解明を目的としたもので，検察，警察，関連機関，住民代表から構成されており，初代の長は最高裁判所元判事であった．同チームは，汚職事件の被告の捜査と公訴を行えるという点で大きな権限を与えられていたが，コーディネーターとしての検事総長に責任を負っており，国家要職者資産監査委員会と違って独立組織ではない．そして，検事総長自身がこのチームに好意的ではなかった．そうした状況の中，このチームはまず裁判所に手を付けた．裁判所には汚職が蔓延しており，司法マフィアという言葉さえあった．このチームは発足から10カ月の間に裁判官も関与する3事件の捜査を行った．それが司法マフィアの怒りを買った．

　2001年，バンドンの土地紛争に関する上告審で最高裁判所判事3名が原告弁護人Aから現金を受け取ったことが，A本人から合同チームへの訴えで判明した[5)]．その訴えを受けて，合同チームは，3名のうちまだ現職であった2名の判事に対して取り調べを行った．この合同チームの動きを受けて司法マフィアは結託する．この3名の判事に対する汚職事件の裁判が始まる数カ月前に，最高裁判所は合同チーム設立を規定した2000年第19号政令に対する司法審査を行っ

た．筆頭判事は，合同チームによる判事の取り調べに同席していた人物であった．この筆頭判事は，同政令で設立された合同チームは第31号法で定めた以上の権限を行使しており，合同チームには司法機関の取り調べ権限はないとの判断を下し，合同チームそのものの正当性を奪ったのである［Crouch 2010: 213-214］[6]．

このように反汚職組織が設置されても執政府や司法機関がまったく支援する姿勢を示さない中，ようやく2002年12月になって，1999年第31号法で設置を規定していた汚職撲滅委員会に関する2002年第30号法が公布された．本章で対象とする独立機関の誕生である．この第30号法制定にあたっては，アジア開発銀行が2000年7月から1年間だけ，汚職撲滅委員会の広報，他国の事例視察，制度設計のために法務省に80万ドルの支援を行っている．そして，法務省法令総局に設けられた法案作成チームを支援するために設けられた専門家チームには，汚職撲滅機関として世界的にも成功例とされている香港の廉政公署の元所長をトップとして迎え入れた［Schütte 2011: 42］[7]．廉政公署は，教育，予防，捜査の3側面を汚職撲滅の鍵だとするアプローチを取っており，インドネシアの汚職撲滅委員会もそうしたアプローチを採用することになった．しかし，興味深いのは，インドネシアの委員会は廉政公署よりも遥かに強い権限を与えられたことである．続いて，その権限を見ていく．

3　汚職撲滅委員会の権限と人事

汚職撲滅委員会は，汚職防止のために政府機関を監視し，また，汚職防止対策をする権限をもつ．さらに，国家要職者が関与し，世間を不安に陥れるか，あるいは，陥れた上に，国家に10億ルピア以上の損害を与えた事件に対して，事前捜査，捜査，公訴する権限を持つ．これは，警察と検察の権限を合わせた権限を持つことを意味する．しかも，警察や検察が担当している事件についても，捜査や公訴が順調に進んでいない場合などに，汚職撲滅委員会は警察や検察からその事件を取り上げて捜査や公訴を自ら行う権限さえ持つ．

捜査のために盗聴を行うことも認められており，そのための高度な装置も持っているし，捜査や公訴に必要であれば，出国禁止措置をとることもでき，金融機関に対して被疑者や被告の口座情報の提供，贈収賄に関与している口座凍結を求めることもできる．また，被疑者の上司に対して被告の一時的更迭を

命ずることもできる.

初期捜査段階で証拠物件が 2 つ以上あれば,汚職撲滅委員会は本格的捜査に取り組むことができ,捜査や公訴の中止を決定することはできない.警察や検察が被疑者や被告からカネの見返りに捜査や公訴を中止する事例が後をたたないことから,第30号法は汚職撲滅委員会から捜査や公訴を中止する権限を奪った.そのため,汚職撲滅委員会は 2 つではなく 3 つ以上の証拠を集めてから公訴するという慎重な対応を取ることになった.

先述したように,インドネシアでは司法機関には司法マフィアが巣食っており,十分な証拠があってもカネ次第で無罪判決が出ることがある.それを防止するために,中央ジャカルタ地方裁判所に汚職事件だけを裁く汚職裁判所が設置され,5 人の判事が判決を下す制度設計とした.この裁判所の要諦は,高等裁判所の判事 2 人に加え,15年以上の法律分野での経験を持つ特別判事が 3 人いることである.最高裁判所の提案を受けて大統領がこの 3 人を任命する.特別判事が多数派を構成することで,高等裁判所判事がカネで買収されても不当な裁判結果をもたらさないよう制度設計をした.実際,汚職裁判所の裁判では,特別判事のほうが汚職に対して厳しい姿勢を示すことが多く,それが高いパフォーマンスにつながってきたと言われてきた [Butt and Schütte 2014: 607].[8)]

汚職撲滅委員会は,1 人の委員長と 4 人の副委員長が執行部を構成している.この 5 人の選考のために大統領決定により,政府関係者と市民社会代表からなる選考委員会が作られる.その委員会が執行部委員の公募を行う.公募資格があるのは,法学士かそれ以外の専門分野の学位を持ち,15年以上,法務,経済,財政あるいは金融部門での経験がある40歳から65歳までのものである.選考委員は,募集者の中から絞り込んだ最大10人の候補者を国会に提示する.そして,国会が 1 人の委員長候補,4 人の副委員長候補を選出し,大統領が任命する.任期は 4 年であり,2015年から 4 期目に入る.この間の選考委員数とその内訳(政府関係者か市民社会代表か),汚職撲滅委員会執行部候補者数の推移を示したものが表4-1である.第 2 期から第 3 期になると,市民社会代表の数が増えた.それは,後述するように,第 2 期において汚職撲滅委員会と警察・検察や国会との対立が深刻化するなか,汚職撲滅委員会を支持するオンライン・オフラインの声が強まったことから,選考委員会に政府関係者が多すぎると批判を浴びるとの危惧があったためだと思われる.その一方で,執行部への公募者数が激減したのは,汚職撲滅委員会の任務の厳しさから躊躇する人が増え,汚職

表4-1　汚職撲滅委員会執行部選考委員会人数及びその内訳，執行部申請者数

年	人数 （内訳：政府関係：市民社会）	申請者数
2003年	14人（8人：6人）	513人
2007年	15人（7人：8人）	662人
2011年	13人（4人：9人）	233人
2015年	9人（1人：8人）	611人

（出所）"Seleksi Calon Pemimpin Komisi Pemberantasan Korupsi," [Koran Tempo 2003/10/8] ；"Pendaftar Calon Pimpinan KPK 2007 Capai 662 Orang," [antaranews.com, 2007/7/3]；"Nama 142 Kandidat Calon Pimpinan KPK yang Lolos Seleksi Administrasi," [detik.com 2011/6/24]；"Hasil Seleksi Calon Pimpinan KPK Disorot," [Tempo 2015/7/19b].

表4-2　汚職撲滅委員会執行部リスト

	委員長	副委員長	副委員長	副委員長	副委員長
第1期 (2003.12−2007.12) 前職	タウフィクラフマン・ルキ 警察	アミン・スナルヤディ 民間会計士	シャフルディン・ラスル 開発・金融監督庁	トゥンパック・ハトランガン・パンガベアン 検察庁	エリ・リヤナ・ハルジャパムカス 国営企業
第2期 (2007.12−2011.12) 前職	アンタサリ・アズハル (−2009.5.7) 検察庁	ビビット・サマド・リアント (−2009.9.21) 警察	チャンドラ・M・ハムザ (−2009.9.21) 弁護士	ハルヨノ・ウマル 開発・金融監督庁	モハマド・ヤシン 公人資産監督委員会
	トゥンパック・ハトランガン・パンガベアン (暫定) (2009.10.5−2010.12.4) 検察庁	マス・アフマド・サンタ (暫定) (2009.10.5−12.4) 弁護士	ワルヨ (暫定) (2009.10.5−12.4) 民間企業		
	ブスロ・ムコダス (2010.12.20−2011.12.20) 法学者	ビビット・サマド・リアント (2009.12.4−2011.12.20) 警察	チャンドラ・M・ハムザ (2009.12.4−2011.12.20) 弁護士		
第3期 (2011.12−2015.12) 前職	アブラハム・サマド (−2015.2.17) 反汚職NGO	ブスロ・ムコダス (−2014.12.16) 法学者	アドナン・パンドゥ・プラジャ (−2015.12.16) 弁護士	ズルカルナイン (−2015.12.16) 検察	バンバン・ウィジョヤント (−2015.1.23) 反汚職NGO (ICW)
	タウフィクラフマン・ルキ(暫定)(2015.2.20−2015.12.16) 警察	インドリヤント・セノ・アジ(暫定)(2015.2.20−2015.12.16)			ジョハン・ブディ・サブト・プリブウォ (2015.2.20−2015.12.16) 雑誌テンポ誌記者
第4期 (2015.12−2019.12) 前職	アグス・ラハルジョ (2015.12.21−) 政府入札政策研究所	バサリア・パンジャイタン (2015.12.21−) 警察	アレクサンダー・マルワタ(2015.12.21−) 開発・金融監督庁	サウト・シトゥモラン (2015.12.21−) 国家諜報庁	ラオデ・M・シャリフ (2015.12.21−) 法学者

撲滅委員会との関係が悪化した警察，検察からの申請者が減ったせいであろう．
　4期全ての執行部の顔ぶれは**表4-2**のようになっており，第3期を除けば政府関係者が多数派を構成している．第3期は5人中4人が市民社会勢力であり，それだけに後述するように警察庁長官候補さえ逮捕しようとして，警察との緊張関係を生み出した．それゆえ，第4期になると，5人中4人が政府関係者に

表4-3 汚職撲滅委員会人員数，予算，通報数の推移（2004-2015）

	2004	2005	2006	2007	2008	2009	2010	2011	2012	2013	2014	2015
人員数	184	276	314	450	540	652	638	717	674	955	1,102	1,141
自主雇用		142	207*	255	318	413	397*	453	492	773	845	912
		51.4%	65.9%	56.7%	58.9%	63.3%	62.2%	63.2%	73.0%	80.9%	76.7%	79.9%
予算（10億ルピア）	109	170	222	248	233	315	431	541	604	704	624	899
通　報	2,281	7,381	6,939	6,510	8,699	7,246	6,265	6,319	6,344	7,999	9,432	5,694

（出所）KPK［2004-2015］.

なってしまった．ただし，組織としての自律性は年を追うごとに高まっていることは間違いない．**表4-3**を見ると，2004年から2015年までの汚職撲滅委員会の予算，人員数と自主雇用数と割合（つまり警察や検察など政府機関からの出向者でない者の数と割合）の推移が分かる．予算規模はかなり順調に拡大をしてきており，それに応じて雇用者数も増えているだけでなく，警察や検察など政府機関からの出向人事が減ってきていることが分かる．制度的に考えれば，自立性を高めてきた．それだけに，執行部の警察などへの対応が弱腰だったりすると，自主雇用スタッフが表立って批判さえする[9)]．

4　汚職撲滅委員会のパフォーマンスと人気

表4-4は，汚職撲滅委員会が2004年から2015年の間に摘発した人数を職務ごとに示したものである．今では年間50-60人が摘発されていることになる．汚職撲滅委員会は盗聴などの強力な捜査権を有しており，しかも，証拠不十分などを理由として捜査・公訴を取りやめることができないため，贈収賄の現行犯

表4-4 汚職撲滅委員会が摘発した職務別被告人数（2004-2015）

	2004	2005	2006	2007	2008	2009	2010	2011	2012	2013	2014	2015	合計
国会・地方議会議員	0	0	0	2	7	8	27	5	16	8	4	19	96
中央省庁トップ	0	1	1	0	1	1	2	0	1	4	9	3	23
大使	0	0	0	2	1	0	1	0	0	0	0	0	4
独立委員会委員	0	3	2	1	1	0	0	0	0	0	0	0	7
州知事	1	0	2	0	2	2	1	0	0	2	2	4	16
正副券知事・市長	0	0	3	7	5	5	4	4	4	3	12	4	51
中央政府，自治体高官	2	9	15	10	22	14	12	15	8	7	2	7	123
裁判官	0	0	0	0	0	1	0	2	2	4	2	3	14
民間人	1	4	5	3	12	11	8	10	16	24	15	18	127
その他	0	6	1	2	4	4	9	3	3	7	8	5	52
合　計	4	23	29	27	55	45	65	39	50	59	54	63	513

（出所）KPK［2013: 73; 2014: 84; 2015: 81; 2016: 106］.

逮捕など，動かせない証拠を3つ以上揃えてから公訴する．そのため，被告の有罪率はほぼ100％という驚異的な成果を上げている．これは，2005年から2009年の半ばまでに検察が公訴した被告人のうち有罪判決を受けたのは51％しかない状況と全く異なっている．また，2009年前半に検察が公訴して一般裁判所で裁かれた222人中有罪判決を受けた69人については，平均的な刑期が約6カ月であるのに対して，汚職撲滅委員会が公訴して有罪判決を受けた32人の被告の刑期は4.81年であり，明らかに汚職撲滅委員会のほうが厳しい判決を勝ち取ってきた [Butt and Schütte 2014: 607]．それが同委員会の人気を支える1つの理由である．

汚職撲滅委員会が逮捕者の「択伐」(tebang pilih) をしているという噂はよく聞かれる．そもそも，この委員会誕生の背景には，スハルト大統領を頂点とする汚職への市民の不満があったが過去の汚職には手をつけなかった．というのも，2005年に最高裁判所が，1999年第31号法施行前の汚職については遡及的に捜査できないとの判断を下したからである [Schütte 2012: 41]．また，現在に至るまで国軍の汚職について捜査の手を伸ばしたことはないし，揺籃期の第1期 (2003-2007年) のときには，警察，検察，裁判所，国会はノータッチであった[ICW 2007]．しかし，第2期 (2007-2011年) に入ると元検事のアンタサリ・アズハル委員長のもとで積極化していき，**表4-4**を見れば分かるように摘発件数が増え，また，インドネシア中央銀行元総裁，最高検察庁検事といった大物に加え，国会議員，裁判官の汚職も摘発していった．第3期 (2011-2015年) は，5人の執行部メンバーの内，4人が市民社会代表であることもあり，さらに積極化していき，ユドヨノ大統領率いる民主主義者党の党首や幹部，更には連立を組む福祉正義党の党首，憲法裁判所長官なども逮捕していった[10]．

汚職事件については，警察，そして検察も取り組んでおり，2004年から2009年の期間では，最高検察庁のデータによれば，汚職撲滅委員会が公訴した汚職事件は全体の3％程度でしかない [Schütte 2012: 43-44]．しかし，同委員会は大物の摘発に取り組んできたこと，現行犯逮捕直後のシーンなどセンセーショナルな場面をメディアが大きく報道してきたことから，一般市民の間での同委員会への支持は高い．2010年10月に2000人を対象としてインドネシア有数の世論調査機関インドネシア・サーベイ研究所が汚職撲滅に関する世論調査を行ったが，そこでは，約7割の人がインドネシアでは汚職が蔓延していると答えており，警察，検察，裁判所と比べて汚職撲滅委員会に対して遥かに高い信頼度が

置かれているとの結果が出た[LSI 2010]．また，2015年12月にサイフル・ムジャ
ニ研究センターが1220人に対して行った世論調査では，国家機構の中で国軍，
［ジョコ・ウィドド］大統領，汚職撲滅委員会が最も信頼されている3機関である
という結果がでている［SMRC 2015］[11]．およそ，どの世論調査でも汚職撲滅委員
会のほうが警察，検察庁，裁判所よりも常に評価が高い結果が出ている．

5 抵抗勢力の台頭

　第2期以降，汚職撲滅委員会が大物の逮捕に踏み切り始めると，汚職撲滅委
員会の存在に不満を抱く抵抗勢力が誕生した．表立っては汚職撲滅委員会をサ
ポートしてきた大統領さえも露骨に不満を表明したこともある．2008年10月，
汚職撲滅委員会は，ユドヨノ大統領の義理の父親で中央銀行副総裁アウリア・
ポハンを汚職の容疑者に認定した．親族が逮捕されたことから，ユドヨノは委
員長アンタサリに激怒したという[12]．2009年6月，汚職裁判所でアウリア・ポハ
ンに対して禁固4年半の実刑判決が出た1週間後には，ユドヨノは次のように
不満を述べている．

　　　汚職撲滅委員会に対して，私は大変不安に思っている．権力は無統制であっ
　　　てはならない．汚職撲滅委員会は強大な権力者にすでになっている．その
　　　責任は神にしか負っていない[13]．

　しかし，ユドヨノも結局，汚職撲滅委員会の決定を覆すようなことはその後
もせず，汚職撲滅委員会の存続を何とか保証したし，次のジョコウィ大統領も
同様の姿勢を保持し続けている．
　一方，国会の反発は強まっていった．議員が汚職撲滅委員会に摘発・逮捕さ
れ始めたからである．汚職撲滅委員会の解散を求める議員も出てきた[14]．その1
つの根拠としてよく言われるのは，同委員会は特別機関（lembaga ad hoc）で暫
定的だというものである．汚職撲滅委員会設置法［2002年第30号法］を見ても，
同委員会が暫定的であるとは書かれているわけではない．しかし，法案作成時
に大統領であったメガワティや人権・法務大臣であったユスリル・イフザ・マ
ヘンドラなどからは，法案作成時には汚職撲滅委員会は暫定的な組織だという
雰囲気があったと述べた．メガワティの場合，暫定的であることをもって，同
委員会をすぐに解散すべきだという意味で発言したわけではないが，国会議員

からは，盗聴までするような汚職撲滅委員会の捜査方法に対する不満から解散を求める意見が出た[15].

　また，国会では2002年第30号法改正の動きが2016年中葉までに4度あった．一般に法改正を行うには，国会と政府が決めた国家立法化プログラム（Program Legislasi Nasional）5カ年計画に盛り込まれる必要がある．同法改正は2011年度からこの5カ年計画に2回組み込まれ，しかも，2011年度，2012年度，2015年度，2016年度の4度に渡って優先的立法案件となった．改正案作成にあたっては，汚職撲滅委員会強化のためという理由が常に言われてきたが，実際には同委員会の権限弱体化を意図したものであることが明らかであった．例えば，盗聴を裁判所の事前許可制とする，公訴権を剥奪するとか，捜査・公訴中止令を出すことができるようにするといった具合である．そのため，汚職撲滅に取り組むNGOなどが強く反対をして，それにオンライン・オフラインで一般市民が同調することで法案改正はことごとく失敗に終わってきた[16]．

　他の動きとしては，2002年第30号法の憲法裁判所への違憲審査の申し立てである．当時の汚職撲滅委員会副委員長バンバン・ウィジョヤントによると，2015年12月までに同法は17回も違憲審査の申し立てが行われてきており，もっとも違憲審査要求の出される法律となっている．その申し立ての8割以上は，汚職撲滅委員会が訴追している被告人サイドか服役中の受刑者サイドからのものである[17]．

　2006年には，憲法裁判所は第30号法について違憲判決を下したことがある．それは，2つの汚職事件の被告たちが汚職裁判所の設置を定めた第30号法53条の違憲審査を申し出た事例である．彼らは，汚職撲滅委員会が公訴して汚職裁判所で裁かれる場合と検察が公訴して一般裁判所で裁かれる場合とでは前者の判決が重く不公平であり，第30号法53条は違憲であると申し立てた．憲法裁判所は，この不公平さは法の前の平等に反するとし，53条を違憲と判断した．そして，3年以内に法改正を求めた[Butt and Schütte 2014]．この違憲判決を受けて，2009年第46号法が制定され，ジャカルタだけでなく34の州都にある高等裁判所すべてに汚職を専門に管轄する裁判所の設置が決まった．しかも，高等裁判所の裁判長が汚職事件ごとに特別判事も含めて担当判事を決めることができるようになった．

　2010年後半から実際に各州都に設置された汚職裁判所でも裁判が始まった．表4-5で，その前後の変化を見てみたい．汚職撲滅委員会発足後，全体の摘発

表4-5　汚職事件数と有罪・無罪者数，その率の推移 (2005-2013)

年	事件数	被告者数	無罪者数	無罪率	有罪者数	有罪率
2005	71	243	54	22.22%	189	77.77%
2006	124	361	116	31.40%	245	68.60%
2007	166	373	212	56.84%	161	43.16%
2008	194	444	277	62.38%	167	37.61%
2009	199	378	224	59.26%	154	40.74%
2010上半期	103	166	91	54.82%	75	45.18%
2010下半期	41	50	13	26.00%	37	74.00%
2011	76	223	66	29.60%	157	70.40%
2012	135	279	48	17.20%	231	82.80%
2013上半期	92	204	16	7.84%	188	92.16%

(出所) ICW [2013].

数（警察，検察，汚職撲滅委員会による摘発数）が増えたものの，全体としてみれば有罪率は落ちていったことが分かる．2010年後半に州都の高等裁判所に汚職裁判所ができると，明らかに有罪率は上がった．ただし，汚職担当判事数が急増したことから，判事の質が落ち，2010年下半期から2013年上半期に5人の汚職判事が汚職撲滅委員会に摘発されてしまっており，司法マフィアの台頭も見られるようになった [ICW 2013]．

　警察や検察庁も汚職撲滅委員会に対する反感は強い．そもそも一部の汚職事件の管轄は奪われた上，警察官や検事が同委員会に出向しているにもかかわらず，同委員会が警察高官や検事の逮捕に踏み切ってきたことが大きな反感の理由である．2012年7月に最高検察庁調査開発センターで行われたセミナーでは，汚職撲滅委員会の汚職防止権限は恒久性があるが，捜査や公訴は暫定的であるべきとした．また，法的には，公訴できるものは検事総長に責任を負うべきでありながら，汚職撲滅委員会に所属する場合には同委員長に責任を負うことになっており不適切だとも述べた [Tim Peneliti Puslitbang Kejaksaan Agung RI 2012]．このように，法学的に汚職撲滅委員会の存在意義を問うだけでなく，警察の場合には，かなり強引に同委員会の執行部メンバーなどに罪をかぶせて弱体化を試みてきた．次節では，この警察による汚職撲滅委員会弱体化の試みの中でも，委員長逮捕にまで至った2つの事例をとりあげることにしたい．

(1)　委員長：殺人教唆，副委員長：権限乱用

　委員長逮捕[18]：2009年5月4日，汚職撲滅委員会委員長アンタサリ・アズハルが警察に逮捕された．罪状は実業家ナスルディンの殺人教唆である．2009年10

月8日から公判が始まった．検察によれば，2008年5月下旬，アンタサリはゴルフ・キャディかつナスルディンの第3妻ラニとグラン・マハカム・ホテル803号室で不倫をし，ラニに500ドルを支払った．それを知って怒ったナスルディンは不倫のことを公表するとアンタサリをSMSや電話で脅迫し，プロジェクトやポストを要求し続けた．

その脅迫に恐れをなしたアンタサリは，友人の実業家シギットと警視ウィリアルディに話をした．その後，今度はアンタサリがナスルディンに対して脅迫を辞めるようにSMSを送りつけた．最終的に，アンタサリ，シギット，ウィリアルディの間でナスルディンを暗殺することを決めた．2009年3月14日，シギットが用意した5億ルピアをウィリアルディが探した2人のヒットマンに支払い，この2人のうち1人がバイクを運転し，そのバイクの後ろに乗っていたもう1人が銃を至近距離から2発撃ってナスルディンを殺した．以上の経緯から，アンタサリは，計画殺人に関与しており刑法に違反するというのが検察の主張である．

アンタサリも出席する公判では，「被告人（アンタサリ）は，（ラニの）ズボンのボタンを外し，ジッパーもおろし，それから……」といった形で，検事が極めて詳細に不倫行為を伝えた．12月の後半では，この803号室でのアンタサリとラニのやり取りとされる録音まで流された．こうして判決の出る前からアンタサリは女遊びをするモラルの欠如した人物として誹謗中傷の的になった．

アンタサリ側はこうした不倫行為を否定したし，アンタサリがナスルディンに送ったと言われる脅迫SMSについてはバンドン工科大学のIT専門家がアンタサリの携帯電話から送られたものではないと証言した．さらに，事前の取り調べではアンタサリの殺人教唆を認めていたシギットもウィリアルディも公判では否定し，ウィリアルディは，上官がアンタサリを陥れるために偽証を強制したと発言した．また，ナスルディンの遺体を検索したインドネシア大学の法医学者は，病院に運び込まれた遺体は上着がなく丸坊主になっており「処理」がすでに行われていたこと，また，裁判官は弾痕が2つだと言っていたが，実際には弾痕が3つあると証言し，弾痕から見てヒットマンの証言のように近距離からの射殺ではなく遠距離からの射殺の可能性が高いとした．また，証言をした弾道の専門家の話では，ヒットマンの証言のように銃1丁で射殺したのではなく，異なる銃2丁で射殺されていた．

公判では検事がアンタサリとラニの不倫ばかりに焦点を当て，センセーショ

ナルな物語を仕立て上げ，アンタサリの殺人教唆を覆す証言や証拠があがって
きたにも関わらず，検察側は警察の提示した証拠を元にアンタサリに死刑を求
めた．そして，2010年2月11日，裁判所は，検事の主張するアンタサリの殺人
教唆があったことを認め，アンタサリに懲役18年の刑を下した．その後，アン
タサリ側は控訴したが認められず，最高裁判所への判決見直し要求も却下され
て刑が確定した．なお，アンタサリの不倫相手だったとされるラニは，裁判で
証言をした後，行方不明である．

　副委員長逮捕[19]：2009年8月7日，警察は汚職撲滅委員会副委員長のビビット
とチャンドラが証人の出国禁止措置を取ったことに対して職権乱用であると非
難した．9月15日には警察庁刑事部が2人を職権乱用の容疑者と指定し，10月
29日に拘束した．そもそもビビットとチャンドラが捜査対象になったきっかけ
は，殺人教唆で収監中のアンタサリ委員長の2009年5月16日の証言である．ア
ンタサリによれば，汚職撲滅委員会の捜査対象アンゴロは，同委員会の捜査の
中止を求めて，汚職撲滅委員会の職員に51億ルピアを渡したと話していた．警
察の内部告発者によれば，警察庁刑事部長ススノ・ドゥアジは，この「職員」
という言葉を「執行部」に書き換えさせ，その上でビビットとチャンドラの取
り調べを行った[20]．しかし，ビビットとチャンドラが賄賂を受け取った証拠はな
く，2人の収賄事件は成立しなかった．すると今度は，警察庁刑事部は，ビビッ
トもチャンドラも他の執行部に諮ることなく，捜査対象者の出国禁止措置を
取ったことが権限乱用に当たるとして拘束したのである．ビビットは，出国禁
止措置については自分やチャンドラの任務であり，以前から自分たちで決めて
きたと述べ，それが法律違反だとして拘束されることに異議を唱えた．取調官
に対して，ビビットがどの条文違反なのかを尋ねても，「これは上司の命令です」
としか答えなかった．
　こうした警察の強引な捜査に対して反汚職NGOなどから強い非難の声があ
がり，デモが行われた．そして，あとで述べるように，大統領も対策に乗り出
した．その結果，2009年11月4日には2人は釈放され，12月1日には最高検察
庁が2人の捜査中止命令を出した．それに対して，アンゴロ側が異議申し立て
を行い，南ジャカルタ地方裁判所はその申し立てを認めた．最高検察庁はこの
裁判所の決定を不服として見直しを求めたが，ジャカルタ高等裁判所はその見
直し請求を却下したことから，チャンドラとビビットは再び容疑者になって収

監された．チャンドラに言わせれば，そもそも「[権限乱用といった]事件など存在していない」にも関わらず，警察は2人を拘束し続けようとし，裁判所も警察の立場を支持し続けた．

　ようやく，2010年10月29日，最高検察庁はチャンドラとビビットの事件についてDeponeringという判断を下した．このDeponeringとは，最高検察庁が有する権限であり，証拠は十分にあっても公益のために事件の判断をしないことを意味し，判断回避とでも訳せるインドネシアの法理である．検事総長は，司法府，立法府，執政府の意見を踏まえて，この決定を出すことができる権限を持つ．今回の警察と汚職撲滅委員会の対立に対して，検事総長は半ば脱司法的な措置で対処したといえる．

　アンタサリ委員長の事件，ビビットとチャンドラ副委員長の事件，このどちらも警察機構の汚職撲滅委員会に対する強い不満が生み出した事件であり，限りなく捏造に近い．それだけ警察が憤っていたのは，汚職撲滅委員会が警察高官に対しても盗聴を行っていることを知ったからである．アンタサリ自身，友人から警察高官が汚職撲滅委員会について次のように言っていたことを聞いていた．「我々はまず（汚職撲滅委員会の）トップから始末しないといけない．そして，末端まで始末していこう」[Tofik 2014: 168].[21]

　アンタサリが逮捕されても汚職撲滅委員会は警察への捜査の手を止めなかった．2009年6月30日，警察庁刑事部長ススノ・ドゥアジは，汚職撲滅委員会が自分の携帯電話を盗聴していると非難した[von Luebke 2010: 87].更に，同年9月9日には，汚職撲滅委員会はススノを汚職容疑で捜査すると発表していたから，ススノを始めとする警察高官の怒りは収まらなかった[von Luebke 2010: 87].2009年10月下旬には，汚職撲滅委員会による盗聴の中身がメディアにおそらく意図的に流出され，アンゴロの兄アンゴド，刑事部長ススノ，最高検察庁の検事らが汚職撲滅委員会弱体化を狙って，ビビットとチャンドラを有罪に仕立て上げようとしていることが明白となった．11月3日にはビビットとチャンドラによる違憲審査公判があり，憲法裁判所裁判官は，メディアの前で4.5時間にわたってこの盗聴を流して，インドネシアの法的現状を嘆き，「我々の法の支配者は政商によって買収されている」という厳しい発言をした[Rohmat 2009: 43-44].

　警察からすれば高官の逮捕はなんとしても避ける必要があり，一般世論で強く批判されようとも，汚職撲滅委員会の警察機構[の汚職]への介入に対して

は徹底的に抵抗する必要があった．2009年10月5日には，刑事部長ススノの汚職疑惑について，警察庁内部監査を担当する監査官はそうした証拠はないとして否定した[22]．10月30日には，警察庁長官は，ビビットとチャンドラの捜査は純粋に法の支配のためであり，何ら問題はないと強弁した[23]．11月6日にも，国会第3委員会の場で「ご存知のように，警察はこんな立場に置かれている．厳しいものがあり，こんなことは受け入れることができない」と怒りを込めて発言した[Rohmat 2009: 62]．こうして警察ぐるみで組織の防衛を図り，また，検察，更には裁判所も警察の強引な捜査に同調しているところがあった．どの機関にとっても汚職撲滅委員会を潰してしまうか，弱体化させることは望むところだったからである．こうした状況下にあって，当時の大統領であったユドヨノはどういう対応を取ったのであろうか．

　先述したように，汚職撲滅委員会による親戚の逮捕には憤りを隠せなかったが，ユドヨノも汚職撲滅委員会が一般市民の広範な支持を得ていることは知っている．従って，警察による汚職撲滅委員会潰しを積極的に支持することはなかった．アンタサリ委員長の事件については，警察，検察によるアンタサリへの誹謗中傷が人口に膾炙して彼の無実を訴える声が強くならなかったこともあり，また，親戚の逮捕への怒りもあり，ユドヨノは警察，検察による強引な捜査と裁判結果に何も言わなかった．

　一方のビビットとチャンドラについては，市民社会の中からオンライン・オフライン上で「汚職撲滅委員会の犯罪化（Kriminalisasi KPK）」を批判する声が強まり，ワヒド元大統領，ジムリ・アシディク元憲法裁判所長官なども同調した．そのため，アンタサリ委員長に加えて，ビビットとチャンドラが容疑者になると，ユドヨノは即座に弁護士などからなるチーム5を作って，そのチームに委員代行3名を選ばせて，汚職撲滅委員会の執行部を5人体制に戻した[24]．その後，ビビットとチャンドラの事件について中立を保ち介入しないと言っていたが，この2人を擁護する大規模デモが更に起こると聞いたユドヨノは，11月1日，大学教員3名，トランスパランシー・インターナショナル・インドネシア支部事務局長を招いて対策を協議した．2日，ユドヨノは，弁護士，知識人，活動家8名からなる事実・法手続き解明のための独立チームを発足させて，ビビットとチャンドラ事件の解明に当たらせることにした．8人全員がビビットとチャンドラ支持が明らかであり，大統領にすれば，このチームに自らの望む答えを出させようとしたことは明らかである．11月4日には早速，チームは警

察庁長官と面談し，ビビットとチャンドラの釈放，ススノの更迭，アンゴドの拘束を求めた．警察はビビットとチャンドラの釈放はしたものの，残りの2つについては実現させなかった．

　11月17日，独立チームは正式な報告書を大統領に提出した．そのなかで，ビビットとチャンドラの事件については，警察が捜査中止命令を出すか，検察が公訴取り下げ令を出すか，検事総長がDeponeringを出すかを求めた[25]．この報告を受けて，11月22日，ユドヨノ大統領は，この事件については警察と検察庁への市民の不満も高いことがあり，司法以外の場での解決を求めた[26]．そして，すぐに検事総長は公訴取り下げ令を出した．その後，上述のように，いったんは裁判所がこの取り下げ令を却下するが，最終的にはDeponeringで決着が着いた．

(2)　委員長：書類偽造，副委員長：偽証教唆[27]

　2015年1月12日，汚職撲滅委員会は日本で言う警視監相当のブディ・グナワンを汚職容疑者であると発表した．ブディが不明瞭な巨額の口座を持つことから，2014年7月から汚職撲滅委員会は彼の捜査を行っており，立件できると判断したからである．しかし，この発表は，ジョコウィ大統領が国会に対してブディを次期警察庁長官に推薦した2日後のことであった．ジョコウィは，ブディが汚職している可能性が高いことは知っていたが，事前に汚職撲滅委員会に資産調査をさせることなくブディを指名した．その大きな理由はジョコウィの所属する闘争民主党の党首メガワティが強く推したからである．メガワティが副大統領時代に補佐官をしていたブディはメガワティのお気に入りであった．

　ブディが汚職容疑者となった3日後の1月15日には，国会本会議が開かれ，闘争民主党を含めた大多数の政党がブディを警察庁長官とすることに同意した．メガワティの意向を無視できないジョコウィにしてみれば，国会の野党勢力が容疑者であるブディの長官就任を拒否してくれることを望んでいたとも言われている．その真偽はともかく，ジョコウィは，翌16日，メガワティが不満であることを承知の上で，ブディが容疑者である以上，即座に警察庁長官に任命することはできないと述べた[28]．

　そうしたなかで，警察の反撃が始まった．ターゲットは市民社会勢力出身で反汚職姿勢の鮮明な委員長アブラハム・サマドと副委員長バンバン・ウィジョヤントであった．まず，ブディ自身が，自らの容疑者認定の合法性を問う公判

前訴訟（Gugatan Praperadilan）を南ジャカルタ地方裁判所に起こした．この頃，汚職撲滅委員会委員長アブラハム・サマドが2014年ミス・インドネシアと仲睦まじくしている偽造写真が出回った．また，闘争民主党事務局長代理ハストは，ジョコウィとペアを組んで副大統領候補になるというサマドの野望をブディが挫いたので個人的に恨んでいるのだという発言をして，汚職撲滅委員会によるブディの容疑者認定を批判した．

　汚職撲滅委員会副委員長バンバン・ウィジョヤントへの攻撃も始まった．後に流出した汚職撲滅委員会の盗聴記録では，その頃，このハストが西カリマンタン地方の2010年の県知事選の結果に関する裁判記録を探すように闘争民主党法務担当者に命じていることがわかっている．この裁判では，バンバンが弁護する首長選敗者が勝者の選挙の不正を訴えて勝訴していた．2016年1月23日になって，この裁判が問題視された．この2010年の選挙裁判においてバンバンは証人に勝者の選対からカネを受け取っていたと偽証させたというのである．そして，刑事部に逮捕された．

　2月9日には，委員長サマドが逮捕された．サマドがマカッサルで反汚職NGOを率いていた2007年，西カリマンタンから来た若い女性をサマドの家族の一員とみなして家族カードを作り，そしてその女性のパスポートを作ったことが書類偽造罪にあたるという罪状で逮捕された．バンバンもサマドも当然，罪状否認をし，これは警察による組織的な汚職撲滅委員会弱体化の試みだと非難した．残りの2人の副委員長についても，アドナンが2008年の東ジャワでの扶助プログラムでの汚職容疑で訴えられ，ズルカルナインは法律顧問をしていた会社の株を強制取得した容疑で訴えられていた．

　そして，2月以降，この事件の関係者が脅迫され始めた．例えば，サマドとバンバンの弁護士は，爆弾を家に送ったので間もなく爆発するというSMSを受け取った．汚職撲滅委員会のスタッフは火器を持った男性に尾行されて脅されている．さらには，ブディ捜査チームのトップは腐った卵を投げつけられ，家の駐車していた車のタイヤをパンクさせられ，塩化水素水を車にかけられ，爆弾かと思わせる郵送物を受け取ったりした．

　警察と汚職撲滅委員会の急速な関係悪化を危惧したジョコウィ大統領は，1月25日に，知識人，元汚職撲滅委員会執行部，元警察高官を招いてこの対立についての意見を求めた．そして，ユドヨノ同様に解決案を提示する9人からなるチームを結成した．その際には，記者会見でジョコウィは，警察も汚職撲滅

委員会も協力して汚職撲滅に当たるべきだと要請し，中立的立場を維持した．

　1月28日には，このチーム9はジョコウィ大統領に対して，容疑者ブディを警察庁長官に任命しないように求めた．それに対して，ジョコウィはブディによる公判前訴訟の判決を待つと述べて結論を出さなかった．2月16日，南ジャカルタ地方裁判所判事は，ブディの公判前訴訟でブディの立場を支持し，ブディの容疑者認定を否定した．その理由は，ブディの容疑はブディがまだ階級の低い頃の汚職容疑であり，それは汚職撲滅委員会が取り扱うほど重要なものではないという強引な理由付けであった．[32] この判断に対しては，市民社会からオンラインでもオフラインでも厳しい批判が沸き起こった．

　この判決でブディは容疑者ではなくなったものの，ジョコウィは，「ブディ・グナワンを長官候補にしたことが社会に分裂を招いてしまった」として，ブディではなく副長官であったバドロディン・ハイチを長官候補にすると表明した．と同時に，容疑者となっているサマド委員長とバンバン副委員長については法律の規定通りに停職処分にするとした．[33]

　2月20日には，第1期の汚職撲滅委員会委員長であったタウフィックルキマンが暫定委員長に就任した．3月に入ると，彼は，「この事件については，我々汚職撲滅委員会は敗北だ」と述べ，委員会の常勤職員の反対を圧して，ブディの事件を最高検察庁の担当にすることに決定した．[34] そして，4月には最高検察庁が当事件を警察庁刑事部に委ねる決定を下した．この時点でブディが無実になることが確定したといえる．4月17日にバドロディンが長官に着任すると，その5日後にブディは副長官に就任することに成功した．

　容疑者として拘束されているサマド元委員長とバンバン元副委員長については，2015年9月に入り，警察が2人の事件を最高検察庁に委ねることを決定した．その結果，ようやく事件の解決の目処がたち始めた．2016年2月4日，ジョコウィ大統領は，検事総長プラスティヨと警察庁長官バドロディンの2人を大統領官邸に呼び，法的にも認められた形で早急に解決するように求めた．その1つの方法は，Deponeringであると大統領報道官ジョハン・ブディは記者会見で述べた．[35] ジョコウィのインターサークルには，反汚職NGOを長らく率いてきたテテン・マスドゥキ補佐官や元汚職撲滅委員会報道官であったジョハン・ブディ大統領報道官らがおり，彼らがジョコウィに最低でもDeponeringを出すように求めたことは間違いない．[36]

　この大統領の要求を受けて，3月4日，検事総長は2人の事件をDeponering

とした.³⁷⁾ 検事総長は連立与党の一翼を担う政党出身者であり，大統領に反発は
できなかったであろう．結局，かつてのビビットとチャンドラの事件同様，警
察と汚職撲滅委員会の深刻な対立においては，大統領の命を受けて検事総長が
Deponeringという，法的解決ではあるが，かぎりなく脱法的な解決策が選択
されたのである.

おわりに

　第2期と第3期の汚職撲滅委員会は，警察の汚職に切り込むことで警察から
の組織的かつ徹底的な反発を受け，捏造に近い強引な容疑で委員長，副委員長
が逮捕される事態になってしまった．汚職撲滅を訴えるNGO活動家や知識人，
さらには一般市民も，第2期の委員長逮捕を除き，この逮捕を不当逮捕である
として，オンラインでも路上でも「汚職撲滅委員会を救え」(Save KPK) キャ
ンペーンを展開した．裁判所が有罪判決を出しても無罪判決を出しても汚職撲
滅委員会と警察との関係悪化は避けられなかった．仮に有罪判決を出せば，司
法機関そのものへの市民の信頼のさらなる失墜にもつながりかねなかった．こ
うした状況下にあって，検事総長が，公共の利益のために判断をしない
Deponeringという法理を持ち出してきたことは一種の知恵であったといえる．
そして，2機関の対立に対して中立を保つと言っていたユドヨノ大統領にせよ
ジョコウィ大統領にせよ，このDeponeringという極めて政治的判断を検事総
長に取らせるように手を打ち，汚職撲滅委員会の弱体化に歯止めをかけること
に成功した.

　それでは，この汚職撲滅委員会は，民主化したインドネシアにとってどうい
う意味を持つのであろうか．インドネシア・コラプション・ウォッチのデータ
によれば，警察，検察，汚職撲滅委員会による捜査件数は2010年から2016年の
間，あまり変化はない [ICW 2016]．このことは，汚職自体も減っていないこと
を意味するのかもしれない．しかし，汚職すれば逮捕され，重い量刑が科され
ることへの危機感は政治家，文武官僚の間には浸透してきている．市民社会も
汚職撲滅には強い支持を示している．その意味で，汚職撲滅委員会の誕生は，
インドネシアにおける法の支配，民主主義の質を高める上で重要な役割を果た
してきている.

　ただ，それだけに捜査の対象となる政治家，行政・司法・警察・検察官僚た

ちの反感は強いことは上述したとおりである．現在の汚職撲滅委員会にとっての危機は，こうした外部の抵抗勢力にとどまらない．内部にも汚職撲滅に消極的な勢力が目立ち始めている．第4期の執行部は委員長アグスと副委員長の法学者ラオデとそれ以外の3人との関係悪化が進んでおり，アグスとラオデが委員会の独立性を保ちながら大物の逮捕を試みるものの，残りの3人が出身母体の意向もあって反対する構図が生まれている．さらに，警察や検察からの出向職員たちも出身母体からの拘束が強まりつつあり，出身母体の意向を無視すれば戻ってからの昇進は難しい．こうして，内部からも抵抗に晒され，大物の摘発に乗り出さない汚職撲滅委員会に対して，反汚職NGOなどから不満の声が高まりつつある．汚職撲滅委員会のような強い権限を持つ組織であれば，こうしたことは珍しくない．重要なことは，さらなる弱体化が進まないように，組織内の結束強化に時間をかけつつ，大統領府，市民社会勢力の反汚職NGOなどと常時コンタクトのできる関係を維持しておくことであり，それはいま，起きつつある．

注
1）"Dimungkinkan, RUU KPK Dicabut,"（*Kompas*, 2016/2/25）．トランスパランシー・インターナショナルは1995年から腐敗認識度数を公表してきたが，2012年に評価方法を変更したことから，2011年までと2012年からとでは使用している指標が異なる．そのため，ここでは，2012年以後の腐敗認識度数だけをつかった［Transparency International 2015: 2］．

2）2年以内に汚職犯罪行為撲滅委員会を設置するとの規定は，当初の政府案では盛り込まれていなかった．国会での法案審議過程で，スハルト体制期に万年野党であったイスラーム系政党，開発統一党の議会内会派の長であり，議会の立法委員会の委員長であったザイン・バジェベルがこの規定を入れるように要求したという［Schütte 2012: 41］．

3）インドネシアの刑法上，捜査は事前捜査（penyelidikan）と捜査（penyidikan）に別れる．事前捜査は，ある出来事に事件性があるかないかを判断するためのもので現在は警察に加えて汚職撲滅委員会に権限がある．そして，事件性があれば捜査段階に入り，捜査権限は，警察，検察庁，汚職撲滅委員会などが有する．

4）"Polisi Buka Kembali Kasus MA Rachman,"（*Kompas*, 2004/10/28）．

5）この事件の奇妙なところは，贈賄した原告弁護人Aが告発者（whistle blower）として判事への贈賄を合同チームに訴えた点である．バンドンの高等裁判所でAを雇用した原告に対して敗訴した被告Bがその判決を不服として最高裁判所に上告したものの，最高裁判所は高等裁判所の判断を妥当として被告Bの訴えを破棄した．その破棄判決のために，原告弁護人Aは最高裁判事に合計1.96億ルピアを支払っていた．しかし，土地紛争は終わらなかった．奇妙なことに，被告Bは同じ土地紛争事件をバンドンの高等裁判

所に原告として訴えたのである．しかも，高等裁判所はその訴えを受理して，最終的には被告が勝訴した．当然，この判決を不満に思った原告弁護人Aは合同チームに訴えた．原告弁護人Aとしては，裁判プロセスの不当性を問題にしたかったところ，合同チームはその過程での贈収賄に着目した．そのため，原告弁護人Aが告発者になった．この過程については，Danang, Adnan and Emerson［2006］参照．

6）西ジャカルタ，中央ジャカルタ高等裁判所で行われた3名の判事に対する裁判では，検事の求刑がおもすぎる上に重複しているとして無罪判決がくだされた．その後，本来は告発者として保護されるべき原告弁護人Aに対して，3名の判事が名誉毀損の訴えを起こし，中央ジャカルタ高等裁判所はその訴えを認めて，原告弁護人Aに禁錮3カ月，執行猶予3カ月の刑を下した．司法マフィアの勝利である．

7）インドネシアに誕生した汚職撲滅委員会と香港の廉政公署の比較については，Rizki［2015］参照．

8）"Undang-Undang Tak Antikorupsi,"（*Tempo*, 2009/10/11a）．

9）例えば，2015年3月に，汚職撲滅委員会執行部がブディ・グナワン警察庁長官候補の汚職事件を最高検察庁の管轄にすることを決めたとき，500人の職員がその決定に反対するデモを汚職撲滅委員会の建物前で行った（"Opsi Kalah dari Lantai Tiga," *Tempo* 2015/3/15a: 44））．

10）福祉正義党の党首逮捕については，岡本［2014］参照．

11）各国家機関について，強く信頼する，信頼すると答えた人の割合は次の通りである．国軍：89.6％，大統領83.7％，汚職撲滅委員会：82.9％，警察：76.3％，裁判所：72.1％，検察庁：69.8％，地方代表議会：65.3％，国会：58.4％，政党：52.9％．2015年末には警察への信頼がかなり高くなっているのは，警察が汚職撲滅に成功しているというより，テロ対策でかなりの成果をあげているためだと思われる．

12）"Fahri: SBY Marah Besar saat Besannya Ditangkap KPK,"（tribunnews.com, 2013/6/22）（2016年9月30日アクセス）．

13）"SBY: KPK Berbahaya, Kekuasaan yang Terlalu Besar dan Tanpa Kontrol,"（*Kompas*, 2009/6/25）．

14）"Alasan Fahri Hamzah Ingin Bubarkan KPK,"（viva.co.id, 2010/10/4）（2016年9月30日アクセス）．

15）"Pernyataan Megawati Benar Terkait KPK Bersifat Sementara,"（Lingkarannews. com, 2015/8/18）．

16）"Revisi UU KPK: Rancangan yang Terus Berubah ,"（Kompas, 2016/2/3）．

17）"Bambang Widjojanto: UU KPK Paling Sering Di-judicial Review,"（antaranews. com., 2015/12/11）．（2016年10月10日アクセス）．

18）このアンタサリ事件については，冤罪の可能性を実証的に示しているTofik［2014］の他，"Laporan Utama: Sidang Antasari Azhar,"（*Tempo*, 2009/10/18a），"Menanti Kesaksian Rhani,"（*Tempo*, 2009/10/25）を参照した．

19）このビビットとチャンドラの事件については，Rohmat［2009］，"Ungkap Rekayasa Kasus Bibit-Chandra, MK Beber Rekaman Pembicaraan,"（*Jawa Pos*,2009/11/2），"Pemeriksaan Pimpinan KPK: Gara-gara Status Cekal,"（*Tempo* 2009/9/27），"Laporan

Utama: Menyelamatkan KPK: Atas Nama Meyalahgunakan Wewenang," (*Tempo*, 2009/10/4), "Polisi vs KPK: Kecaman Bertubi, Polisi Jalan Terus," (*Tempo*, 2009/10/11b), "Hukum: Kriminalitas: Bukti Suap yang Terputus," (*Tempo*, 2010/8/29), "Hukum: Kriminalitas: Tergantung Jaksa Agung Baru," (*Tempo*, 2010/10/24), "Jalan Akhir ala Kejaksaan," (*Tempo*, 2010/11/7), "Dua Pimpinan KPK Ditahan: Kapolri Kritik Pemberitaan Bibit-Chandra," (*viva. co. id*, 2009/10/30) (2016年10月10日アクセス) 参照.

20) "Officer Blows Whistle on Plot to Frame KPK Leaders," (*Jakarta Post*, 2009/11/13).

21) アンタサリ自身は，その友人から汚職撲滅委員会が警察高官を盗聴していることをはじめて知って憤ったという．そして，チャンドラ副委員長とその部下が盗聴していると判断したようである［Tofik 2014: 168］.

22) "Mabes Polri: Susno Tidak Melanggar Kode Etik," (*viva. co. id*, 2009/10/7) (2016年9月20日アクセス), "Kasus Susno: Pemeriksaan Rekan Sejawat," (*Tempo*, 2009/10/18c).

23) "Dua Pimpinan KPK Ditahan: Kapolri Kritik Pemberitaan Bibit-Chandra," (*viva. co. id*, 2009/10/30) (2016年10月1日アクセス).

24) "Hukum: Kriminalitas: Menanti Putusan Istana," (*Tempo*, 2009/10/11b), "Berharap Bukan Pelengkap," (*Tempo*, 2009/10/18b).

25) "Laporan Dan Rekomendasi Tim 8 (Executive Summary)," (*news. liputan6. com*, 2009/11/18) (2016年8月25日アクセス).

26) "Kasus KPK dan Bank Century: Presiden Isyaratkan Penyelesaian di Luar Pengadilan," (Kompas, 2009/11/23).

27) この事件については，本文中の引用文献以外に*Tempo*の次の文献を参照した．
"Dalam Incaran Kawan Lama," (2015/3/8), "Opsi Kalah dari Lantai Tiga," (2015/3/15a), "Ketua Komisi Yudisial Suparman Marzuki: Jangan Sampai Ada 'Hakim Sarpin' 'Berikutnya!'" (2015/3/15b), "Sebab Tersangka Tak Mesti Bersalah," (2015/3/29), "Setelah Turun Restu Budi," (2015/4/5), "Oposisi Soal Polisi," (2015/4/19), "Penyidik KPK Diteror," (2015/7/19a), "Laporan Utama: Jejak Kriminalisasi yang Terekam," (2015/7/19c), "Dua Pengatur dari Kandang Banteng," (2015/7/19d), "Buyar Rencana Karena Istana," (2016/2/21a), "Berhenti Perkara di Tangan Jaksa," (2016/2/21b), "Opsi Lain bagi Pilihan Teuku Umar," (2016/3/20a), "Jeritan Penyidik Berujung Gugatan," (2016/3/20b).

28) "Jokowi Tunda Angkat Budi Gunawan, Berhentikan Sutarman," (*bbc. com* 2015/1/16) (2016年10月12日アクセス).

29) "Hasil Seleksi Calon Pimpinan KPK Disorot," (*Tempo*, 2015/7/19b).

30) 2014年12月17日以降，1人の副委員長が定年退職していたこともあり，執行部は4人体制であった．

31) "Hasil Seleksi Calon Pimpinan KPK Disorot," (*Tempo*, 2015/7/19b), "Teror Bom di Rumah Penyidik," (*Tempo*, 2015/7/26).

32) "Ini Alasan Gugatan Budi Gunawan Diterima Hakim," (*viva. co. id* 2015/2/16) (2016年10月3日アクセス).

33) "Jokowi Batalkan Budi Gunawan, Bagaimana Nasibnya?"（*tempo. co*, 2015/2/18）（2016年9月14日アクセス）.

34) "Opsi Kalah dari Lantai Tiga,"（*Tempo*, 2015/3/15a, p.44）.

35) "Berhenti Perkara di Tangan Jaksa,"（*Tempo*, 2016/2/21b, p.34）.

36) アデ・イラワン（ICW元トップ）とのインタビュー，2016年11月10日.

37) " 'Déjà vu' , Akhir Kisah Abraham Samad-BW Deponir Seperti Bibit-Chandra,"（Kompas.com, 2016/3/4）（2016年10月20日アクセス）.

◆参考文献◆

新聞（オンライン版を含む）

antaranews.com.

bbc.com.

detik.com.

Jakarta Post.

Jawa Pos.

Kompas.

Kompas.com.

Koran Tempo.

Lingkarannews.com.

news.liputan6.com.

tempo.co.

tribunnews.com.

viva.co.id

雑誌

Tempo.

邦文献

岡本正明 [2014]「インドネシアにおけるイスラーム主義政党の脱モラル化」，小杉泰編『環インド洋地域における宗教復興・テクノロジー・生命倫理』京都大学大学院アジア・アフリカ地域研究研究科附属イスラーム地域研究センター・同附属現代インド研究センター，pp.75-86.

外国語文献

BPKP（Badan Pengawasan Keuangan dan Pembangunan）[1999] *Strategi Pemberantasan Korupsi Nasional*. Edisi Maret 1999, Jakarta: BPKP.

Butt, S. [2009] 'Unlawfulness' and Corruption under Indonesian Law. *Bulletin of Indonesian Economic Studies*. 45（2），pp.179-198.

─────── [2010] Anti-Corruption Reform in Indonesia: An Orbituary?, *Bulletin of Indonesian Economic Studies*. 43（3），pp.381-394.

———— [2015] The Rule of Law and Anti-Corruption Reforms under Yudhoyono: the Rise of the KPK and the Constitutional Court. in Edward Aspinall, Marcus Mietzner and Dirk Tomsa eds. *The Yudhoyono Presidency: Indonesia's Decade of Stability and Stagnation.* Singapore: ISEAS, pp. 175-195.

Butt, S. and Sofie Arjon Schütte [2014] Assesing Judicial Performance in Indonesia: the Court for Corruption Crimes. *Crime, Law and Social Change,* (62), pp.603-619.

Crouch, H. 2010. *Political Reform in Indonesia after Soeharto.* Singapore: ISEAS.

Danang Widoyoko, Adnan Topan Husodo, and Emerson Yuntho [2006] *Saksi yang Dibungkam.* Jakarta: Indonesian Corruption Watch.

The Indonesian Center for Police and Security Studies (ICPSS) [2011] *Sejarah Penegakan Hukum Tindak Pidana Korupsi di Indonesia* (https://polmas.wordpress. com/2011/03/15/sejarah-penegakkan-hukum-tindak-pidana-korupsi-di-indonesia, 2016年9月10日アクセス).

Indonesian Corruption Watch (ICW) [2007] *Afirmasi Unsur Kejaksaan dan Kepolisian dalam Komposisi Pimpinan KPK Harus Ditolak* (Press Release 2007/8/7).

ICW [2013] *Laporan Pemantauan ICW. Vonis Kasus Korupsi di Pengadilan Pasca 3 Tahun Pembentukan Pengadilan Tipikor* (http://www. antikorupsi.org/sites/ antikorupsi.org/files/files/Aktivitas/trenvoniskorupsi2013.pdf, 2016年11月10日アクセス).

———— [2016] *Kinerja Penanganan Kasus Korupsi Semester I* 2016. (Powerpointファイル)

Komisi Pemberantasan Korupsi (KPK) [annual] *Laporan Tahunan.* Jakarta: KPK.

Lembaga Survei Indonesia (LSI) [2010] *Ketidakpercayaan Publik pada Lembaga Pemberantasan Korupsi. Survei Opini Publik Nasional :* 10-22 Oktober 2010.

Rizki Febari [2015] *Politik Pemberantasan Korupsi: Strategi ICAC Hong Kong dan KPK Indonesia,* Jakarta: Yayasan Pustaka Obor Indonesia.

Rohmat Haryadi [2009] *Chandra-Bibit: Membongkar Perseteruan KPK, Polri, dan Kejaksaan,* Jakarta: Hikmah.

Saiful Mujani Research & Consulting [2015] *Menjadi Lebih Presidensial di* 2016: *Harapan Publik Nasional. Temuan Survei Nasional:* 10-20 Desember 2015.

Schütte, S. [2011] Appointing Top Officials in a Democratic Indonesia: The Corruption Eradication Commission. *Bulletin of Indonesian Economic Studies,* 47 (3), pp.355-379.

———— [2012] Against the Odds: Anti-Corruption Reform in Indonesia. *Public Administration and Development.* 32, pp.38-48.

———— [2015] Keeping the New Broom Clean: Lessons in Human Resource Management from the KPK. *Bjidragen tot de Taal-, Land- end Volkenkunde,* 171, pp.423-454.

Tim Peneliti Puslitbang Kejaksaan Agung RI [2012] Eksistensi lembaga penegak hukum AD-HOC ditinjau dari sistem peradilan pidana (criminal justice system), *Jurnal Bina Adhyaksa* 5 (1), pp.74-87.

Tim Penyusun LPIKP [2016] *Sisi Lain Akuntabilitas KPK dan Lembaga Pegiat*

Antikorupsi: Fakta dan Analisis, Jakarta: Gramedia Pustaka Utama.

Transparency International [2015] *Corruption Perceptions Index* 2015: *Frequently Asked Questions*, Berlin: Transparency International.

Tofik Pram [2014] *Antasari Azhar: Saya Dikorbankan*. Bandung: Imania.

von Luebke, C. [2010] The Politics of Reform: Political Scandals, Elite Resistance, and Presidential Leadership in Indonesia. *Journal of Current Southeast Asian Affairs*, 29 (1), pp.79-94.

第**5**章

自由の守護者か，権力の擁護者か
——マレーシアにおける政治的自由と裁判所——

鈴 木 絢 女

はじめに

　今日の民主主義は，包括的で競争的な選挙，および市民的，政治的自由の保障を要素としている．このような参加と自由を原理とする統治の方法において，自由は，権力をめぐる競争が公平に行われることを保障するものであり，競争によって権力を得た多数者によっても侵害されてはならない．権力者をも拘束する「法の支配」の番人として，多数者による自由の侵害を防ぐ役割を期待されているのが，裁判所である．

　しかし，実際には，参加原理にもとづいて権力を握った勢力が，自らを法の支配の埒外に置く事例が少なくない．とりわけ，本章の対象となるマレーシアでは，1973年から今日にいたるまで与党連合国民戦線（Barisan Nasional: BN）が政権を握り続け，議会における過半数を利用して，個人の自由を制限する法律を成立させてきた．さらに，1980年代半ば以降，国家主導の開発が進む過程で，政府の開発プロジェクトや与党の合法性について政府および与党に不利な判決が出たのを契機に，BN政府は，憲法から「司法権」という語を削除したうえ（1988年），最高裁判所長官らを弾劾することで，行政や立法の司法に対する優位を確立させた．

　こうして「口を封じられた裁判所（Muted Court）」［Dressel 2012］は，マレーシアにおいて権力の擁護者として機能してきた．たとえば，1997-78年のアジア通貨危機を契機に与党統一マレー人国民組織（United Malays National Organization: UMNO）内部で権力闘争が激化し，マハティール・モハマド（Mahathir Mohamad）首相（当時）が，政敵のアンワール・イブラヒム（Anwar Ibrahim）副

首相（当時）を，汚職および異常性行為容疑で逮捕，起訴し，後者が懲役刑を受けたことはよく知られている．しかし，このようなあからさまな政府による司法の利用は，弁護士や一般市民の反発を惹起した．

司法の独立を求める声に応じて，政府は2009年，上級裁判所人事の透明性促進を目的とした司法任用委員会法（Judicial Appointment Commission Act）を成立させた．この法律の制定とほぼ並行して国内政治がより競争的になり，集会，結社，言論の自由を求める学生や活動家，野党政治家，大学教員らによる付随的違憲審査を求める裁判が相次ぐ．こうした雰囲気のなかで，学生の政党活動を禁ずる大学・大学カレッジ法（Universities and University Colleges Act）や，集会の自由を律する平和的集会法（Peaceful Assembly Act）の諸規定に関する違憲判決が出たことは，行政と立法に対応をせまることになった．

はたして，マレーシアの裁判所は，より競争的になる国内政治において，行政や立法による権力の濫用から個人の自由を守る役割を果たしうるのだろうか．本章では，司法任用委員会法制定以降の政治の司法化，とりわけ，政治的自由をめぐる裁判を主な事例として，この問いに答える．この目的のため，本章は次のように構成される．第1節では，マレーシアの裁判所の概要とマハティール期に裁判所が口を封じられる過程を描く．第2節では，マハティール退任以降，法の支配を求める反対勢力の台頭に呼応して制定された司法任用委員会法について論じたうえで，2008年総選挙以降の与野党間競争の激化を背景とした裁判所判決の変容について述べる．とりわけ，控訴院による2つの違憲判決に焦点を当てる．第3節では，2010年代半ば以降の裁判所の保守回帰と，その要因を指摘する．違憲判決を出した判事のプロフィールと人事の分析によって，司法任用委員会法の制定以降も，人事権は行政によって掌握されており，司法の積極主義は，行政によって許された範囲でのみ起こっていると見るのが妥当であることが示される．

1 飼いならされる裁判所（独立～マハティール期）

(1) イギリス法の継受と司法制度のマレーシア化

マレーシアの司法制度は，植民地期に宗主国イギリスの影響下で形作られた．19世紀以降，マレーシアの前身であった海峡植民地やマラヤ連合州はイギリス法を継受した．1878年には本国枢密院への上訴制度が整備され，1948年にはこ

れがマラヤ連邦全土に適用された．また，1956年の民法勅令（Civil Law Ordinance）により，英国判例法がマラヤの裁判所においても適用されることになった．

1957年のマラヤ連邦独立，1963年のマレーシア形成後も，イギリスの司法制度は維持された．まず，独立憲法131条は，国王を通じて，英国控訴院に助言を求めるという形で，英国への上訴制度を温存させた．また，コモン・ローは今日の裁判所でも援用されている．

独立憲法には，独立の権力としての司法の地位や，裁判官の地位の保障が書き込まれ，憲法の至高性（4条）も定められた．また，マラヤおよびサバ・サラワク州の2つの高等裁判所に「司法権」が賦与され，2つの高等裁判所と控訴院が，連邦裁判所を構成することが明記された（121条）．さらに，司法の独立を保障するため，裁判官の65歳までの終身制が定められ（125条），議会からの干渉を抑制するために，下院議員の1/4以上による具体的な動議なしに裁判官の行為について議論することを禁ずる規定も挿入された（127条）．

しかし，このような司法制度は，1970年代以降変容していく．司法制度の変容は，議会と行政を握るBNと，司法の対立の帰結であった．

1975年，BN政府は，行政の長たる国王の非常大権（憲法150条）を根拠に，1975年緊要（治安維持）令を成立させた．同令は，左派マラヤ共産党の排除を目的として，「連邦裁判所による決定は……確定的である」とする規定を導入し，左派の取り締まりにおける英国枢密院への上訴を廃止した．しかし，銃器および弾薬の不法所持により国内治安法（Internal Security Act）のもと逮捕され，同令によって死刑判決を受けていたテー・チェンポー（Teh Cheng Poh）の裁判 *Teh Cheng Poh v. Public Prosecutor*（1979）について，国王からの要請で同裁判を審理した英国枢密院は，国王の非常大権は，議会停止中に限られるとして，1975年緊要（治安維持）令を違憲とし，裁判のやり直しを命じた．[1]

これに反発した，BNは，議会において1979年非常事態法を新たに制定し，違憲とされた1975年緊要法も含む全ての非常大権関連法規を有効とする議会立法を成立させた．この立法は，非常事態関連法規に関する議会の司法に対する優位を印象付けただけでなく，司法制度の「マレーシア化」の契機ともなった．その後，英国枢密院への上訴制度について定めた憲法131条の廃止（1983年），さらには，国内の最高法廷としてのマレーシア最高裁判所の設立（1985年）が続いた．その後，最高裁判所の名称が連邦裁判所（Federal Court）に変わり，

今日のマレーシアにみられる連邦裁判所, 控訴院, マラヤおよびサバ・サラワクの各高等裁判所からなる上級裁判所が整えられた.

(2) 保守主義から積極主義へ

1973年に成立したBNは, 議会における2/3の安定多数を固め, 議院内閣制の常として行政をも掌握し, 言論, 出版, 結社, 集会の自由を制限する議会立法を多数成立させた. この過程で排除された反BN勢力が裁判所に異議申し立てをするようになったことで, とりわけ1980年代以降, 裁判所の政治的な役割が拡大していくことになった.

マレーシアの憲法には, 憲法と矛盾する法律を無効とする規定がある (4条). そのため,「すべての市民は…… (a) 言論および表現の自由, (b) 武器をともなわない平和的な集会の権利, (c) 結社の自由を有する」とした憲法10条1項をはじめとする憲法規定を根拠に, 政治的, 市民的自由を制限するBNの議会立法の合憲性を問う余地がある.

しかし, 厳格な実定法主義あるいは保守主義によって特徴づけられるとされるマレーシアの裁判所が違憲判決を出すことは, 稀であった [Lee 1995; Khoo 1999; Abdul Aziz Bari 2003]. 裁判所の保守的な性格を端的に示す例として頻繁に引用されるのが, *Loh Kooi Choon v. Government of Malaysia* (1977) である. この裁判では, 逮捕, 拘留を受けた者が24時間以内に裁判を受ける権利を定めた憲法5条4項は, 居住地制限法 (Restricted Residence Enactment) のもとで逮捕された者には適用されないとする1977年憲法改正の是非が争われた.

結局この裁判では, 憲法改正の手続きに即してさえいれば, 憲法改正は正当であり, 上記憲法改正の内容が「『厳しく, 不公正』であるかどうかは, 議会において議論, 決定されるべき政策の問題であり, 司法による決定にはそぐわない. これに異議を唱えることは, 立法に深く切り込むことを意味している. 裁判所は, 憲法により保障される基本権のような大義に関してであっても, 政治に関与すべきでない」という立場が示された.[2]

しかし, 1980年代後半になると, このような保守主義とは一線を画す判決が出るようになる.「自然的正義」,「公共の利益」,「市民意識, 基本的価値」を根拠に, 言論の自由を制限する内務省決定の無効化を求める裁判や, 野党議員が起こした公共事業差し止め命令請求裁判などで, 政府が敗訴したのである. この背景には, 1980年代に, 憲法裁判所をはじめとした違憲審査制度が世界的

に広まっていたことに加え，政治紛争の司法による解決を求める事例が増加したことが指摘される．さらに，1980年代以降，BNによる自由の制限に対して市民団体による反対運動が展開したことにも示されるように，社会において権利意識が広がったことも，裁判所の変化を後押しした．

司法の積極主義が端的に現れたのは，*J. P. Berthelsen v. Director General of Immigration* (1987) だった．これは，マレーシアの閣僚の汚職や失策，金融セクターの債務危機を報じていた *Asian Wall Street Journal* 誌の記者2名が，内務省から労働許可証を取り消され，国外退去を命じられたことを不服として起こした裁判であった．最高裁判所は，記者が労働許可証に示された期限までマレーシア国内にとどまる期待を有しており，期待された滞在期限を短縮する行政の決定に際し，記者が意見を申し立てる機会を与えられることが「自然的正義 (natural justice)」であったとして，内務省決定を無効化した[3]．

また，ユナイテッド・エンジニアズ・マレーシア社 (United Engineers Malaysia: UEM) による南北ハイウェイの建設および運営の受注を決定した閣議に，UEMの主要株主であるハティブディ (Hatibudi) 社の役員を兼任していた閣僚が加わっていたことが汚職行為にあたるとして，野党党首リム・キッシャン (Lim Kit Siang) がUEM，財務相，公共事業相，マレーシア政府を相手に，契約の差止めを求めた裁判 *Lim Kit Siang v. United Engineers (M) Bhd.* (1988) も，画期的であった．リム党首の訴えは，ペナン高等裁判所で，「裁判所は政府に対して差止め命令……を出すことはできない」とした1956年政府訴訟勅令29条を根拠に，一旦退けられた[4]．

しかし，リム党首の上訴を受け，クアラルンプール高等裁判所は，ペナン高裁の判決を覆す．この裁判で焦点となっていたのが，リム党首に原告適格 (*locus standi*) があるのか，という問題だった．政府側は，私人が行政行為の違法性を争う場合は，検事総長の名においてのみこれを為すことができるとした判例を援用し，リムに原告適格がないことなどを主張した．しかし，クアラルンプール高裁は，この判例の存在を認めつつも，「公共心のある納税者が，旧態依然とした原告適格の技術的ルールによって，……非合法的な行いを止めるために裁判所に問題を持ち込むことができないことは，公法システムの重大な欠陥である」とした1976年の英国控訴院の判決を引用し，この問題が「公共の関心」であり，また，「原告が……腐敗した慣行の中で生まれ……たという意味において非合法性に蝕まれていると述べるところのものを」裁判所で問題としてい

るのだとして，リム党首の原告適格を認めた．これによって，上訴は妥当と判断され，上訴時に出された最高裁による差し止め命令によって，南北ハイウェイの建設は中断させられた[5]．

　最終的には，1988年3月，最高裁において政府とUEMによる差し止め命令解除の訴えが認められたものの，この裁判のインプリケーションは大きかった．クアラルンプール高裁による判決では，「市民意識，権利，基本的価値意識の高まり」の中で，法律が「今日的意義を持つようつとめねばならない」と論じられている．この裁判は，司法は政治に介入しないという従来の態度を，裁判官が見直しはじめたことを示唆していた[Khoo 1999: 218]．

(3)　行政・立法の司法に対する優位

　コモン・ローや，「自然的正義」といった行政法の一般原則に則ったこれらの判決は，BNからの反発を招いた．たとえば，マハティール首相は，これらの裁判を，「伝統や古い法に先導され」，「国民の視点から検討」された国内法が，自然的正義のような「非常に一般的な不文法に代替された」[6]もの，さらには，裁判所が「議会により制定された法の目的と意図には拘束されないという決定」をしたものと捉え，「国民の代表により作られた法」を「軽視」した事例であると非難した[7]．

　国民の意思により権力を与えられた立法権は司法に優越すべきというマハティール政権のアイデアは，「連邦の司法権は……2つの高等裁判所……，そして連邦法によって定められる下級裁判所に賦与される」とした憲法121条1項について，「連邦の司法権」という文言を削除し，「高等裁判所と下級裁判所は，連邦法によって，またはそのもとで与えられる管轄と権限を有する」と書き換える1988年憲法修正法として具体化した．憲法修正法上程時，首相は，裁判官の裁量よりも，「議会制民主主義における国民の期待にしたがって成立した成文法に従うほうが公正」であり，「当該の事例に関する国内法が存在しない場合を除いて，裁判官の裁量は国家の法に従属する」と述べている[8]．

　この修正が司法の制度的な地位を変えたわけではないが[Harding 1996: 134; Lee 2004: 243]，この後，行政は裁判官人事に対する介入を強めていく．1988年5月には，司法を非難する首相に対して反論したサレー・アバス（Salleh Abas）最高裁判所長官をはじめとする3人の裁判官が，「不正行為（misbehavior）」を理由に，罷免された．罷免の是非を審議した「特別法廷」では，最高裁判所長

官の「不正行為」として，政府に対して批判的な発言をしたことや，首相による司法に対する批判に関し，国王に措置を講じるよう要請したことなどが挙げられた［Lee 1995: 60］．こうして，政府の意図に反した裁判官に対して，行政が措置を講じる先例が作られ，行政の裁判官に対するコントロールが可視化された．さらに1994年には，裁判官の独立を保障した憲法125条が修正され，国王に対して，連邦裁判所長官，あるいは首相と相談し，裁判官の倫理規定を定める権限が与えられ，行政の司法に対するコントロールは強化された．

(4) 行政に従属する司法

　一連の司法制度変更が司法の行政に対する従属をもたらしたことは，アンワール元副首相の裁判において，明白となった．アンワールは，アジア通貨危機時に国内企業の救済などをめぐりマハティール首相と対立し，財務大臣および副首相の職を罷免された後，汚職および異常性行為容疑で起訴され，汚職や異常性行為容疑を含む4つの罪について有罪とされ，それぞれ6年間の実刑判決を受けた．

　控訴審において，アンワール側は，議員や閣僚が現職中に汚職行為を行うことを禁じた1970年緊要（非常大権）令の正当性を問題とした．具体的には，アンワールが罷免される前の1998年1月に下院において同法令の無効化が可決しており，通常下院の決定を追認する上院での採択を待つばかりだったため，同令の有効性に疑いがあったこと，また，そもそも同法令の有効性を裁判所が判断しないことが「厳しく，不公正(harsh and unjust)」であることが問題とされた．

　しかし，連邦裁判所は，①1970年緊要（非常大権）令の無効化は，上下両院での採択を受けてはじめて成立すること，②非常大権の有効性について判断する権限が裁判所にはないことを理由に，この訴えを退けた．裁判所は「同法令の効力の継続性……について決定する権限は持たない．そのような規定が厳しく不公正であるかどうかは，立法で問われるべき問題であり，裁判所でなされるべきではない」とする判決は，裁判所の保守回帰を示すものとなった[9]．

　他方で，アンワール側は，これらの裁判が証拠の取り扱いにおける客観性を欠いており，被告に対して不公平であったと主張し続けた．マレー人から支持されていたアンワールを当事者とし，ムスリムである彼らにとってのタブーに触れる異常性行為裁判は，世論の関心を喚起した．通貨危機後の政変のなかから，アンワールを事実上の党首とする国民公正党（Parti Keadilan Nasional，のち

人民正義党 Parti Keadilan Rakyat: PKR）が形成され，1999年総選挙時には公正党を軸とする野党選挙協力「代替戦線（Barisan Alternatif）」が形成され，司法の独立が，政治の自由化や汚職，クローニイズムの撲滅とならぶ争点のひとつとなった．この選挙では，最大与党UMNOの下院における獲得議席は89議席から71議席へと後退した．

2 ポスト・マハティール期の政治の自由化と違憲判決

(1) リーダーの交代と政治の「自由化」

2003年10月にマハティールが引退し，副首相だったアブドゥッラー・バダウィ（Abdullah Badawi）が首相に昇格したのを契機に，司法に対する行政の介入は，苛烈さを失っていく．この契機となったのは，1999年選挙における失地回復をめざし，上からの「自由化」を進めようとしたアブドゥッラーによる「司法は独立機関である」とする発言だった．この発言の同じ年の2004年9月，アンワールを異常性行為で有罪とした控訴院判決を，連邦裁判所がくつがえした．

自由人となったアンワールは，マハティール首相や首相と近しいビジネスマンによる2002年連邦裁判所人事への関与を示唆する弁護士V.K. リンガム（Lingam）氏の通話を録画したいわゆるリンガム・テープ（Lingam Tape）を，2007年9月に公開した．インターネットの普及を背景に，リンガム・テープはYouTubeなどの動画サイトを通じて市民の知るところとなる．司法に対する行政の干渉や汚職絡みの人事が市民の嫌悪を惹起し，司法の独立を求める弁護士たちは，連邦裁判所の前で「正義のための行進（Walk for Justice）」を行った．このような市民や法曹界からの反発に応えて，アブドゥッラー政権は司法に関する王立調査委員会を設置したうえ，2009年には司法任用委員会法（後述）をはじめとする制度改革を行った．

アブドゥッラー政権の上からの「自由化」の空気に呼応するようにして，「クリーンで公正な選挙を求める連合（Coalition for Clean and Fair Election: Bersih）」や，インド人の文化的・経済的権利を主張するグループ「ヒンドゥ人権行動運動（Hindu Rights Action Force: Hindraf）」といったグループによるデモも頻繁に起こるようになった．政府がこれらのデモを警察力によって鎮圧したことにより，アブドゥッラー政権による「自由化」がポーズに過ぎないことが明らかになると，アンワールをリーダーとする野党選挙協力は，政治的自由が主要な争点の

ひとつとなった2008年総選挙で，BNによる下院議席の2/3の安定多数維持の阻止に成功した．

(2) 2009年司法任用委員会法

　アブドゥッラー政権による司法制度改革において目玉となったのが，2009年に成立した司法任用委員会法である．司法任用委員会法の制定以前は，上級裁判所裁判官の人事プロセスは，首相の助言のもと，国王が統治者会議と連邦裁判所長官に諮ったのちに任命するというもので，不透明性が高かった．これに対して，新法は，司法人事委員会を設置し，空きポストへの就任希望者からの申請受付や，上級裁判所裁判官候補者の首相への推薦，選考・任用過程の策定や改善といった権限を与えている(21条)．委員会は，各上級裁判所の長（4名），首相任命の高等裁判所裁判官（1名）に加えて，弁護士協会や検事総長などの関係機関との審議にもとづき首相が任命する有識者（4名）で構成され，多数決によって募集ポストにつき2名（高等裁判所は3名）の候補者を首相に推薦する．首相は，別の候補者の推薦を委員会に要請することはできるが（27条），最終的には，委員会からの推薦者リストにもとづいて首相が国王に対して助言をし（28条），国王が裁判官を任命する．

　もっとも，9人の委員会のうちの高等裁判所裁判官および有識者メンバーの合計5名は首相の任命委員であるうえに，有識者メンバーの任命・解任権限は首相にあるため（5条），委員会構成には行政の意向が反映されやすい．これまで，新規有識者メンバーの任命は2回行われたが，メンバーの大多数が元裁判官である[11]．他方で，弁護士協会は，委員の多様化をめざし，2013年に学識経験者を含む委員候補を推したが，これは受け入れられなかった[12]．また，次節でも詳述するとおり，候補者リストを首相が受け入れる義務は明記されていない[Bari, Bari and Safia 2015]．このことから，司法任用委員会法によって任命過程が十分に司法の独立を保障するものとなったわけではないことがわかる．

(3) ナジブ政権期の違憲判決と自由化

　2008年選挙でのBN安定多数維持の失敗に対する事実上の引責として辞任したアブドゥッラーに代わり，2009年4月にナジブ・ラザク（Najib Razak）が首相に就任した．ナジブ政権成立後も，与野党の拮抗状況やBersihによるデモは続き，マレーシア政治の競合性は継続した．活発化する市民の政治活動や与野

党間競争を背景に，裁判所が，行政命令や議会立法に関する保守主義的態度から一歩踏み出し，政治の自由化を後押しする事例がみられるようになったのも，この時期である．

　その典型的な事例が，大学・大学カレッジ法をめぐる違憲裁判 *Muhammad Hilman Idham & Ors v. Kerajaan Malaysia & Ors*（2011）である．2010年の下院議員補欠選挙で野党候補者を支持したとして，大学から処分を受けた国立マレーシア国民大学の学部生４人は，大学生の政党活動を禁じた1971年大学・大学カレッジ法が，市民の言論および表現の自由を保障した憲法10条１項（a）に違反しているとして，同規定に対する違憲判決と大学からの処分撤回を求めて，マレーシア政府，高等教育省およびマレーシア国民大学を相手に裁判を起こした．一連の裁判では，「学生は……政党に対して，支持，共感，反対を表明，あるいは表明していると思われる行為をしてはならない」とした同法15条５項（a）が，「議会は……公共の秩序や道徳にとって必要もしくは適切と思われるような……制限を法によって課すことができる」とした憲法10条２項(a)によって正当化されうるかが問題となった．

　クアラルンプール高等裁判所における敗訴を受けて控訴した学生たちは，2011年10月，控訴院において違憲判決を勝ち取る．控訴院判決では，憲法に定められる基本的自由が憲法の根幹をなすという理解のもと，憲法10条２項（a）により議会が課す制限が「合理的（reasonable）」かどうかという基準で大学・大学カレッジ法の合憲性が判断された．審理にかかわったモハメド・ヒシャムディン・モハメド・ユヌス（Mohd Hishamudin Mohd Yunus）裁判官は，判決文で，「大学・大学カレッジ法15条５項（a）が公共の道徳と関連があるとは思えないし，この制限が合理的（reasonable）だとも思えない．なぜ学生が政党に支持や反対を……表明することが，公共の秩序や公共の道徳に悪影響を与えるのか？」とし，同規定を違憲と判断した[13]．結局この裁判では，２対１の賛成多数で大学・大学カレッジ法の当該規定は違憲とされ，学生に対する大学の処分も無効とされた．

　若年層有権者への配慮もあったのだろう[14]．政府はこの判決を受け入れ，2012年には大学・大学カレッジ法15条を改正し，21歳以上の学生の政党所属を合法化した[15]．こうして，裁判所による違憲判決は，限定的ではあるが大学生による政党活動の解禁という政治の自由化をもたらした．

　大学・大学カレッジ法と同様に大きなインパクトをもたらしたのが，平和的

集会法（Peaceful Assembly Act）をめぐる裁判である．この裁判の背景には，ナ
ジブ首相による上からの「自由化」がある．2011年7月のBersihによるデモを
政府が鎮圧したのを契機として自身の支持率が下がると[16]，同年9月，ナジブは
集会の自由の緩和を含む政治の自由化を約束した．その一環として，3人以上
の集会に際して警察からの許可取得を義務付けた警察法27条が撤廃され，これ
に代わる平和的集会法が制定された．

　平和的集会法は，非指定区域における集会を許可制から10日前までの通知制
へと変更し（9条1項），大臣が指定する区域における集会については，事前に
所有者からの合意を得るべきこと（11条，25条），通知をしなかった集会の責任
者には1万リンギ以下の罰金が科せられることなどを定めている（9条5項）．
同法は，Bersihをはじめとした市民によるデモや，2013年5月の総選挙で与党
による不正が行われたと訴える野党による選挙結果無効化を求めるデモ（「Black
505」）の取り締まりに適用されている．

　Black 505の主催者のひとりであった野党PKR州議会議員ニック・ナズミ・
ニック・アハマド（Nik Nazmi Nik Ahmad）は，平和的集会法9条1項に定めら
れた10日前の通知を怠ったとして逮捕・起訴されたはじめての被告となった．
ニック・ナズミは，（1）平和的集会法の9条1項および9条5項が，Black
505のような緊急性を要する集会を禁止するものであり，憲法に定められた集
会の自由に対し，過度で非合理的な制限を加えていると主張した．シャーアラ
ム高等裁判所における合憲判決ののち，本件を審理した2013年11月の控訴院判
決は，3名の裁判官全員一致で，罰金刑を定めた9条5項を違憲と判断した．

　審理にあたったモハメド・アリフ・モハメド・ユスフ（Mohamed Ariff Md.
Yusof）裁判官は，平和的な集会の実施を保障するという平和的集会法の立法目
的にかんがみれば，同法に定められた集会主催者としての責任をまっとうし，
平和裡に集会を行った主催者を，10日前までの通知を怠ったという理由のみに
よって罰することは，「立法手段と立法目的との間の合理的かつ相応の関連性
を欠く」とし，罰金刑に関する9条5項を違憲と判断した[17]．また，ハミド・ス
ルタン・アブバカル（Hamid Sultan Ab Backer）裁判官は，武器を持たぬ平和的
な集会の主催者に対しては，公共の秩序や道徳を理由とした議会立法による自
由の制限は適当でないと述べている[18]．さらに，マー・ウェンクワイ（Mah Weng
Kwai）裁判官は，憲法10条2項は，この規定にもとづく法律の違反行為を犯罪
とする（criminalize）権限を議会に付与しているわけではないこと，また，10日

前の通知制と憲法10条2項の「連邦における治安や公共の秩序の維持という目的」との間に「合理的な関連性（rational nexus or connection）」がないことから，平和的集会法9条1項および5項は合理的（reasonable）でないため，違憲であると結論した[19].

　違憲判決ではあるとはいえ，これらの論点を一瞥すると，裁判官たちがあくまでも立法目的や，既存の条文にのっとって判決を出したことがわかる．判決文のなかで，モハメド・アリフ裁判官は，平和的集会法の立法にあたり，議会において「詳細な議論」が持たれ，議論の結果として通知制度の日数が短縮されたとして評価し，さらに，裁判所は「立法行為の賢明さや愚鈍さではなく，合法性（legality）を検証する」という「伝統的な憲法上の権限を行使」するだけであると述べている[20].　違憲判決を出すにあたり，司法が議会の立法権を侵害しているという批判を喚起しないよう，留意した形跡とみることができるだろう．

3　ナジブ政権の権威主義化と裁判所の保守主義

(1)　裁判所の保守回帰

　前項でみた2014年の平和的集会法に関する控訴院判決は，同法のもとで起訴された複数の野党党員の裁判で引用され，無罪判決の根拠となった．議会の立法権を侵害しないというポーズをとりながら控訴院が出した違憲判決が，集会の自由の事実上の緩和をもたらしたのである．集会の主催者がしばしば連邦や州議会の議員であり，罰金刑に処されることが議員候補者資格の喪失につながりうることにかんがみれば，この判決は競争的な政党システム維持の一助となったと考えることもできる．

　しかし，2015年になると，この判決を覆す控訴院判決が出る．

　2014年8月，ジョホール高等裁判所は，警察への事前通知なしにBlack 505集会を主催したとして刑事裁判所から有罪判決を受けていた野党PKRのジョホール支部幹部ユネスワラン（Yuneswaran Ramaraj）に対して，無罪判決を出した．この高裁判決は，平和的集会法9条5項を違憲とした前述の2014年の控訴院判決に従ったものである．

　これを不服とした検察が控訴した*Public Prosecutor v. Yuneswaran a/l Ramaraj*（2014）では，控訴院長ラウス・シャリフ（Raus Sharif）以下3名の裁

判官の全員一致で，9条5項を合憲とする判決が出された．この判決は，2014年判決で提示された論点をことごとくくつがえした．まず，平和的集会法の罰金規定による集会の自由の制限が合理的でないとした2014年判決に対して，2015年判決は，そもそも平和的集会法は，集会のための手続きを定めたにすぎず，市民の自由に対する実質的な制限は含まないため，憲法10条2項に定められた議会立法による自由の制限にはあたらないとした．

　さらに，2015年控訴院判決は，憲法10条2項にもとづく制限が合理的（reasonable）か否かについては，裁判所が判断すべき問題ではないという保守主義的判断を下した．判決によれば，そもそも議会は「無駄に立法」（legislate in vain）しているわけではなく，議会立法の条文は，それ自体として意味をなすものとして読まねばならない．裁判所が，「合理的」という概念でもって議会立法を解釈することは，「議会の立法権を侵害すること」を意味する．

　裁判所が議会立法の合理性を判断すべきでないという立場は，独立憲法制定時にまでさかのぼって正当化される．判決文によれば，当初，憲法10条2項の草案には「公共の秩序の観点から課せられる法による合理的な制限」という文言が含まれていた（傍点は，筆者による）．しかし，憲法起草委員会において，「合理的な（reasonable）」という語について，「議会こそが，ある状況下において何が合理的かを決定する判定者であるべきである．この語が残る場合，この点に関するすべての法律は，立法府によって課された制限が合理的でないという理由で，異議を唱えられてしまう」とした起草委員会委員からの発言があり，結局，削除されることになったという．2015年控訴院判決は，憲法起草過程を詳細にわたり紹介したうえで，憲法10条2項にもとづく議会立法による制限が合理的か否かを裁判所が判断することは，「憲法起草者の決定に悖るばかりか，議会の立法権の侵害でもある」と結論づけている．

　以上より，平和的集会法9条5項は合憲とされ，ユネスワランが有罪となるとともに，2014年控訴院判決からの「決別」が宣言された．約70年前の憲法起草過程時の議論にもとづきながら，議会立法による自由の制限の合理性について裁判所が判断すべきでないことを主張するこの判決は，裁判所の保守的性格を，あらためて印象づけた[21]

(2) 政権の保守回帰

　2011年の大学・大学カレッジ法違憲判決や，2014年の平和的集会法に関する

控訴院判決は，与野党間の競合性の高まりや社会運動の活性化を背景に，裁判所が市民の自由を制限する議会立法の合理性を否定し，違憲と判断することで，議会や行政による政治的自由の制限に歯止めをかけた事例として理解することができる．しかし，すでに見たように，2014年の控訴院判決は，翌年の判決により覆された．これにもとづき，2016年5月に行われた野党PKR党員を被告とする裁判において，2015年の控訴院判決が引用され，被告は有罪判決を受けている．

　現在のところ，唯一政治の自由化つながったのは，大学・大学カレッジ法違憲判決のみということになる．大学生の政党活動は，政党政治全体のダイナミクスからすれば大きな問題ではない．しかも，改正後の大学・大学カレッジ法も，キャンパス内での政党活動の禁止や，大学当局が学生の政治活動に介入する大幅な権限を認めるという，漸進的な自由化にすぎない．このように考えれば，ナジブ政権期の政治の自由化は，政府や与党を揺るがさない範囲の自由化にすぎなかったということができるだろう．

　また，大学・大学カレッジ法に関する控訴院による違憲判決は，全体としてみれば「外れ値」に相当すると見るのが適当である．たとえば，扇動法 (Sedition Act) のような法律については，裁判所はその合憲性を支持する傾向にある．

　扇動法は，(a) 政府への憎悪等喚起，(b) 非合法な手段によって，遵法的に定められた事項を変更しようとすること，(c) 司法制度への憎悪等喚起，(d) 国王・スルタンに対する不満の提起，(e) 異なる民族や階級の間の敵意の助長，(f) 先住民族ブミプトラの特別の地位や非ブミプトラの市民権などの「敏感問題」に関する憲法規定への異議申し立てを「扇動的傾向」とし，これを罰する法律であった．同法は独立前の1948年に制定され，1971年に上記 (f) が追加されたのち，2015年に上記 (a) と (c) が削除され，新たに「宗教的な根拠で個人または集団の間の嫌悪，敵意，憎悪を助長すること」などが「扇動的傾向」の定義に追加された．同法が広範な「扇動的傾向」の定義を定めていることもあり，政府に対する批判的な言説を展開する市民や政治家に対して頻繁に適用される法律のひとつであるといえる．

　控訴院から複数の違憲判決が出た時期でも，扇動法については控訴院，連邦裁判所における全員一致の合憲判決が立て続けに出ている[22]．たとえば，ペラ州における政権交代に関する記事を出版し，扇動罪に問われたマラヤ大学講師による違憲裁判（*Azmi Sharom v. Public Prosecutor*）においては，憲法10条2項が，

議会による自由の制限に関するものであるのに対して，扇動法が連邦議会成立
以前の植民地期に制定された法律であることが焦点のひとつとなった．しかし，
連邦裁判所は，憲法162条により独立前の法律の継続性は保障されているとし
て，同法を合憲とした[23]．このほかにも，野党マレーシア・イスラーム党（Parti
Islam Se Malaysia）やPKRの州議会議員，ヒンドラフ法律顧問らによる扇動法の
合憲性をめぐる訴えが，2012年から2016年にかけて棄却されている．

　扇動法の合憲判決は，自由化アジェンダを捨て，保守回帰したナジブ政権を
支えることになった．財務省100％所有でナジブを経営諮問委員会のトップに
据えるワンマレーシア開発公社（1 Malaysia Development Berhad）をめぐる公金
横領疑惑により反ナジブ機運が高まっていくなかで，2014年５月以降，スルタ
ンへの侮辱，UMNOに対する批判，2010年に始まった２回目のアンワール異
常性行為裁判に関する発言，2009年のペラ州における州憲法にもとる政権交代
に関する発言などが「扇動的」とされた野党議員，弁護士，出版関係者，大学
教員らが，相次いで扇動法によって逮捕・起訴された．

　ナジブ政権の保守回帰と裁判所の保守回帰との因果関係を示すことは困難で
ある．ただし，次項でみるように，司法人事プロセスには首相の意向が大きく
反映される．昇進をめざす裁判官たちが，政権の政治的志向に沿う判決を出す
インセンティヴは十分にあるといえるだろう．

⑶　裁判官人事における行政の圧力

　これまでの議論で焦点をあてた２つの違憲裁判にかかわった裁判官のキャリ
アパスをみると，司法の積極主義化を阻む裁判官人事のパターンが見えてくる．
　まず，裁判所でキャリアを積んだ裁判官が上級裁判所の多数を占めるなかで，
2014年の平和的集会法違憲判決を出した裁判官は，全員弁護士出身で弁護士協
会の会員でもあった．さらに，モハメド・アリフ裁判官やハミド・スルタン裁
判官は，マラヤ大学法学部講師としての経歴，マー判事はマレーシア人権委員
会（Suruhanjaya Hak Asasi Manusia Malaysia）の委員としての経歴を持ち，2012年，
2013年にそれぞれ控訴院判事に任用されている．裁判官の経歴と判決の関係に
ついては，より包括的なデータの分析が必要であるが，弁護士や講師としての
経験が，リベラルな判決の背景となったという見方や，司法任用委員会法の制
定によって，裁判官以外の経歴の持ち主が裁判官に任命されるようになったと
いう見方もある[24]．しかし，2015年にモハメド・アリフ裁判官とマー裁判官は連

邦裁判所に昇進することなく，定年退職している．

　行政による裁判所人事への介入が明るみに出たのが，大学・大学カレッジ法で違憲判決を出したモハメド・ヒシャムディン・モハメド・ユヌス裁判官の人事である．2013年2月の時点で，ヒシャムディンは，控訴院のなかで最長老であり，また，1994年から上級裁判所の裁判官を勤めてきたことから，連邦裁判所への昇進が有力視されていた．しかし，2013年2月に司法人事委員会が提出した連邦裁判所判事候補者リストのなかには，彼の名前はなかった．結局，2015年の候補者リストにも彼の名前は含まれず，同年9月に定年退職している[25]．

　この人事については，2013年に，ヒシャムディンの名前が含まれた推薦者リスト案を司法委員会から受け取ったナジブ首相が，これを拒否したことが伝えられている[26]．ヒシャムディンは，大学・大学カレッジ法違憲判決以外にも，タミル語学校への差別で政府を訴えたインド人人権団体ヒンドラフのメンバーに対して原告適格を認めた*Manoharan a/l Malayalam Ors. v. Dato' Seri Najib Razak*（2013）をはじめとする画期的な判決を出しており，これがナジブの不信感を生んだといわれている．

　こうして，画期的な違憲判決を出す判事は連邦裁判所判事に昇進することなく退職する．他方で，連邦裁判所裁判官の経歴をみると大多数が裁判所出身で，そのほか検事，政府機関，また少数ながら弁護士経験のある判事がいる．ただし，前連邦裁判所長官のザキ・アズミ（Zaki Azmi）に典型的なように，弁護士経験のある連邦裁判事のほとんどが，政府や与党の法律顧問を前職としている．

　裁判所上がりの裁判官や，政府寄りの仕事をしていた弁護士によって連邦裁判所を固めるという人事のパターンをふまえれば，裁判官人事について，次のように結論するのが適当だろう．司法任用委員会法よって，弁護士や大学教員の経歴を持つ裁判官が任用されるようになった可能性はある．彼らを中心として，ナジブ政権期には，画期的な違憲判決が出され，一部あるいは一時的な政治の自由化がもたらされた．しかし，このような裁判官は，連邦裁判所に昇進することはできない．ときには，あからさまな行政からの干渉により，昇進が阻害されることすらある．その結果，裁判所や検察，省庁上がりの裁判官が，ルールの最終的な裁定者である連邦裁判所の人事を独占することになる．

おわりに

　本章では，政治的自由に対するマレーシアの裁判所の態度を時系列に沿って記述した．1980年代，裁判所は，議会内の正当な手続きを経て制定された法律は合憲であり，裁判所は政治には介入しないという従来の態度をあらため，「自然的正義」や「公共の利益」といった原理を援用しながら，行政命令の無効化や，行政決定に対する差し止め命令を出すようになる．これに反発したBNは，憲法改正や最高裁判所裁判官の罷免を通じて，司法に対する行政の優位を確立する．

　しかし，アジア通貨危機にともなう政変以降，司法の独立が選挙における争点となり，行政による司法のコントロールに対する市民の嫌気が高まっていったことから，BNは政治の自由化を進めるというポーズをとり，また，裁判官人事の透明化をうたう司法任用委員会法を制定した．政府による上からの「自由化」の機運のなかで，反政府的な傾向を持つ集会や言論が拡大し，政治的自由を制限する法律による逮捕が相次ぎ，これらの法律を違憲とする訴えも増えていった．

　このような文脈で出された控訴院による違憲判決は，法律の自由化や，野党議員の無罪判決へとつながった．しかし，全体としてみれば，違憲判決の効果は，政治的なインパクトがそれほど大きくない大学生の政治参加という分野に限られた．他方で，集会の自由を保障するかにみえた平和的集会法に対する2014年の違憲判決は，すぐに合憲判決にとって代わられた．こうして積極主義を再び封じ込めた裁判所は，上からの自由化というアジェンダを捨て，権力保持のために反対勢力を抑圧しようとするナジブ政権を支えている．2010年代の違憲判決は，行政によって許された範囲での積極主義化に過ぎなかったという評価するのが妥当だろう．

　マレーシアの裁判所の根強い保守主義は，行政による裁判官人事への介入によって引き起こされていると考えられる．自由の領域を広げようとする裁判官は，行政の反感を買い，よくても控訴院でキャリアを終えることになる．連邦裁判所への昇進をめざす裁判官は，議会や行政の権限を侵害しないよう慎重にならざるを得ない．しかも，裁判所や検察，あるいは政府機関や与党の政府顧問としてキャリアを積んだ裁判官が大多数を占める連邦裁判所では，そもそも

リベラルな志向をもつ裁判官は，いたとしても多数にはなり得ない．

　このような状況をふまえれば，政治的な競争が激しくなることは，裁判官た
ちがますます行政や立法の顔色を見て判決を出さざるを得なくなる状況をもた
らす可能性がある．法改正により裁判官人事のあり方を変えねば，自由の守護
者としての司法の役割がマレーシアで実現することはないだろう．

注

1) *Teh Cheng Poh v. Public Prosecutor* [1979] 2 M.L.J. 50

2) *Loh Kooi Choon v. Government of Malaysia* [1977] 2 M.L.J. 187.

3) *J. P. Berthelsen v. Director General of Immigration, Malaysia* [1987] 1 M.L.J. 134.

4) *Lim Kit Siang v. United Engineers (M) Bhd.* [1988] 1 M.L.J. 35.

5) *Lim Kit Siang v. United Engineers (M) Bhd.* [1988] 1 M.L.J. 50. 引用された判決は，
Regina v. Greater London Council ex parte Blackburn [1976].

6) *Penyata Rasmi Parlimen Dewan Rakyat,* 3 Disember 1988, pp.43-46.

7) *Ibid.,* 17 Mac 1988, p.47.

8) *Penyata Rasmi Parlimen Dewan Rakyat,* 17 Mac 1988, pp.51-52.

9) *Dato' Seri Anwar bin Ibrahim v. Public Prosecutor,* [2002] 3 M.L.J. 193.

10) *New Straits Times,* January 2, 2004.

11) 2016年11月18日現在．裁判官以外の経歴の持ち主は，2009年2月から2013年2月まで
委員を務めたアイヌム・モハメド・サアイド（Ainum Mohamed Saaid）元検事総長のみ．

12) *The Star Online,* February 18, 2013.

13) *In the Court of Appeal of Malaysia (Appellate Jurisdiction)，The Palace of Justice
Putrajaya, Civil Appeal No. W-01 (IM) -636-2010.* 連邦裁判所ポータルサイトより
ダウンロード（http://www.kehakiman.gov.my/directory/judgment/file/W-01 (IM)
-636-2010.pdf, 2016年11月20日アクセス）．

14) たとえば，UMNO党員カイリ・ジャムルッディンは，政府が「控訴し，連邦裁判所で
勝訴したとしても，政府は道義的に負けることになるだろう．総選挙にかんがみて，こ
れは痛手である」と述べている．*Malaysiakini,* November 3, 2011.

15) ただし，大学当局は「大学および大学の利益や福祉に反する」とみなす組織への参加
や意見表明をした学生を処分することができる．また，キャンパス内での政党活動は禁
止されている．

16) 2011年8月のムルデカセンターによる世論調査では，Bersihデモ以前の支持率（2011
年5月）の65%から，6ポイントの下落となった．Merdeka Centre. *Public Opinion
Survey* 2014.

17) *Dalam Mahkamah Rayuan Malaysia (Bidangkuasa Rayuan)，Rayuan Jenayah No:
B-09-303-11/2013,* "Judgment of Mohamad Arif Bin Md Yusuf, JCA." 連邦裁判所ポー
タルサイトよりダウンロード（http://www.kehakiman.gov.my/directory/judgment/

file/B-09-303-11-2013_YaDatukAriff.pdf, 2016年11月20日アクセス).

18) *Dalam Mahkamah Rayuan Malaysia*（*Bidangkuasa Rayuan*）, *Rayuan Jenayah No: B-09-303-11/2013*, "Judgment by Hamid Sultan bin Abu Backer, JCA." 連邦裁判所ポータルサイトよりダウンロード（http://www.kehakiman.gov.my/directory/judgment/file/B-09-303-11-2013_YaDatukHamidSultan.pdf, 2016年11月20日アクセス).

19) *Dalam Mahkamah Rayuan Malaysia*（*Bidangkuasa Rayuan*）, *Rayuan Jenayah No: B-09-303-11/2013*, "Judgment of Mah Weng Kwai, JCA." 連邦裁判所ポータルサイトよりダウンロード（http://www.kehakiman.gov.my/directory/judgment/file/B-09-303-11-2013_YADatoMah.pdf）, 2016年11月20日アクセス).

20) 前掲, "Juedgement of Mohamad Arif Bin Md Yusuf, JCA."

21) *In the Court of Appeal of Malaysia*（*Appellate Jurisdiction*）, *Criminal Appeal* No: K-09-229-09/2014, *Judgment of the Court*. Malaysia Legal and Tax Information Centre ホームページからダウンロード（http://mltic.my/criminal/judgments/public-prosecutor-v-yuneswaran-al-ramaraj-MY13800.html, 2016年11月22日アクセス).

22) ただし, 2016年11月に, 犯罪意思の立証を不要とする扇動法3条3項について, 控訴院がこれを無効とする判決を出した.

23) *In the Federal Court of Malaysia: Criminal Reference* No: 06-5-12/2014（W）, "Judgment of the Court." 連邦裁判所ホームページよりダウンロード（http://www.kehakiman.gov.my/directory/judgment/file/GOJ_-_PP_v_Azmi_Sharom.pdf, 2016年11月22日アクセス).

24) 弁護士協会委員とのインタビューによる. 2016年8月19日, クアラルンプールにて.

25) *Malaysiakini*, Feb 24, 2015.

26) *The Star Online*, September 29, 2015.

◆参考文献◆

Abdul Aziz Bari [2003] *Malaysian Constitution: A Critical Introduction*, Kuala Lumpur: The Other Press.

Bari, M.E., Bari, M.E. and N. Safia [2015] "The Establishment of Judicial Appointment Commission in Malaysia to Improve the Constitutional Method of Appointing the Judges of the Superior Courts: a Critical Study," *Commonwealth Law Bulletin*, 41(2), pp.231-252.

Dressel, B. [2012] "The Judicialization of Politics in Asia: Towards a Framework of Analysis," in B. Dressel ed., *The Judicialization of Politics in Asia*, New York: Routledge.

Harding, A. [1996] *Law, Government and the Constitution in Malaysia*, Hague: Kluwer Law International.

Khoo, B. T. [1999] "Between Law and Politics: the Malaysian Judiciary since Independence," in K. Jayasuriya, ed., *Law, Capitalism and Power in Asia: the Rule of Law and Legal Institution*, London and New York: Routledge.

Lee, H.P. [1995] *Constitutional Conflicts in Contemporary Malaysia*, Kuala Lumpur: Oxford University Press.

——— [2004] "Competing Conceptions of Rule of Law in Malaysia," in R. Peerenboom ed., *Asian Discourses of Rule of Law: Theories and Implementations of Rule of Law in Twelve Asian Countries, France and the U.S.* London; New York: Routledge.

第6章

ミャンマーにおける政治と司法
──憲法裁の停滞と民主化の行方──

中 西 嘉 宏

はじめに

2011年3月30日の民政移管によってミャンマーはその長い軍事政権の時代を終えた．その後，政治の自由化，経済制度改革，市民的自由の拡大が急速に進み，あれほど悪化していた欧米諸国との外交関係もかなりの程度改善した．

民政移管当初，同国にこれほどの変化が起きると予想したものは少なかった．軍事政権下の最高意思決定機関である国家平和発展評議会（SPDC）が2003年8月に「民主化への7段階のロードマップ」を発表し，概ねそれにしたがって民政移管を進めてきたにもかかわらず，形式的な民政移管に終わるという予想が多かったのである．

その最大の要因は軍事政権の民主化へのコミットメントが信頼できないことにあった．そもそも1988年のクーデターによって誕生した軍事政権は，民主化運動を弾圧して3000人を越える犠牲者を出した．1990年の総選挙では民主化勢力の勝利という結果を実質的に無視した．その後，暫定政権として憲法も議会もない状態で長く同国を統治した．これでは国民や他国政府から信頼が失われても不思議ではない．非民主的な体制下であっても，憲法は政府のコミットメントやその行動に予測可能性を与える点で，政治的安定に寄与することもあるが［Tushnet 2014］，軍事政権下のミャンマーでは法制度による統治よりも，直接的な暴力と独裁者の恣意的な意向が体制を持続させてきたといえる．

そうした文脈で起きたのが2011年の民政移管である．民政移管の前には2008年に国民投票によって新憲法が成立し，2010年には総選挙が実施された．そのプロセスは軍事政権に管理されたもので，公正でも自由でも民主的でもなかっ

た．そもそもが国民からの強い民主化圧力を受けて敢行された民政移管というよりも，軍事政権幹部の意思で実行されたのであるから，不思議なことではないだろう．新大統領に就任したテインセインはその就任演説で「今からミャンマーは民主的移行を開始する」と明言はしたものの，実際のところは，民主化というよりも，新しい非民主的な政治制度への安定的な移行が目指されたのであった．

　通常，こうした上からの民主化や自由化では，政治の不安定化を防ぐため，また，既存エリートの利益を守るために多くの制度的な保険がかけられる．ミャンマーの2008年憲法についても同様で，軍事政権時代のエリートにとって望ましくない変化が起こりにくくするような仕組みが存在する．憲法裁（the Constitutional Tribunal）がミャンマー憲法史上はじめて導入されたのも，そうした統治エリートの保険のひとつだと理解することができるだろう［Ginsburg 2003］．

　興味深いのは，こうした制度的な保険の一部がミャンマーではわずか5年もたたないうちに機能不全に陥ったことである．軍事政権の後継ともいえる連邦団結発展党（USDP）が2015年11月の総選挙で大敗したことがその典型的な例である．制度を軽視してきた軍事政権のつけがまわってきたといってよい．他方で，最大の保険である国軍の自律性と，憲法改正に対する拒否権は依然として残り，この残された保険と，民主的な政治リーダーシップとの間の緊張関係がこれからのミャンマー政治のダイナミズムをつくっていきそうである．

　本章では，軍事政権がかけた制度的保険の機能停滞という観点から2011年以降のミャンマーにおける憲法裁と政治との関係について検討する．第1節ではまず2008年憲法や民政移管の過程でどのような政治的安定の仕組みが埋め込まれたのかを概観したうえで，そのなかでの憲法裁の役割を明らかにする．続いて第2節においては民政移管後に憲法裁が具体的にどういった機能を果たしたのか．また，出鼻をくじかれるようなかたちで，2012年に憲法裁判事解任事件が起きて，憲法裁の権威が大きく毀損されたのかを検討しよう．そして，第3節では軍事政権の保険がうまく機能しないなかで誕生したNLD新政権の政権運営において憲法裁がどういった機能を持ちうるかを考察したい．

1 政治的安定の仕組みと憲法裁の機能

(1) 民政移管の背景

1988年にクーデターを起こした国軍は国家法秩序回復評議会（SLORC）を組織し，国家の全権を掌握した．その組織名が象徴的に示すように，政権を握った国軍の第1の目的は当時，各地で起きていた反政府運動を抑えこみ，政権が主張する意味での法秩序を回復することであった．さらに，クーデター直後から総選挙の実施と政権移譲を約束していた．しかしながら，このうち国軍が実際に実行できたのは，反政府運動に対する弾圧と，必ずしも法にもとづかない秩序の回復であった．

1990年の総選挙でアウンサンスーチー率いる国民民主連盟（NLD）が8割を越える議席を獲得したにもかかわらず，国軍はそれを党派的な偏りとみなして議会招集をおこなわなかった．SLORC任命の議員からなる国民会議を招集して1993年から憲法起草にあたらせた．当初は国民会議に参加したNLDも，1995年にはボイコットを決め，それに対して国軍が再び弾圧を強めた．以後，国民会議は休眠状態となり，憲法起草作業は暗礁に乗り上げてしまう．

そうした状態が動き始めたのが2003年である．この年，アウンサンスーチーが3度目の自宅軟禁になったことを受けて，アメリカとEUがミャンマーへの制裁を強化した．それへの対抗策としてSPDC（SLORCが1996年に改組）が「民主化への7段階のロードマップ」を発表する．キンニュン首相（当時）が作成したという同ロードマップは，外交的にはほとんど効果がなかったといってよいが，停滞状況にあった新憲法起草作業再開に一定の筋道を与えることになった．

同年に国民会議が開催され，軍政主導の憲法起草作業が再び動きはじめた．そのさなか，2007年9月には僧侶が主導する大規模な反政府デモが起きた．国軍は暴力的な弾圧を行い，150人以上が犠牲になったといわれる．ミャンマーの民政移管が，市民社会の要求に応えて生じたものではないことがわかる出来事であろう．こうして起草された憲法が民主的なものになる余地はない．既存エリートの利益を一定程度守るとともに，急激な政治状況の変化を避けて政治的安定を優先する制度設計となった．以下で具体的に見てみたい．

(2) 2008年憲法における保険

　2008年憲法には多くの非民主的な条項が存在するが，憲法が民主的かどうかよりもここで重要なのは，軍事政権が民政移管後にどういった政治のありかたを望んだのかという点である．政治的安定の仕組みを4点指摘したい．

　第1に，執政制度における独裁から集団指導的な体制への転換である．軍事政権期には執政権，立法権，軍の指揮権がSLORCおよびSPDCの議長に集中していた．それぞれの評議会の設置は法的に定められていたが，その一方で憲法が存在しなかったため，国家権力に対する制度的な縛りは弱かった．新憲法下では執政制度は大統領制を採用しており，執政府には議会からの独立性と強い権限が与えられている．ただし，大統領は国民による直接選挙でなく，連邦議会議員を選挙人団とする選挙で選ばれるため，与党に所属する人物（必ずしも議員である必要はない）が大統領に就任する可能性が高い．また，大統領に議会解散権はなく，大統領によって法案拒否権が発動されても，上下院合わせた連邦院での再可決（過半数）によって法案を成立させることができるなど，議会が大統領に対して相対的に強い仕組みになっている．

　この執政府と立法府に加えて，国軍が自律的に政治的な役割を果たす．執政においては，3つの閣僚ポスト（内務，国防，国境地帯），立法においては上下院および地方議会の議席の1/4までを国軍司令官が指名できる．司令官が直接，立法過程や国防以外の行政に関与できるわけである．国軍の政治的役割は憲法上で認められており，文民統制の仕組みはほぼないに等しい．特別な法的地位が与えられているわけである．しかしながら，軍事政権時代を考えると，ずいぶんと国軍の力は後退したともいえる．こうして大統領（執政府），立法府，国軍の3つの権力が均衡し，それぞれの長が集団指導的な体制を敷くという安定の仕組みが埋め込まれた［中西 2015］．

　第2の政治的安定の仕組みは，政府と国軍の支持を受ける強い与党である．2010年の総選挙を前に，軍政は大衆動員組織であった連邦団結発展協会（USDA）を連邦団結発展党（USDP）として政党に改組した．そして，国軍幹部を退役して同党の幹部ポストに就任させた．選挙結果は，USDPの圧勝であった．連邦議会で争われた493議席のうち388議席をUSDPが獲得し，両院で過半数の議席を確保する与党となった．

　ほぼ半世紀にわたって自由な政治活動が制限されてきた同国において，そもそも全国に候補者を出せる組織的基盤を持つのは，NLDを除けば，政府や国

軍の支援を受けてきた政党しかなかった。USDAには公務員やその親族について加入がほぼ義務付けられており、その組織をUSDPが引き継いだため、軍政下での選挙において勝つことはそれほど難しくなかったはずである。民政移管後しばらくはUSDPが5年に1度の選挙に勝利して長期の安定政権になる見込みがあったのだろう。いわゆるハイブリッドレジーム型の安定した体制をつくることがもくろまれたということである。

第3に、国軍による2008年憲法の擁護である。すでに国軍が執政と立法過程に合法的に影響力を及ぼせることには言及した。その影響のなかでも最も重要なものが、憲法改正への実質的な拒否権である。憲法改正案は上下院定数の3/4を越える賛成がなければ国民投票に付議することができない。国軍司令官が指名する国軍代表議員が議員定数の最大1/4を占め、彼らの投票行動は上官によって統率されている。国軍代表議員の交替も可能であるため、実質は国軍司令官の意に従う議員たちである。したがって、国軍司令官が認めないかぎり、憲法改正は実現できないようになっている。

この国軍の拒否権が、憲法内に組み込まれた他の保険を守るのに役立つ。例えば、大統領資格には、自身と配偶者の両親、子供が外国籍を持たないことが含まれているが（59条f）、これはアウンサンスーチーの大統領就任を防ぐための手段といわれている。他にも、軍政時代の政府関係者への免責（445条）がある。いうまでもなく、この条項は軍政関係者への遡及的な刑事訴追や民事訴訟等を防ごうという意図でつくられている。

そして最後に、国軍の憲法改正への拒否権と並んで2008年憲法を維持するための仕組みが憲法裁の設置である。独立機関として憲法裁は、憲法の条文解釈や違憲立法審査を通して憲法秩序を維持することが期待されている。ミャンマーの憲法史上において憲法裁が置かれたのはこれがはじめてのことである。上述したように2008年憲法の起草過程は15年以上に及ぶわけだが、1993年の国民会議に提出された新憲法の基本原則ですでに憲法裁の設置が唱われている（32c）。当時の国民会議関係者から入手した調査レポートによると、調査対象となった国は、オーストラリア、バングラデシュ、カナダ、中国、エジプト、フランス、ドイツ、インド、インドネシア、マレーシア、ミャンマー、パキスタン、シンガポール、タイ、アメリカである。そのうち、当時の時点で憲法裁が設置されていたのは、エジプト、フランス、ドイツであるから、これらをモデルにしたものと考えられるが［U Aung Myint et al., 1993］、正確なアイデアの

出所はいまのところ不明である．

(3) 憲法裁の制度

　ミャンマーの憲法裁は9名の判事から構成される．大統領，上下院の議長それぞれから3名ずつが指名され，上下院合同で開催される連邦院の承認を経て大統領が任命する．長官は大統領が指名する．ちなみに初代長官はテインソーで，彼は国軍の元将校であるが，長年にわたって元最高裁副長官を務め，憲法起草委員会のメンバーでもあった．長官および判事の任期は5年と議会の任期と同じで，新しい議会になる度に新しい憲法裁メンバーが選任される．

　判事の資格については，①50歳以上のもの，②年齢規定以外について憲法120条の下院議員資格を満たすもの，③憲法121条の下院議員不資格を満たさないもの，④高等裁判所で5年以上判事として勤務したもの，あるいは，法務関連の行政職を10年以上勤めたもの，あるいは，弁護士として20年以上の業務歴を持つもの，あるいは，大統領が「優れた法律の専門家」(an eminent jurist)と認めるもの，⑤政党員でないもの，⑥下院議員でないもの，⑦政治，行政，経済，治安に関する知識があるもの，⑧連邦国家と国民に忠誠のあるもの，が憲法上挙げられている．

　憲法裁の提訴権者は，大統領，議会議長，最高裁長官，連邦選挙管理委員会委員長，管区・州首相，管区・州議会議長，自治地域・区議会議長，議院の1/10以上の議員に認められる．市民からの提訴は認められていない．

　憲法に規定された憲法裁の任務は，大きく言えば，憲法解釈，違憲審査および決定であり，より具体的には，憲法規定の解釈，法律の違憲審査，行政措置の違憲審査，連邦と地方政府および地方政府間の憲法上の争いの判断，連邦，管区，州または自治区がそれぞれの法を執行するに当たり権利および義務について発生する争いの判断等である（322条）．選挙に関係する紛争については選挙管理委員会が処理することになっているため，憲法裁には提訴されない．

　憲法裁判所の判決は終局的なもので覆すことはできない（324条）．なお，憲法裁判事の弾劾は大統領か両院の議員によって決議が提起され，両院議員の2/3の賛成によって可決する（334条b）．

　以上は憲法上に示された憲法裁の規定である．これに加えて，2010年に憲法裁法，2011年に憲法裁法細則が制定された．

2　憲法裁の停滞

(1)　パフォーマンス

　憲法と議会のない状態が1988年から長く続いたあとであることを考えると，新憲法と既存の法律や行政慣行との整合性の維持，新しい立法府を通った法律と憲法との整合性，憲法条文の解釈など，ミャンマーの憲法裁に期待された役割は大きなものだったといえる．では，実際のパフォーマンスはどうだったのか．

　憲法裁が審理した件数で見るのが最もわかりやすいだろう．2011年に2件，2012年に3件，2013年は0件，2014年に3件，2015年に3件，2016年(10月まで)は0件について，憲法裁は審理してきた．これまで提訴された事案にはすべて憲法裁の解釈や判決が下されている．その数の少なさに驚くだろう．設置から現在までの12の審理の具体的な内容について**表6-1**に示した．2013年にひとつも判決が出ていないのは2012年の第2号判決をめぐって憲法裁判事が解任され

表6-1　憲法裁の審理（2011-2015）

年		訴訟当事者	提訴の内容	判決内容
2011	1	最高裁長官，内務省	地方における内務省と司法府の権限について	憲法解釈
	2	上院議員23名，政府	管区・州の少数民族大臣と地方政府の大臣との権限と待遇が異なることの合憲性について	違憲判決
2012	1	大統領，連邦議会議長	「連邦レベルの組織」の解釈について	憲法解釈
	2	大統領，上院議員23名	2011年憲法裁判決2の見直しを求める訴え	訴え認めず
	3	モン州議会議長，大統領	地方政府の憲法上の権限（188条付則）を確認する訴え	憲法解釈
2014	1	下院議員50名，大統領	改正憲法裁法の合憲性について	合憲判決
	2	カチン州議会議長	提訴の撤回について	撤回を認める
	3	カチン州議会議長	提訴の撤回について	撤回を認める
2015	1	カチン州議会議長，カチン州首相	地方政府予算案の地方議会での不付議の合憲性について	立法勧告
	2	上院議員26名，政府	比例代表制法案の憲法審査について	立法勧告
	3	上院議員24名，政府，連邦議会議長，入国・人口管理省	国民投票法における有権者規定の合憲性について	違憲判決

（出所）憲法裁判所判例集より作成．

るという事態が生じたためである．これについては本節の(3)で検討する．そうした不測の事態を考慮したとしても，判決の数は少ない．しかも，2014年の2つの事案は提訴の撤回という手続きに関するものであり，本来の憲法裁の機能からみると付随的なものである．これから憲法を中心とする新たな制度整備を進めようとしている段階であることを考慮すると，この表が表しているのは憲法裁の停滞に他ならない．

(2) なぜ停滞しているのか

　では，憲法裁の機能停滞の原因は何だろうか．3点指摘しておこう．第1に，立法府と執政府との対立を背景とした違憲審査への不信である．新体制下では，立法府の活動が予想以上に活発になり，執政府との間に緊張関係が生まれた．そのため，新規立法に対する憲法裁の違憲審査が，大統領による議会への干渉と議員たちに認識された．第2に，ミャンマーでは長年にわたって司法府が軍事政権の影響下にあり，実体として司法が独立性を欠いてきたため，憲法裁が中立的なものと多くの議員はみなさず，議会に対して憲法裁が十分に対抗できなかったことである．そして最後に，すでに見たように，憲法裁への提訴権者が限定されており（大統領，議会議長，最高裁長官，連邦選挙管理委員会委員長，管区・州首相，管区・州議会議長，自治地域・区議会議長，議院の1/10以上の議員），一般市民が含まれていないという制度的な要因が挙げられる．ここでは，最初の2つの点について，やや詳しく検討しておこう．

　まず立法府の活発化である．第1節で言及したように，民政移管後のミャンマーの政治体制おいて，長く国軍の幹部将校のもとに集中していた立法権が連邦議会に移された．とはいえ，長く独裁が続いた国で，しかも大統領は軍政時代の序列No. 4だったテインセイン前首相である．与党USDPの議員が両院で過半数を占め，それに国軍代表議員も加えると8割近くの議席を持っていれば，大統領主導でスムーズに意思決定がなされるものと予想された．ところが，議員たちは予想以上に大統領の意思から独立した存在だった．

　その理由は，ひとつに下院議長になったシュエマンと大統領との緊張関係がある．シュエマンは，軍政時代は序列No. 3だった人物で，軍内での年次はテインセインより若いものの，軍政時代の最後には次期大統領の最有力候補であった．結果的に，彼はタンシュエによって下院議長に指名され，同時にUSDPを率いることになった．ミャンマーの議会議長は議事運営について強い

権限を持つ．退役将校たちには彼の支持者も多い．そうした権限と支持を背景に，時には内閣から提案された法案について，シュエマンが主導して立法過程で大きく法案を修正することもあれば，大統領に対して批判的な議長声明を出すこともあった．

　また，執政府と立法府との対立の原因としては，与党議員たちの結束の弱さがある．前述したように，USDPは政府と国軍の支援を受けてきたこともあって，組織としては整備されている．党財政も安定している．しかしながら，党の設立の経緯は場当たり的なもので，議員たちに共有されている理念は乏しかった．連邦議会議員の多くは2010年総選挙前に軍事政権関係者から依頼を受けて立候補を決めた実業家や元公務員たちであった．こうしたそもそもの動機の弱さに加えて，同じ選挙に当選したといっても，閣僚となった元将軍たちと一般議員との間にはその処遇に大きな差があった．そのため，議員たちが議会の影響力を増大しようとする機会が増していき，シュエマンがその先導役となっていった．こうしたなかで，(3)で詳述する憲法裁判事解任事件が起きた．

　第2の要因は司法の弱さである．ミャンマーでは，1962年から1973年までと，1988年から2010年まで憲法が存在しなかった．また，これまでの憲法である1947年憲法，1974年憲法，2008年憲法は，それぞれの間の連続性が乏しいため，憲法に関する解釈，変更および判例の蓄積が著しく不足している．さらに，司法府そのものが1962年以降の軍事政権のもとで独立性や機能を失ってきた経緯がある．以下に簡単にまとめてみよう．

　1947年憲法において司法の政治からの独立は明示されていた．具体的には，同憲法141条ですべての裁判官が司法機能を果たす上での独立性が保証されていた．高等裁判所以上の判事については判事と弁護士出身者に限定され，独立前は少なくなかった高等文官からの任命はなくなった．専門職業任命制が存在したということである．司法府の機構としては，議会の承認を経て大統領に任命される連邦最高裁長官(the Chief Justice of the Union)を頂点に，最高裁(Supreme Court)，高等裁判所（High Court），刑事事件については県知事（District Officer）が治安判事裁判官（Magistrate）の役割を果たし，民事については県裁判所，県区裁判所，郡裁判所が設置された．この民主的な時代のなかで，司法は一定の独立性を保つことに成功していたと言ってよい [Maung Maung 1961: 146-166]．

　それが，1962年3月2日のクーデターによる国軍の権力掌握直後に激変する．政治家も含めて当時の文民機構の影響力を極端に嫌った国軍司令官ネーウィン

将軍は，最高裁判所（Supreme Court）と高等裁判所（High Court）を廃止した．代わって上級裁判所（Chief Court）を設立するとともに，1965年にはネーウィンの側近で，アメリカのイェール大学で博士号を取得した法学者でもあったマウンマウンを長官に任命した．

「ビルマ式社会主義」を押し進めていたネーウィン政権は，既存の司法府を植民地主義の遺産とみなし，社会主義化の対象とした．ここでの社会主義化は端的には人民による司法への参加を意味する．具体的には，まず，1972年に司法委員会が行政単位ごとに設置された．司法委員会のメンバーは判事だけでなく，国軍将校，司法官僚，農民，労働者の代表からなり，司法委員会が各行政区域内の紛争について司法判断を下すことになった．さらに，1974年には司法権の最高機関は当時の議会（人民議会）の議員たちで構成される人民司法評議会になって，その下にChief Courtが中央法廷（Central Court of Justice）と名前を変えて置かれた．司法判断は専門家によって担われるものではなくなり，司法の独立も裁判官の専門職業的任命制も否定された．

1988年に再びクーデターが勃発して，「ビルマ式社会主義」が廃棄されると，最高裁判所，高等裁判所が再び設置された．専門職業的任命制も復活する．形式的には司法の独立が付与されたが，実体としては完全に軍政の影響下にあった．中央法廷で長く勤めた事務官で，国軍の指導部と深い関係にあったアウントーが最高裁長官に任命されると，そのまま民政移管まで長期間にわたって在任した．また，裁判所における日常的な紛争処理においても，渡した金で判決が決まると言われるほど汚職が蔓延した．公的にも軍事政権の政治弾圧を法的に正当化する役割を果たすなどしたため，司法への国民の信頼はますます失墜することになった[4]．

弱体化した司法を背景に憲法裁を設置しても，その独立性と中立性が議員や国民から尊重される可能性は低い．それをはっきり示したのが，2012年に起きた憲法裁判事解任事件である．以下で事件の推移を見ておきたい．

(3) 2012年憲法裁判事解任事件

憲法裁判所の2012年第1号判決は，連邦議会委員会・コミッションの法的地位を巡って大統領と連邦議会議長との間で争われたものであった．憲法上で明記されている連邦レベルの組織は，大統領が任命し，議会が承認した委員会，評議会および組織である．連邦レベルとなれば，予算措置や法案提出権，大臣

を召喚する権限が認められる．それとは別に，連邦議会両院にも20を越える委員会が設置されていて，当初は議会が設置した委員会についても連邦レベルの委員会として運用されていた．

議会が設置した委員会が法案審議をいたずらに遅らせていると判断した大統領は，2012年初頭に議会設置の委員会を連邦レベルの分類から外した．それに議会が反発したため，大統領の対応の合憲性が争われたわけである．憲法上に連邦レベルの組織に関する定義がなく，憲法裁にとっては難しい判断となった．判決は，連邦レベルの組織とは，2008年憲法内に手続きが定められた組織体のことで，大統領によって構成員が任命され，連邦議会で承認されたものに限るという憲法解釈を示すものであった．つまり，大統領の対応は合憲という判断である．

これに対して与党議員たちは強い抵抗を示した．その最大の理由は，同判決が政府機関を監視するという議会の重要な役割を掘り崩す，というものである．ただし，憲法裁の判決は最終的なものであるため，この判決を不服としても提訴する場はない．そこで，議員たちは憲法裁の判決に重大な過誤があり，判事たちの資格に問題があるとして，議会における憲法裁判事弾劾の手続きに踏み切った．大統領は憲法裁の判断を支持したが，結局，両院合同の議会において447対168で弾劾を求める決議が承認されたため，正式な弾劾手続きを待たずに，憲法裁判事全員が2012年9月6日に辞職した．新しい判事が任命されたのは2013年2月である．その間半年近く憲法裁判事は不在であった．

続けて，議員たちは憲法裁法を改正した．その内容は，まず，長官の任命権を大統領単独から両院議長との協議が必要なものとし，議会による承認を義務づけた．また，憲法裁の任務について大統領および両院議長への報告を義務づけた．そして，最も重要なことだが，憲法裁の判決を「終局的で結論的」とする憲法の規定を，憲法裁以外の裁判所から提起された事案のみに限定した．この最後の点は憲法324条の憲法裁判決に関する規定に反する可能性が高く，議会が憲法を実質的に修正するような立法措置を行ったことになる．本来，こういった憲法秩序からの逸脱を防止する役割を期待されていたのが憲法裁であるが，民政移管からわずか2年ほどで議会から重大な挑戦を受けて，最終的には憲法裁は議会に屈するかたちになったわけである．憲法裁法の改正によって憲法秩序が脅かされるというなんとも皮肉な事件だったといえるだろう．

この事件が憲法裁の独立性を著しく損ねたことは言うまでもない．ただし，

今日のミャンマーにおけるそもそもの司法制度の弱さを考えれば，憲法裁の独立性が毀損されたというより，もともと独立性の乏しかった司法が，憲法裁という新制度においても独立性を発揮できなかったものとみなした方がよい．

3 動揺する2008年憲法体制

(1) テインセイン政権の脆弱性

2011年に誕生したテインセイン政権はミャンマーにとって重要な成果を次々と挙げたといってよい．偶然の要素に助けられた面もあるとはいえ（例えば，アメリカでの2009年の民主党政権の誕生とミャンマー政策転換の動き），世界的に孤立して，政治的にも経済的にも停滞していたミャンマーに大きな転換をもたらした．民政移管をソフトランディングさせ，長年の懸案であった民主化勢力との対話を進めて政治的な安定と新しい憲法体制の包括性を高めた．米国との外交関係の改善によって，ミャンマーへの海外からの投資が拡大して，2012年以降は東南アジアで最も高い経済成長率を同国は記録した．

こうした変化はテインセイン政権にとって諸刃の刃だったといえる．第1に，アウンサンスーチーとの対話と2012年4月のNLDの補欠選挙への参加の結果，NLDが国民の支持を集め，さらに結社の自由や集会の自由の拡大により，同党が積極的に人々を組織化できようになった．そもそもアウンサンスーチーの人気は高かったが，長年の軟禁生活と軍政によるネガティブキャンペーンによっても，彼女への国民の支持は衰えなかった．

第2に，軍事政権は市民社会全体が自律的な動きを見せないように力で抑えこんできたのに対して，民政移管後は，政治囚が積極的に解放され，政党や労働組合といった社会組織の活動が自由になった[5]．メディアの検閲が段階的に撤廃されて，民間資本による新聞の発行が許可され，ジャーナルや雑誌の新規発行が相継いだ．表現の自由も拡大し，かつては許されなかった政権に対する批判的な議論も目にするようになった．情報インフラの整備が進み，スマートフォンと安価なSIMカードが市場に出回るようになったことで，特に都市部での情報の伝達速度は飛躍的に高まった．SNS，なかでもフェイスブック（Facebook）の世論形成への影響力は無視できないものになっている．

第3に，NLDの政治参加により，2015年総選挙を視野に入れた行動を一部の議員がとりはじめた．上に記したように，NLDへの国民の支持はかなり大

きく，当時はそれがどういった選挙結果につながるかについては予測が困難
だったものの，2008年のようなUSDPの圧勝を期待することはできなかった．
そのため，与党USDPの党首であったシュエマンはアウンサンスーチーへの接
近を試みる．アウンサンスーチーが下院議員として初登頂した直後の2012年5
月には，農民の権利保護及び利益促進法案をUSDPのシュエマン派とNLDが協
力して議員立法で成立させた．

　議員である以上，再選可能性を高めるために最大限の努力をするのは当然で
あるが，長く民主化勢力と対立関係にあった軍事政権関係者による民主化勢力
への接近は与党および政権内からの反発を呼んだ．ただでさえ統合力の弱い
USDPで，元将軍の党幹部の間にも亀裂が走ることになったのである．民政移
管時に埋め込まれた政治的安定の仕組みは与党が次第にその統合力を失うこと
で崩れていき，2015年8月にシュエマンがUSDPの党首から解任される事態に
まで発展した．

　そして，2015年11月の総選挙においてUSDPは惨敗する．上院で11議席，下
院で30議席の獲得にとどまった．他方，NLDは地滑り的勝利をおさめた．上
院で168議席中135議席，下院で323議席中255議席を獲得した．こうした選挙結
果になった原因についてはさまざまな要因を指摘できるものの，最も重要な点
は，多くの国民にとって，テインセイン政権の実績はそれほど投票先を左右す
る要因にはならなかったことである．1988年から続く軍事政権とその支援を受
けたUSDPに対する忌避感とアウンサンスーチーへの支持が効いた可能性が高
い［長田，中西，工藤 2016］[6]．

　総選挙でのUSDPの敗北によって，2008年憲法の背景に存在した制度設計の
意図は事実上破綻してしまう．しかしながら，これは同国の民主化を意味する
わけではない．国軍の自律性と政治的，行政的な権限が残っているからである．

⑵　新政権のジレンマ

　2015年総選挙の結果，NLDが上院，下院とも過半数を獲得することになった．
大統領は議員による間接選挙で選ばれるので，執政府もNLD指導部によって
人事を行うことができる．ただし，国軍についてはテインセイン政権の脆弱性
や，総選挙の結果に直接影響を受けることはなかった．総選挙前から国軍司令
官のミンアウンフライン将軍は国内外のメディアによるインタビューに対し
て，野党が勝利しても選挙結果を受け入れると明言していた[7]．

そうした司令官の態度を可能にするのは，国軍の自律性を保障した憲法とその憲法の改正に対して実質的な拒否権を国軍が握っているからである．アウンサンスーチーは総選挙後にミンアウンフラインと3度の非公式な会談の機会を持ち，自身が大統領に就任できるように大統領資格を定めた憲法59条の一時停止措置を認めるよう国軍に求めたといわれる．しかし，ミンアウンフラインはそれを認めなかった．結局，アウンサンスーチーは古くからの友人で，自身の母親の名前を冠した財団を管理するティンチョーを大統領に指名した．アウンサンスーチー自身は大統領府付の大臣と外務大臣に就任した．

ティンチョーはNLDの党員だが，NLDにその支持基盤はなく，明らかにアウンサンスーチーの傀儡であった．ただ，これだけでは国軍に彼女の大統領就任を阻まれたかたちになるため，次の一手として第2期連邦議会の冒頭に国家顧問法案が提出された．その主な内容は以下のとおりである．

国家顧問法案
（前文，第1章省略）
第2章　目的
3条　(a) 複数政党民主主義の促進，(b) 市場経済制度の堅持，(c) フェ
　　　デラル連邦国家の建設，(d) 連邦の平和と発展
第3章　任命
4条　2015年に複数政党制にもとづく民主的な総選挙において国民の信任
　　　を獲得した国民民主連盟議長ドー・アウンサンスーチーを連邦議会が
　　　顧問に任命する．
第4章　職務，職権と権利
5条　顧問の職務，職権と権利は下記の通りである．
　　(a) 憲法の規定に違反せず，国家と国民の福利のために助言を与えな
　　　ければならない．
　　(b) 助言，職務遂行については連邦議会に対して責任を負わねばなら
　　　ない．
　　(c) 顧問はこの法律の目的を達成させるために，政府，関係当局，団
　　　体組織，協会組織，個人と連絡をとって職務を遂行できる．
　　（以下省略）

まず，同法案の目的が極めて一般的かつ広範であることがわかる．次にこの

法案で特徴的なのは，国家顧問というポストをつくっただけでなく，4条にアウンサンスーチーの任命が明記されていることである．つまり，彼女のためにだけ同ポストは用意されたということである．さらに，5条では国家顧問が政府や各種団体に対して助言をする権限を持つことを明記しているわけだが，この「助言」が何を意味するのかが大きな問題である．

　NLDは憲法217条に認められた連邦議会による一部権限委譲に則っていると主張する．しかし，上記「助言」の内容によっては，執政府と議会の分離を明記した憲法11条に違反する可能性が高い．法案審議の過程では国軍代表議員が，同法案は憲法に違反するとして厳しく批判したものの，NLDは合憲であると繰り返して両院を通過させた．こうして，アウンサンスーチーは国家顧問に就任し，運用次第では大統領以上の権限を持つ地位に就いたわけである．その後のアウンサンスーチーの行動を見る限り，ほぼ国家元首としてふるまっており，大統領の存在は予想された以上にあからさまな傀儡である．

　アウンサンスーチーは野党時代から「法の支配」を度々訴え，前議会では「法の支配」を検討する議会内委員会の委員長を務めていたほどである．その一方で，国家顧問法を見れば分かるように，自身の政権基盤を固めるためには合憲性が疑われかねない法案でも通すことを厭わない．自身のリーダーシップを確保し，そのもとで同国の民主化を進めることが彼女の目指すものだからであろう．好都合なことに，2008年憲法は軍政の統制下でつくられたという成立過程上の難点を抱えている．さらに，アウンサンスーチーの力の源泉は法を越えたところにある．議員でもない人物がアウンサンスーチーの推薦で大統領に就任しても批判はほとんど聞こえず，国家顧問法で大統領を超える権限を彼女が持つことについても国民は概ね肯定的に受けとめていることからもよくわかるだろう．

(3)　新政権下の憲法裁

　新政権発足にともなって，憲法裁の判事が選出された．新しい憲法裁判事とそれ以前の判事の前職を示した（**表6-2**）．前任の判事には，政府の法務である司法長官府出身者が4人，政府機関から3人が任命されていたが，NLD政権発足後の新任の判事7人のうち，6人が弁護士と法律顧問などそれまで政府機関ではなく，民間で法律に関係する職種についていた人々である．下院議員から選出された判事もいるが（所属政党はNLD），弁護士出身の議員である．前職

を見る限り，政権交代で判事の傾向が変わったといえそうである．ただし，NLDの活動に直接関わってきたのは2人だけである．前憲法裁から留任した判事も2名おり，必ずしも偏った人選がなされているわけではない．

　こうした顔ぶれの変化が判決にどう影響するのかについては，憲法裁に提訴された事案がいまのところゼロであるため，まだよくわからない．国家顧問法はその合憲性について争う余地のある法案であったが，結局，議会で反対した国軍代表議員たちが同法案の合憲性を巡って憲法裁に提訴することはなかった．仮に提訴したとしても，大統領，上院，下院，すべてがNLDの影響下にあるなかで，それぞれから推薦された9人の判事が違憲判決を出す可能性は低かっただろう．もちろん，制度的には判事の独立性は保証されており，選出母体の意向に従う必要はないが，仮に憲法裁が政権と与党にとって不利になる判

表6-2　憲法裁判事の前職

選出母体	名　前	前職
	2016年3月24日任命憲法裁判事	
選出母体	名　前	前職
大統領選出	ニーニー	ミャンマー法律顧問協会会長
	ミンウィン	憲法裁判事留任（元司法長官府局長）
	ミョーミン	法廷弁護士
下院選出	ミョーニュン（長官）	法廷弁護士
	キンマウンチョー	法廷弁護士
	キンテーチュエ	下院議員
上院選出	トゥワイルチンパウン	法律顧問
	フラミョーヌウェ	憲法裁判事留任（元外務省局長補佐）
	チョーサン	司法長官府局長

選出母体	名　前	前職
	2013年2月25日任命憲法裁判事	
選出母体	名　前	前職
大統領選出	ミンウィン	元司法長官府局長
	タンチョウ	大統領法律顧問
	フナミョーヌウェ	外務省局長補佐
下院選出	ミャテイン	元最高裁事務局長
	ミャテイン	弁護士
	ミンルウィン	弁護士
上院選出	ティンミン	元司法長官府局長
	チンサン	元司法長官府局長補
	ミョーチッ	元司法長官府課長

（出所）政府資料および山田（2015）表2-1から作成

決を出しても，2012年の時のように判事が辞任に追い込まれる可能性はある．新政権はアウンサンスーチーの強力なリーダーシップによって統合されており，USDP政権よりも議員たちは執政府に従属的である．結果，与党にも野党にも今のところ憲法裁をつかって権限争いや立法過程での争いの決着をつけようという動きは見られない．

おわりに

　憲法裁が担うはずだった旧軍政の保険としての機能はほぼ失われつつある．すでに見たように，そもそも司法が弱い状況下において，憲法裁という新しい制度を導入して2008年憲法を中心とする法秩序の安定を図ったことにそもそも無理があったといえるだろう．現在のミャンマーの政治状況は，2008年憲法上で設計された政治的安定の仕組みが部分的に機能しなくなっている状態である．すでに政権運営の主導権はNLDに移っているが，政治のルールである憲法については，自律的な国軍が改正に対する拒否権を握っているので，NLDがどんなに望んでも民主化は短期的には起きそうにない．

　しかし，NLDは党の理念として同国の民主化を掲げて1988年から活動を続けてきたわけであるから，政治勢力としての国軍との共存を通じた政治的安定を積極的に望むことはまずありえない．そのため，国家顧問法を通じて，憲法改正を立法で回避しながら，国軍にも対抗できるアウンサンスーチーの指導体制をつくろうとしているわけである．本来の制度設計では，こうした立法行為を監視するのが憲法裁の役割なわけだが，現時点では機能不全に陥っている．したがって，NLDには立法と憲法解釈を通じて実質的な憲法改正を回避する手段がある．そうした手段を使うのは，当然，憲法の擁護という国軍の組織的利益を刺激する行動である．連発すると政治的に危険な動きとなろう．今のところ，国家顧問法案でのみこうした強引な手法がとられており，基本的にはアウンサンスーチー政権は国軍と協調路線を歩もうとしている．

　NLDが今後，国軍とどういった関係を政権内外でつくっていくのか注目されるが，本章で焦点を当てた憲法裁が，憲法解釈や違憲審査を通して，国軍による後見人的役割を補強することはないだろう．NLDや議会が憲法の制約を越えた動きをとることを抑制する役割は期待できない．憲法裁も含めた司法が制度設計通りに独立し，また中立的な判決をもたらすものとして認識されるよ

うになるにはまだまだ時間がかかりそうだからである.

ただ，司法の独立性が低いことを前提として，その上で政治的に重要な決定にも関わらない，いわゆる「司法の沈黙（Judicial Muteness）」がミャンマーの政治と司法の関係になるのか，それとも，NLD政権に有利な判決ばかりを出す「司法の政治化（Politicization of the Judiciary）」タイプに同国が落ち着くのかはまだわからない [Dressel 2014: 264]．そもそも司法に対する信頼が低く，積極的な憲法裁の政治利用が行われているわけではないから，現状については「司法の沈黙」とみなした方がよいだろう.

注

1 ）*The New Light of Myanmar*, 17 September 1993.

2 ）ただし，第 1 期議会（2011-2016），第 2 期議会（2016-）ともに，上下院いずれも同一政党が過半数を占め，大統領も同一政党から出ているため，党幹部で 9 名の判事候補を選んだあとに指名する 3 つの機関に割り振っているのが実態である（2016年 9 月22日憲法裁関係者へのインタビュー）.

3 ）ただし，管区・州首相以下については直接提出できず，それぞれ関係機関の長を経て提出することになる（憲法裁判所法14条）.

4 ）憲法裁判事へのインタビュー（2016年 9 月22日）.

5 ）民政移管後の政治囚の解放数は2011年に298人，2012年に502人，2013年に271人である（"Alternative ASEAN Network on Burma," *Burma Bulletin*, Vol.79, 2013, p. 2）.

6 ）さらには，競争的な権威主義体制を維持するための制度が弱かった点も重要だろう.一定の政治的競争が存在する権威主義体制について広く比較のなかで検討してきたレヴィツキーとウェイは，そうした体制下での政党について以下のように記している．「一方で，ほとんどの権威主義体制とちがって，政党は選挙や他の民主的な制度に真剣に対応しなければならない．政党の権力の獲得と維持は，少なくとも部分的には，投票を得て議会をコントロールする力にかかっている．ただしその一方で，公正さを欠いた競技場での競争は，しばしば投票最大化とはほとんど関係のない戦略を必要とする」[Levitsky and Way 2010: 29-30]．この点で，2015年総選挙は自由で公正なもので，「投票最大化とほとんど関係のない」ような，勝つための戦略をUSDPが持ち得なかったことも同党の敗因の理由であろう.

7 ）朝日新聞2015年 8 月22日

8 ）"Lost in transition: negotiations hit snag," *Myanmar Times*, 15 February 2016（http://www.mmtimes.com/index.php/national-news/nay-pyi-taw/18983-lost-in-transition-negotiations-hit-a-snag.html, 2016年10月29日アクセス）.

◆参考文献◆

邦文献

長田紀之・工藤年博・中西嘉宏［2016］『ミャンマー2015年総選挙——アウンサンスーチー新政権はいかに誕生したのか——』アジア経済研究所.

中西嘉宏［2014］「軍と政治的自由化——ミャンマーにおける軍事政権の『終焉』をめぐって——」『比較政治学会年報第16号 体制の転換／非転換の比較政治』ミネルヴァ書房.

————［2015］「民政移管後のミャンマーにおける新しい政治——大統領・議会・国軍——」，工藤年博編『ポスト軍政のミャンマー——改革の実像——』日本貿易振興機構・アジア経済研究所.

山田美和［2015］「ミャンマーにおける『法の支配』」，工藤年博編『ポスト軍政のミャンマー——改革の実像——』日本貿易振興機構・アジア経済研究所.

外国語文献

Cheesman, N.［2015］*Opposing the Rule of Law: How Myanmar's Courts Make Law and Order*, Cambridge: Cambridge University Press.

————［2012］"Myanmar's Courts and the Sounds Money Makes," in N. Cheesman, M. Skidmore and T. Wilson eds., *Myanmar's Transition: Openings, Obstacles and Opportunities*, Singapore: Institute of Southeast Asia Studies.

————［2011］"How an Authoritarian Regime in Burma Used Special Courts to Defeat Judicial Independence," *Law & Society Review*, 45（4）.

Crouch, M.［2014］"Rediscovering 'Law' in Myanmar: A Review of Scholarship on the Legal System of Myanmar," *Pacific Rim Law & Policy Journal*, 23（3）.

Dressel, B.［2014］"Governance, Courts and Politics in Asia," *Journal of Contemporary Asia*, 44（2）, pp.259-278.

Ginsburg, T.［2003］*Judicial Review in New Democracies: Constitutional Courts in Asian Cases*, New York: Cambridge University Press.

Ginsburg, T. and T. Moustafa eds.［2008］*Rule by Law: The Politics of Courts in Authoritarian Regimes*, Cambridge: Cambridge University Press.

Hirschl, R.［2008］"The Judicialization of Politics," in G. A. Caderira, R. D. Kelemen, and K. E. Whittington eds., *The Oxford Handbook of Law and Politics*, Oxford: Oxford University Press.

Levitsky, S. and L. A. Way［2010］*Competitive Authoritarianism: Hybrid Regimes After the Cold War*, New York: Cambridge University Press.

Maung Maung［1961］*Burma's Constitution*, The Hague: Martinus Hijhoff.

Myint Zan［2012］"The 'New' Supreme Court and Constitutional Tribunal Marginal Improvement or More of the Same," in N. Cheesman, M. Skidmore and T. Wilson eds., *Myanmar's Transition: Openings, Obstacles and Opportunities*, Singapore: ISEAS.

Nardi Jr, D. J.［2014］"Finding Justice Scalia in Burma: Constitutional Interpretation and the Impeachment of Myanmar's Constitutional Tribunal," *Pacific Rim Law & Policy*

Journal, 23 (3).

Taylor, R. [2009] *The State in Myanmar,* London: Hurst Publishers.

Tushet, M. [2014] "Authoritarian Constitutionalism: Some Conceptual Issues," in T. Ginsberg and A. Simpser eds., *Constitutions in Authoritarian Regimes,* Cambridge: Cambridge University Press.

U Aung Myint, U Set Maung, U Tin Pe and U Tin Htun [1993]『世界数か国の憲法を通して見た国家体制に関する調査論文』(ビルマ語)(国民会議への提出レポート).

第7章
インドにおける政治の司法化と司法の独立
──コレージアム体制と第99次憲法改正──

上 田 知 亮

はじめに

　本章の目的は，2014年のN. モーディー政権成立を重大な契機としてインドにおける政治と司法の関係が再び流動化し，政治の司法化が新たな局面に入っていることを長期的視点から明らかにすることである．

　「司法による解決を求めて政治問題が裁判所に持ち込まれる傾向が強まっているという文脈のなかで」，「政治問題や政治的意味合いの強い憲法問題に対して司法府が判決を通じて関与すること」を政治の司法化と定義するホクは，政治の司法化の程度や類型が南アジア諸国で異なると指摘している．彼によればインドでは，政治の司法化が進行しているにもかかわらず，司法府は政治問題に関して介入と自制の均衡を保っている．これと対照的にパキスタンの場合，近年の司法府の活動は政治を過度に司法化しており，他の機関の権限を司法府が完全に剥奪しているときがある．それゆえ民主政が危機的状況にある．他方バングラデシュにおける政治の司法化は，司法府が原則も実利もないままに政治に割り込むという段階にある［Hoque 2015: 265-266］．だがこうした見立ては，モーディー政権の登場以前については成り立ったとしても，現状を正確に捉えられていない．

　本章では以下の構成に沿ってこのことを論証する．まず第1節ではインドの司法府の特徴を概説する．第2節では，前期インディラ・ガーンディー政権（1966-1977年）における憲法改正をめぐる執政府と司法府の対立と，その結果としての司法積極主義への転換ならびにそこで活用された公益訴訟について検討する．第3節では，1993年の「第二次裁判官事件」を境に上級裁判所（最高裁

判所と高等裁判所）の人事権が執政府から司法府に移り，裁判官が裁判官を選任する「コレージアム体制」が形成されたことを解説する．第4節から第6節では近年の司法人事制度改革について検証する．第4節は2014年全国司法任用委員会（NJAC）法案と憲法改正法案が全会一致で可決された背景を分析する．第5節では2013年司法任用委員会（JAC）法案の規定について，第6節ではNJAC法と第99次憲法改正の内容について，それぞれ詳説する．最後に結論と今後の見通しを簡潔に述べる．

1 インド最高裁判所の特徴

インドの執政制度は議院内閣制である．議会下院が選出した首相の率いる内閣が行政を担い，内閣は議会下院での信任を必要とする．したがって少なくとも理論上は，執政府（政府，内閣）と立法府（議会）は対立せず，執政権（行政権）と立法権は融合している．それゆえ権力分立ならびに三権の間の抑制と均衡の鍵は司法府（裁判所）が握っており，最高裁と高裁に違憲審査権（司法審査権）が認められている．なおインド大統領は名誉職であり，政治的な権限や裁量はほとんどないと考えて差し支えない[1]．

インド最高裁判所の裁判官は，1950年の発足当初は7名であったが，その後順次増員されて現在は長官を含めて31名である．最高裁と高裁の裁判官の身分は憲法で保障されており，同一会期中に連邦議会の各議院において総議員の過半数かつ出席し投票した議員の2/3以上が解任動議に賛成し，大統領が命令により解任する場合を除いては，罷免されない（憲法124条4項，217条1項b）．実際，この解任手続きにより罷免された裁判官はいない．最高裁判官に認められている手当や年金，休暇，特権は，当該裁判官の任命後には不利益変更を行うことができない（憲法125条2項）．ただし最高裁と高裁の裁判官の給与や年金はかなり低く，待遇は良いとはいえない[2]．

長官を含むインド最高裁判官は65歳で定年退職する[3]．なおかつ，1950年から2011年までに任命された最高裁判事の平均就任年齢は59.19歳と高く，最高裁での平均在職期間は5.53年にすぎない［Chandrachud 2014: 166］．しかも後述するように，ほとんどの最高裁長官は最高裁判事としての在職期間の長さ（seniority）に基づく「最先任」の原則により任命されている．つまり長官に次ぐ「最先任者」（the senior-most）が次期長官になるのが慣例である（最高裁と高

表7-1 インド最高裁判所の歴代長官

	最高裁長官	長官着任日	退任日	在職期間（年）
1	H. J. カニヤー	1950年1月26日	1951年11月6日	1.78
2	パタンジャリ・シャーストリー	1951年11月7日	1954年1月3日	2.16
3	メーハルチャンド・マハージャン	1954年1月4日	1954年12月22日	0.97
4	ビジャン・クマール・ムカルジー	1954年12月23日	1956年1月31日	1.11
5	スディー・ランジャン・ダース	1956年2月1日	1959年9月30日	3.66
6	ブバネーシュワル・プラサード・シンハー	1959年10月1日	1964年1月31日	4.34
7	P. B. ガジェーンドラガドカル	1964年2月1日	1966年3月15日	2.12
8	A. K. サルカール	1966年3月16日	1966年6月29日	0.29
9	K. スッバー・ラーオ	1966年6月30日	1967年4月11日	0.78
10	K. N. ワーンチュー	1967年4月12日	1968年2月24日	0.87
11	M. ヒダーヤトゥッラー	1968年2月25日	1970年12月16日	2.81
12	J. C. シャー	1970年12月17日	1971年1月21日	0.1
13	S. M. シクリー	1971年1月22日	1973年4月25日	2.26
14	A. N. ラーイ	1973年4月26日	1977年1月28日	3.76
15	M. ハミードゥッラー・ベーグ	1977年1月29日	1978年2月21日	1.07
16	Y. V. チャンドラチュード	1978年2月22日	1985年7月11日	7.38
17	P. N. バグワティー	1985年7月12日	1986年12月20日	1.44
18	R. S. パータク	1986年12月21日	1989年6月18日	2.49
19	E. S. ヴェーンカタラミヤー	1989年6月19日	1989年12月17日	0.5
20	サビヤサーチー・ムカルジー	1989年12月18日	1990年9月25日	0.77
21	ランガナート・ミシュラ	1990年9月26日	1991年11月24日	1.17
22	K. N. シン	1991年11月25日	1991年12月12日	0.05
23	M. H. カニヤー	1991年12月13日	1992年11月17日	0.93
24	L. M. シャルマー	1992年11月18日	1993年2月11日	0.24
25	M. N. ヴェーンカタチャリヤー	1993年2月12日	1994年10月24日	1.7
26	A. M. アハマディー	1994年10月25日	1997年3月24日	2.41
27	J. S. ヴァルマー	1997年3月25日	1998年1月17日	0.82
28	M. M. プンチー	1998年1月18日	1998年10月9日	0.73
29	A. S. アーナンド	1998年10月10日	2001年10月31日	3.06
30	S. P. バルチャー	2001年11月1日	2002年5月5日	0.51
31	B. N. クリパール	2002年5月6日	2002年11月7日	0.51
32	G. B. パタナーイク	2002年11月8日	2002年12月18日	0.11
33	V. N. カレー	2002年12月19日	2004年5月1日	1.37
34	S. ラージェーンドラ・バーブー	2004年5月2日	2004年5月31日	0.08
35	R. C. ラホーティー	2004年6月1日	2005年10月30日	1.42
36	Y. K. サバルワール	2005年11月1日	2007年1月13日	1.2
37	K. G. バーラクリシュナン	2007年1月14日	2010年5月12日	3.32
38	S. H. カーパディヤー	2010年5月12日	2012年9月28日	2.39
39	アルタマス・カビール	2012年9月29日	2013年7月18日	0.8
40	P. サタシバム	2013年7月19日	2014年4月26日	0.77
41	R. M. ローダー	2014年4月27日	2014年9月27日	0.42
42	H. L. ダットゥー	2014年9月28日	2015年12月2日	1.18
43	T. S. タークル	2015年12月3日	2017年1月3日	1.09
44	ジャグディーシュ・シン・ケーハル	2017年1月4日	2017年8月27日（予定）	0.64

（出所）インド最高裁ウェブサイト（http://www.supremecourtofindia.nic.in/judges/rcji.htm）から筆者作成.

裁の裁判官の任命については第3節で詳しく述べる）．その結果，インドでは最高裁長官が平均で1年半ごとに次々と交代してきた．第22代長官K. N. シンにいたっては，就任してわずか18日で退職している．これが長官在職期間の最短記録である．初代のカニヤー長官が着任した1950年1月から現職のケーハル長官が就任した2017年1月までの67年間に，インド最高裁は実に44名もの長官を迎えてきた．これがいかに多いかは，70歳定年制の日本において最高裁長官が1947年からの69年間で18名，終身制のアメリカ合衆国において連邦最高裁長官が1789年からの227年間でわずか17名であることと比較すると明らかである．したがってインドの最高裁は，たとえ長官の違いによる特色が生まれたとしても，それが長期間継続することはほとんどない．

　しかしながら，誰が最高裁長官になるかは重要ではないというわけではない．それぞれの法廷の構成や，各法廷およびパネルが担当する訴訟を決定する権限は長官にあるので，長官人事は非常に重要な意味をもっている［Chandrachud 2014: 83; 183n95］．

　最高裁裁判官の多くは上位カーストの男性ヒンドゥー教徒であり，宗教的少数派や下位カースト（指定カースト，指定部族，その他の後進諸階級），女性の最高裁判事は少ない．1950年代に任命された最高裁裁判官の約16％はイスラーム教徒であったが，2000年代には4％にまで低下した．2001年国勢調査における各宗教の人口比率が，イスラーム教徒13.4％，キリスト教徒2.3％，シク教徒1.9％であったのに対して，1990年から2009年までに任命された最高裁判事の宗教別割合は，イスラーム教徒が4％から8％，キリスト教徒が2.6％から4％，シク教徒が2％以下である．人口の約半数を占める下位カースト出身の最高裁判事が初めて任命されたのは1980年であり，その後は概ね1割から2割強の最高裁判事が下位カースト出身となっている．最高裁判事に女性が初めて任命されたのは1989年で，それから2016年までに就任した女性は6名にとどまる［Chandrachud 2014: 254-58］．

2 「憲法の基本構造」の法理と司法積極主義

(1) 憲法改正と違憲判決の応酬

　1950年代から70年代前半までの期間に政府と司法府が最も対立したのは，財産権（所有権）をめぐる訴訟においてであった．この時期に中央政府や州政府

は農地改革を推進し，ザミンダーリー制に代表される植民地期の大土地所有制を廃止して農民に農地を配分しようと試みていた．しかしそうした農地改革法に対して最高裁は，憲法が定めている地主への補償義務に違反していることを根拠に違憲判決を下していった．そこで政府の側は第1次(1951年)，第4次(1955年)，第17次（1964年）の憲法改正を行って，ザミンダーリー制などで不在地主が所有する土地を補償の対象外とし，補償額を裁判で争うことができないようにした．さらに憲法第9附則が追加され，そこに挙げられた法律や規則は憲法第3編で定められた基本権を侵害していたとしても無効とはされないこととなった．これにより一連の農地改革法が司法府による違憲審査から免れるようにしたのである．

これをうけて今度は最高裁が1967年の「ゴーラクナート事件」判決において，憲法改正法も通常の法律と同様に，憲法の規定する基本権に抵触する場合は違憲判決により無効とされるという判断を下して対抗した[4]．これに対してインディラ政権は，第24次（1971年），第25次（1971年），第26次（1964年），そして第29次（1972年）の憲法改正を通じて，憲法368条が議会に与えている憲法改正権は基本権にも及ぶこととした．これらの憲法改正により，1969年の銀行国有化が司法審査の対象から外されるとともに，旧藩王に支給されていた内帑金が廃止された．憲法第4編で規定された「国家政策の指導原則」の実現に向けて社会主義的な経済改革を遂行するためなら，第3編で保障される財産権などの基本権も大幅に制約できるという方針を[5]，インディラ政権は徹底して打ち出したのである．

(2) 基本構造の法理の登場

こうした違憲判決と憲法改正の応酬に終止符を打つべく，「基本権事件」とも呼ばれる1973年の「ケーシャバーナンド・バーラティー事件」判決において最高裁は，議会の憲法改正権を広範に認めつつも，裁判所は「憲法の基本構造」の原理にしたがって改正内容の合憲性を審査する権限をもっており，それゆえ「憲法の基本構造」を毀損する改正を議会は行えないという判断を7対6の僅差で下した[6]．この「基本構造の法理（doctrine of basic structure）」は，1975年6月25日にインディラが憲法352条に基づき非常事態を宣言したことを大きな契機として，重要な役割を果たすようになる．

ただし憲法の基本構造の法理は，登場した当初から司法府内部や法学者，そ

して社会において幅広く支持されていたわけではない. この法理が社会的正当性を獲得する重要な転換点となったのは, インディラ首相の当選の有効性に関する裁判[7], いわゆる「首相選挙事件」であった [Sathe 2002: 73-77; Krishnaswamy 2009: 225-27]. 1971年総選挙におけるインディラ首相の不正行為を争った裁判で, アラーハーバード高裁は彼女に対して当選の無効と6年間の被選挙権停止を命じる有罪判決を下した. これを不服として首相は最高裁に上訴し, 最高裁は高裁判決の執行を差し止めた. さらにインディラは非常事態宣言中の1975年8月に第39次憲法改正を行い, 首相および連邦議会各院議長の選挙を裁判所の管轄権から除外するという対策を講じた. しかしその翌年, 最高裁法廷は5名の全員一致でこの改正に違憲判決を下した. この5名のうち, ケーシャバーナンド事件判決において基本構造の法理に基づいて議会の憲法改正権限には限界があると述べたのはカンナ判事だけであったが, この首相選挙事件では, さらにマシュー判事とチャンドラチュード判事も, 憲法の基本構造と両立しないことを根拠に改正を無効とした.

(3) インディラ政権の人事介入

　これとならんで重要なのは, 基本構造の法理こそ用いなかったものの, 違憲と判断した残る2名がラーイ長官とベーグ判事だったことである. なぜならラーイ長官は, 1973年4月のケーシャバーナンド事件判決において議会に無制限の憲法改正権を認める少数意見を述べていただけでなく, その判決の直後に, それまで23年間守られていた最先任のルールに反して, 在職期間の長さが4番目の最高裁判事であるにもかかわらず, インディラ政権が最高裁長官に任命した人物だったからである. この長官人事で飛び越されたシェーラト, ヘーグデー, グローバーの3名の判事は, いずれも多くの重要事件で政府に不利な判決を繰り返し出していた. なかでもヘーグデー判事は, インディラ首相の選挙での不正行為に関する訴訟において首相に不利な証拠を採用していたため, この「飛び越し人事 (supersession)」の主な標的であったとみられている [Chandrachud 2014: 90-91]. 飛び越された3名の最高裁判事はラーイ長官就任直後に辞職しているが, これは事実上インディラ政権による懲罰人事であった. それと対照的にラーイは, 銀行国有化や旧藩王恩典の廃止をめぐる裁判でも政権を支持する少数意見を書いており [Ranjan 2012: 212-213], インディラ政権にとって好都合な判事と目されて抜擢されていたのである. だがそうしたラーイ

長官でさえ，第39次憲法改正を無効と判断したことの意味は小さくない．

　さらにもう１人のベーグ判事も，その後ラーイ長官が1977年１月に定年退職するにあたって，最高裁判事としての在職期間が２番目でありながら，最先任のカンナ判事を飛び越すかたちでインディラ政権によって最高裁長官に任命されることになる人物である．ベーグ判事もケーシャバーナンド事件判決において，ラーイ判事と同じく，基本構造の法理を採用した多数意見に与さず，議会の憲法改正権に限定を設けない少数意見に立っていた．それと対照的に，飛び越されたカンナ判事は，ケーシャバーナンド事件判決で多数意見の１人として政府を敗訴させただけでなく，1976年４月のいわゆる「人身保護令状事件[8]」判決で唯一の反対意見を書き，非常事態体制下で生命・身体の自由を極度に制限するインディラ政権を勇敢にも批判していた．ベーグが長官に任命された日にカンナ判事は辞表を提出しており，これも実質的にはインディラ政権による懲罰人事であった[9]．

　このようにインディラ首相は政権に批判的な人物が最高裁長官となることを回避するため，極めて異例といえる飛び越し人事を首相選挙裁判の前後に２度も実行し，政権寄りの最高裁判事を長官に据えた．だが，その政権寄りの裁判官２名でさえ，首相の選挙を裁判所の管轄から外す第39次憲法改正は支持しなかったのである．インディラが司法人事への介入を深めるなかで示されたこの首相選挙事件判決を通じて，議会による憲法改正権限の濫用を防止するためには基本構造の法理が必要であると広く認められるようになった．

　基本構造の法理は1980 年の「ミネルヴァ・ミルズ事件」判決[10]でも用いられた［Sathe 2002: 86-87］．この事件で争点となったのは，非常に広範な1976年の第42次憲法改正のうち，憲法改正に関する憲法368条に追加された，いかなる憲法改正も司法審査を免れると定めた４項と，議会の改正権限には制限がないと定めた５項であった．これらの追加条項について最高裁は，憲法の基本構造に反するため４項は無効，基本構造を損なわない範囲内で５項は有効という判決を下した．この判決により，議会の憲法改正権限をめぐる政府・議会と最高裁の間の長年の争いに終止符が打たれることになった．インディラは1977年総選挙で下野した後に1980年の総選挙に勝利して政権復帰したが，憲法の破壊者や司法の敵とみなされる危険を再び冒すことはなかった［Ramachandran 2000: 120］．

(4) 司法積極主義への転換と公益訴訟

　人事や憲法改正を通じてインディラ政権に介入された経験から，インドの司法府は1978年から積極主義に転換することになった [Sathe 2002: 262]．強力な政府に対抗するには，広範な国民を自らの支持基盤とすることが必要であると考えられたのである．こうした政治的理由から，社会的支持を調達する手段として司法府が1970年代後半から活用していったのが公益訴訟（PIL）である．

　公益訴訟とは，権利侵害を受けているものの，裁判所に訴え出て救済を求めることが社会的・経済的な理由により困難な当事者に代わって，第三者が公益を理由に提訴する訴訟のことである．その根拠規定は，基本権の侵害に対する司法上の救済措置を定めた憲法32条で，1項は基本権の実現のために最高裁に提訴する権利を国民に保障し，2項は基本権を保障するため，人身保護や職務執行，禁止，権限開示，移送命令の各令状を発付する権限を最高裁に与えている．さらに226条は，32条と同様の令状を，基本権の保障およびその他の目的のために発付する権限を高裁に認めている．こうした令状管轄権の発動を，基本権が侵害されているにもかかわらず，社会的・経済的な理由により裁判所に求めることが困難な当事者に代わって，第三者が申請したのが公益訴訟の始まりである．

　公益訴訟の実務や理論は1980年代半ばに確立された．そのなかで特に重要なのは，原告適格の大幅な緩和である．権利侵害の被害者に代わって裁判所に提訴することだけでなく，公益の実現や公的害悪の矯正のために市民や団体が提訴する権利も幅広く認められるようになったのである．原告適格をこれほど緩やかに設定しているのは世界的にも珍しい．その結果，警察や刑務所などの政府機関による権利侵害，女性差別，児童労働，債務労働といった問題を解決するため，公益訴訟が広範に利用されるようになった [佐藤 2001]．

　こうした原告適格の緩和に加えて，公益訴訟の対象となる公益や公的害悪の範囲が徐々に拡大されていったことも，公益訴訟が活発化した一因である．誕生当初の第1世代の公益訴訟が，原告適格要件の緩和を通じて，社会的・経済的に排除されてきた人々の基本的な権利を保護するものであったのに対して，1980年代以降に現われた第2世代の公益訴訟は，環境保護や生態系の保全を目標とするものであった．さらに1990年代からは，汚職問題や職権濫用などガバナンスの問題に関わる第3世代の公益訴訟が増加した [浅野 2013]．

　このように司法府が公益訴訟の原告適格の要件を世界的にみても類例がない

ほどに緩和するとともに，対象となる公益の範囲を着実に拡大させていった背景には，インディラ政権期への反省とさらなる政治介入への警戒があった．公益と社会正義を実現する機関という社会的評価を獲得することにより，司法府は政治介入に抵抗するための国民的基盤を構築しようとしたのである．民主政が停止された非常事態体制下で三権分立と司法の独立がかつてないほどの脅威に晒されたという苦い経験を経たことで，裁判所は国民の支持と信頼を求めて司法積極主義へと転換していった．そしてこのような司法府の転進は，政治問題の決着における裁判所の役割を増大させ，政治の司法化をさらに推し進めた．

　だがこうした流れは一方向では進まなかった．政治が司法化した1980年代後半から90年代に最高裁は，軍事特別権限法（AFSPA）やテロリスト・破壊活動防止法（TADA），テロリズム防止法（POTA）といった国民の自由を過度に制限する法律をめぐる裁判で合憲判断を下し，法と秩序を重視する新自由主義国家の政策を正当化したとも指摘されている［Singh 2014］．こうした司法の消極化を理解する鍵は，強すぎると言っても過言ではないほどの司法の独立が1990年代に確立されたことにある．そこで次節では，司法の独立の要諦である人事権の所在がどのように変遷したかを検討する．

3　コレージアム体制の成立——執政府の優越から司法の独立へ

　1947年8月にイギリスから独立したインドの新たな憲法は1950年1月26日に発効し，それと同時に最高裁判所が発足した．その創設から10年の間に，最高裁での在職期間が最も長い最先任者が長官に就任するという原則が非公式の規範ないし憲法上の慣例となった［Chandrachud 2014: 74-75］．だがこの原則に対しては批判もあった．例えば法務省法務委員会が1958年11月に政府に提出した第14次報告書は，最高裁での在職期間ではなく能力に基づき，高裁の長官や判事，弁護士も対象に入れて長官人事を行うべきであると提案した．

　この最先任の原則が初めて破られたのは1964年2月である．シンハー長官退職の時点で最も在職期間が長い最高裁裁判官はイマーム判事であった．だが彼は重病を患っていたため，ネール―首相から辞職するよう説得され，後任の長官には次に在職期間が長いガジェーンドラガドカル判事が就任した［Gadbois 2011: 55］．これが最高裁における最初の「飛び越し人事」であった．だがこうした飛び越し人事が定着することはなく，続く6代の長官人事は最先任の原則

に基づいて選考された［Chandrachud 2014: 82］．その後の2度の飛び越し人事が
インディラ首相のもとで政権に批判的な裁判官への懲罰人事として行われたの
は既に述べたとおりである．とはいえ，こうした政治介入による飛び越し人事
は異例の事態であり，その後は再び最先任者が最高裁長官に任命され続けてい
る．

　では最高裁判事はどのように選任されるのか．憲法124条2項は，「最高裁判
所裁判官は，大統領が最高裁判所裁判官および州高等裁判所裁判官のなかで必
要と認める者と協議した後に」任命し，「最高裁判所長官以外の裁判官を任命
する場合には，インド最高裁判所長官はつねに協議をうける」と定めている．
さらに217条1項は高裁裁判官の任命について，「大統領がインド最高裁判所長
官およびその州の知事と，さらに高等裁判所長官以外の裁判官を任命する場合
には当該高裁長官とも，協議した後に」任命すると規定している．1980年代か
ら90年代にかけて司法人事権をめぐる裁判で論点となったのは，これらの規定
に含まれる「協議（consultation）」の解釈である．「協議」という文言の解釈を
最高裁が変更したことにより，上級裁判所の人事権は執政府から司法府へと移
動した．しかも非常に重要なことに，解釈が変更されたのは執政府が脆弱なと
きであった．

(1)　第一次裁判官事件：執政府の優越

　上級裁判所の人事権と司法の独立にとって最も重要な裁判は，後述する3つ
の「裁判官事件」であるが，それに先立つ「セート判事事件[12]」でも「協議」の
解釈が問題となった．この裁判では，本人の同意なくグジャラート高裁のセー
ト判事を別の高裁に転任させた非常事態体制下での人事異動の有効性が争われ
た[13]．そこでの論点の1つは，憲法222条1項の「大統領は，最高裁判所長官と
協議した後，高等裁判所裁判官を他の高等裁判所へ転任させることができる」
という条文の「協議」が，大統領を拘束することを意味するか否かであった．
この点に関して最高裁は，恣意的な転任人事を防止するうえで重要であること
は認めつつも，大統領は最高裁長官の意見に拘束されないと解釈した
［Chandrachud 2014: 96-98］．高裁判事を転任させる権限は政府にあることが確認
されたのである．

　さらに高裁判事の任命に関しても最高裁長官の意見は大統領を拘束しないと
判断したのが，1981年12月末に出された「第一次裁判官事件」判決[14]である

[Chandrachud 2014: 101-111]．この裁判で争われたのは，1980年総選挙において憲法改正に必要な2/3を超える議席占有率66.7％で大勝して政権に復帰したインディラが推進する新たな司法人事政策であった．この新政策とは，陪席判事として勤務した高裁で長官に昇任することを認めず，別の高裁の長官に着任させるというものであった．実際インディラ政権は，1981年1月にマドラス高裁長官をケーララ高裁長官に，パトナー高裁長官をマドラス高裁長官に転任させた．その他にもインディラ首相は，ジャナタ党政権下の1977年から79年に行われた人事を無に帰すべく行政府と司法府で大規模な刷新人事を実施することを1981年3月に示唆していた．インディラ首相のもとで政府による司法府への人事介入が再び始まったのである．

　こうした政治状況のなかで争われた第一次裁判官事件は，直接的には高裁裁判官の転任に関するものであったが，高裁裁判官の任命についても争われた．ここでも焦点になったのは，「協議」の解釈であった．憲法217条1項により，大統領は，高裁長官を任命する場合には，最高裁長官ならびに当該州の知事と「協議」し，長官以外の高裁判事を任命する場合には，最高裁長官と当該州の知事と当該高裁の長官の三者と「協議」すると定められている．この条文をめぐって問題となったのは，最高裁長官の意見は州知事や高裁長官の意見に優越するのかという点と，最高裁長官の助言は大統領を拘束するのかという点の2点である．長官以外の7名で構成された最高裁法廷は，1点目の問題に関して，最高裁長官の意見は他の意見に優越せず，三者の意見が一致しない場合には大統領に選択権があると5対2で判示した．第2の点に関しては，「協議」は「同意」（concurrence）と同義ではなく，最高裁長官の意見は大統領を拘束しないという判断を全員一致で下した．

　この第一次裁判官事件判決は，高裁に関するものであったが，実際には最高裁判事の任用にも重大な影響を及ぼし，司法の独立に大きな打撃を加えることとなった．上級裁判所人事における最高裁長官の優越的地位を否定し，司法府に対する執政府の優位を確立したという点で，この判決は画期的な意義をもっていた．この判決の後に，司法の独立よりも民主的統制が優先され，選挙で選ばれていない司法府に対して，民主的に選出されて国民に責任を負う執政府が優越する時期が到来した．

(2) 第二次裁判官事件：脆弱な政権と司法の独立

　しかしそうした執政府優位の時代は長く続かなかった．第一次裁判官事件判決が出された1981年12月から第二次裁判官事件が決着した1993年10月までの間に，強力な政権は姿を消し，権力基盤の脆弱な政権が続くことになったからである．1984年10月にインディラが暗殺されると，息子のラジーヴが後継首相に就任し，彼が率いる会議派は1984年12月の総選挙で404議席を獲得する圧勝を収めた．会議派の議席占有率は憲法改正に必要な2/3を大きく上回る78.6％であった．だが1989年11月の総選挙で会議派は下野し，代わって政権を握ったのは，会議派の197議席を下回る143議席しかもたぬジャナタ・ダルを中心として連立を組んだ国民戦線であった．第一党が単独過半数を確保できなかったのはインドの歴史上これが初めてであり，ここから1990年代末まで不安定な少数政権が続くことになる．V.P. シンを首班とする国民戦線政権は，左右両極にあるインド人民党（BJP）と左翼戦線の閣外協力によって辛うじて議会の信任を確保していた．1990年11月に成立した次のC. シェーカル政権も少数政権で，早くも翌年3月に崩壊した．1991年5月から6月にかけて実施された総選挙では，選挙期間中に党首ラジーヴが暗殺されて同情票を集めた会議派が政権を奪還した．しかし会議派が獲得した議席は232議席，割合にして44.5％にとどまった．そのため新たに首相に就任したN.ラーオも少数政権を率いることとなり，1992年7月と93年7月に信任投票で議会の支持を証明せねばならなかった．

　最高裁が「第二次裁判官事件」の判決を下した1993年10月が，このように不安定で脆弱な少数政権が続く時期の最中であったことは，極めて重大な意味をもっている．政権の支持基盤が弱くなったことは，司法府にとって独立性を高める絶好の機会であった．第二次裁判官事件を審理した最高裁法廷が9名の裁判官で構成されたことにも，それは反映されている．インドの裁判で判例を覆すには，判例を生み出した法廷よりも人数の多い法廷であることが必要とされる．つまり法廷意見（多数意見）の人数に関係なく，法廷を構成する裁判官の人数が上回っていれば，判例を変更できるというのがインド司法の規範なのである．したがって第二次裁判官事件の法廷が9名で構成されたことは，それぞれ5名と7名の法廷で審理されたセート判事事件と第一次裁判官事件の判決を覆して新たな判例を作り出せるということを意味していた［Chandrachud 2014: 120］．

　第二次裁判官事件の主要争点は，上級裁判所裁判官の任命および転任に関し

て，最高裁長官の意見は優越的地位をもつか否かであった．最高裁判決の要点は以下の通りである［Chandrachud 2014: 121-25］．最高裁判事任命の場合，(a) 最先任の最高裁判事 2 名ならびに，(b) 候補者の適性を判断するうえでその意見が重要と思われる最高裁判事のうちの最先任者と，最高裁長官は協議せねばならない．高裁判事の任命に際して最高裁長官が意見を聴取せねばならないのは，(a)当該高裁の事情に精通していると思われる最高裁判事，(b)当該高裁の長官，(c) 当該州の知事，(d) 最高裁長官が希望する場合には，その意見が重要と思われる当該高裁の判事である．そのうえで，最高裁長官の意見は大統領を拘束する，つまり「協議」は「同意」を意味すると解釈され，判例が変更された．これにより最高裁は初めて上級裁判所の人事権を掌握し，政府に対して優越することになった．ただし，最高裁判事の任命において最高裁長官と最先任の最高裁判事 2 名の意見が一致しない場合や，高裁判事の任命において最高裁長官と高裁長官の意見が食い違う場合には，大統領は最高裁長官の意見に拘束されない．結果として，最高裁長官の忌避する人物を最高裁や高裁の判事に任命できない一方で，大統領には最高裁長官が推薦する人物の任命を拒む余地が残された．とはいえ，後に「コレージアム」と命名される，長官を含む少数の最先任最高裁判事の集団に司法人事権を与えた第二次裁判官事件判決は，極めて重大な転換点であった．

(3) 第三次裁判官事件：コレージアムの拡大

第二次裁判官事件で生まれたコレージアムは，1998年10月の「第三次裁判官事件」判決で再確認されるとともに再編された．それまでの 5 年間にも，中央政界では脆弱な少数政権が現われては消えていった．会議派のラーオ政権に続いて1996年総選挙後に樹立されたBJP主導の連立政権は議会の信任が得られずおよそ 2 週間で崩壊し，それに代わるジャナタ・ダルも 2 人の首相のもとで 2 年弱しか政権を維持できなかった．1998年 2 月の総選挙で再び政権の座についたBJP主導の国民民主連合（NDA）政権も，友党の離反により1999年 4 月の信任投票を乗り越えられなかった．1999年総選挙に勝利したNDAがさらに2004年まで政権を継続したことで，ようやく中央政局は安定へ向かうことになる．

こうした不安定な政治と脆弱な政権という状況のなかで司法府の権力や役割は相対的に増大していき，公益訴訟による汚職の摘発も司法府に期待されるようになった．だが他方で，1995年 3 月にボンベイ高裁長官が汚職疑惑で辞職し

たのを典型例として，裁判官の腐敗も問題視された．さらに不透明な裁判官人事への疑惑や不満も高まっていた．コレージアムを拡大する第三次裁判官事件判決が出された背景には，こうした司法府自身の問題があった．司法人事に関わる裁判官の数を増やすことで，恣意的な情実人事を行おうとする腐敗した裁判官の相対的な発言力を低下させようという意図が最高裁にはあったと考えられる［Chandrachud 2014: 130-33］．

　大統領が最高裁判事の任命について最高裁に諮問したことから始まった第三次裁判官事件は，9名の法廷で審理された．11名ではなく9名であったところから，第二次裁判官事件の判例を覆す意志がなかったことが読み取れる．第三次裁判官事件判決のうち，主要な判例変更点は以下の2点である［Chandrachud 2014: 137-142］．第1に，最高裁判事の任命に際して最高裁長官が協議せねばならない最先任の最高裁判事の人数を2名から4名に増員した．長官を含むこの最先任5名が，ここで初めて「コレージアム」と命名された．なお次期長官は，在職期間にかかわらずコレージアムを構成するとも定められた．第2に，コレージアムの過半数が最高裁長官の意見に反対している場合，大統領は長官からの推薦を却下しなければならない．以前なら，コレージアム内で意見が一致しなかった場合，大統領には長官からの推薦を受け容れるか拒絶するかの選択権があった．こうした変更により，少なくとも手続き上は最高裁長官の発言力が低下することになった．

　1993年の第二次裁判官事件判決により，最高裁長官との「協議」には拘束力があり，大統領はそれに従って上級裁判所の裁判官を任命するという判例が確立された．最高裁の長官と複数の最先任判事が構成する，憲法に規定のないコレージアムが，国民により選出された議会や政府の民主的統制を受けずに，上級裁判所の人事権を独占できるようになったのである．このコレージアム体制は，「裁判官が裁判官を選任する」，世界的にも異例の司法人事制度である［Ranjan 2012: 208-10］．次節以降で検討するJAC法案およびNJAC法は，「協議」という文言に関する最高裁判例のみに依拠するコレージアムが司法人事を専断するこうした状況を改革し，司法府に対する民主的統制を回復する試みであった．

4 モーディー政権の登場と憲法改正

2014年4月から5月にかけて実施された連邦下院総選挙において，BJP率いるNDAが543議席中336議席を獲得して勝利し，モーディー政権が成立した．なかでもBJPは単独過半数となる282議席を確保する大勝を収めた．単独で過半数を得た政党が現われたのは1984年総選挙以来32年ぶりであった．盤石の権力基盤を誇るモーディー政権は，コレージアム体制を改革すべく，2014年全国司法任用委員会法案（The National Judicial Appointments Commission Bill, 2014：NJAC法案）と，それに必要となる2014年憲法改正（第121次）法案を2014年8月11日に下院に提出した[19]．「裁判官が裁判官を選任する」制度を根本的に変革するために，憲法改正に打って出たのである[20]．

(1) 司法の機能不全と全会一致による憲法改正

憲法改正には，上下両院それぞれで過半数の議員が出席し，有効投票の2/3が賛成することが必要であるため，モーディー政権は友党のみならず野党の協力も取りつけねばならなかった．だが憲法改正法案は8月13日に下院を，翌14日には上院を，いずれも全会一致で通過した．その後，半数以上の州議会による承認と大統領の認証を経て，2015年4月に第99次憲法改正が実現した．ここでとりわけ注目すべきであるのは，連邦上院が大した抵抗もなく速やかにこの法案を可決したことである．連邦上院議員は，大統領が任命する12名を除いて，州ならびに連邦直轄領の議会により選出される．そのため，特定の州のみで強力な支持基盤をもち，州議会で多数の議席を有する地域政党が，連邦上院でも無視できない影響力を揮うことができる制度になっている．実際，モーディー政権を支えるNDAは，下院とは異なって上院では過半数を確保できておらず，いわば「ねじれ国会」の様相を呈していた．「モーディー旋風」と呼ばれるほど有権者から熱狂的な支持を受けてBJPを圧勝へと導いたモーディー首相ですら議会運営に苦しみ，税制などの様々な分野で改革を思うように実行できない要因が議会制度に内蔵されているのである．

しかし，NJAC法案と憲法改正法案は，下院だけでなく上院でも極めて円滑に全会一致で可決された．社会主義党や大衆社会党，全インド・アンナ・ドラヴィダ進歩連盟，ドラヴィダ進歩連盟，全インド草の根会議派といった有力野

表7-2 インド最高裁判所と高等裁判所の定員，在職者数，欠員（2016年10月1日時点）

	裁判所	定員			在職者数			欠員数		
A	最高裁判所	31			28			3		
B	高等裁判所	常任	臨時	合計	常任	臨時	合計	常任	臨時	合計
1	アラーハーバード*	76	84	160	60	17	77	16	67	83
2	ハイダラーバード*	46	15	61	23	0	23	23	15	38
3	ボンベイ	71	23	94	53	9	62	18	14	32
4	カルカッタ	54	18	72	29	9	38	25	9	34
5	チャッティースガル	17	5	22	8	3	11	9	2	11
6	デリー	45	15	60	34	0	34	11	15	26
7	グワーハーティー	18	6	24	5	8	13	13	-2	11
8	グジャラート	39	13	52	26	6	32	13	7	20
9	ヒマーチャル・プラデーシュ	10	3	13	8	2	10	2	1	3
10	ジャンムー・カシュミール	13	4	17	10	0	10	3	4	7
11	ジャールカンド	19	6	25	10	5	15	9	1	10
12	カルナータカ	47	15	62	22	4	26	25	11	36
13	ケーララ*	35	12	47	26	12	38	9	0	9
14	マディヤ・プラデーシュ*	40	13	53	20	12	32	20	1	21
15	マドラス	56	19	75	54	0	54	2	19	21
16	マニプル*	4	1	5	3	0	3	1	1	2
17	メーガーラヤ	3	1	4	3	0	3	0	1	1
18	オリッサ	20	7	27	16	3	19	4	4	8
19	パトナー*	40	13	53	27	0	27	13	13	26
20	パンジャーブ・ハリヤーナー*	64	21	85	44	2	46	20	19	39
21	ラージャスターン*	38	12	50	23	7	30	15	5	20
22	シッキム	3	0	3	2	0	2	1	0	1
23	トリプラー	4	0	4	3	0	3	1	0	1
24	ウッタラーカンド	9	2	11	7	0	7	2	2	4
	総　計	771	308	1079	516	99	615	255	209	464

（注）＊が付いている高等裁判所は，代理が高裁長官を務めている．
（出所）インド法務省ウェブサイト（http://doj.gov.in/appointment-of-judges/vacancy-positions）
（2016年10月8日アクセス）．

党が軒並み法案に賛成する立場を早々に明らかにしたため，野党第一党として[21]法案に反対する立場をとっていた会議派はむしろ孤立することになり，翻意して法案支持にまわらざるを得なくなったのである．それぞれの地盤の州でBJPやその連立政党と競合しており，モーディー政権との関係が決して良好とは言えない地域政党がこの法案を支持した背景には，裁判官の腐敗や司法人事における不透明性と情実に対する不満があった［Mehta 2015: 244; Ranjan 2012: 200-202］．

　それに加えて，退任や転任により空席となった判事職の後任人事が行われず，裁判官の絶対数が不足していることにより，訴訟手続きが非常に長期化していることも，裁判所に対する社会の不満を高めている．表7-2が示しているように，

高等裁判所や最高裁判所における欠員問題は極めて深刻で，全国に24ある高裁についていうと，2016年10月１日時点で常任判事255名と臨時判事209名の総計464名分の職位で補充人事が行われず人員不足となっている．その３カ月前の７月１日時点での欠員は常任が254名，臨時が216名の計470名分となっており，ほとんど改善がみられない．こうした大規模な欠員が数多くの高等裁判所で発生しているため，結審までに要する時間が長いほか，裁判所に提訴されたにもかかわらず審理が一向に始まらない訴訟の件数も膨大となっている[22]．こうした裁判所の機能不全と訴訟の長期化に対する国民の不満は根強く，その解決が待ち望まれていた．

(2) 2013年JAC法案と2014年NJAC法

　したがって司法人事制度を改革するNJAC法案と憲法改正法案を多くの野党が支持したことは，自然な成りゆきであったとすら言える．しかも司法人事制度の大幅な改変は，モーディー政権が突如として提案したものではなく，前政権も既に試みていた．会議派を中心とする統一進歩連合（UPA）を与党とするマンモーハン・シン政権も，判事任用に関する2013年司法任用委員会法案（The Judicial Appointments Commission Bill, 2013：JAC法案）とそれにともなう2013年憲法改正（第120次）法案を2013年８月に連邦上院に提出していた．憲法改正法案は2013年９月５日に上院を通過したが，翌年に下院が解散されたことにより廃案となった．JAC法案も総選挙後の2014年８月11日に撤回され，法制化は実現しなかった．だが結果として頓挫したとはいえ，会議派政権も司法制度改革に取り組んだという事実は重要である．人事面から司法の独立に干渉しようという動きは，モーディー政権になって急に現われたものでは決してなく，M.シン政権から継続していたのである．換言すれば，司法制度改革の必要性は超党派的に共有されていたのである．

　しかも重要なことに，NJAC法ならびに第99次憲法改正の内容の多くは，JAC法案と憲法改正（第120次）法案を踏襲していた．NJAC法とJAC法案の目的はいずれも，最高裁ならびに高裁の長官と判事の候補者を指名し推薦する権限をもつ委員会を設置することでコレージアムから人事権を奪い，「裁判官が裁判官を選任する」人事制度を廃止して司法の独立性を低下させることであった．したがって，モーディー首相であるから，あるいはBJP政権であるから，司法府に人事介入しようとしたとは言えないのである．司法の独立性が高すぎ

ることに問題があるという認識は，特定の政治指導者や政党に限ったものではなく，政界で広く共有されていた．だからこそ，JAC法案と共通点が多いNJAC法案をモーディー政権は発足間もなく提出し，なおかつ上下両院が全会一致でその法案を可決したのである．

5　2013年司法任用委員会 (JAC) 法案

ではJAC法案とNJAC法は，それぞれどのように司法人事制度を規定していたのか．以下ではそれぞれの規定を詳しく検討し，その異同を明らかにしていく．

(1)　JACの構成と権限

まず2013年8月に連邦上院に提出されたJAC法案と憲法改正 (第120次) 法案について検討する．両法案においてJAC (司法任用委員会) を構成するのは，① 最高裁判所長官 (委員長)，② 長官以外の最高裁判事のなかの最先任者2名，③ 連邦法務大臣，④ 連邦首相と最高裁長官と連邦下院野党統一会派代表 (Leader of Opposition of the Lok Sabha) が任命する有識者2名，以上の合計6名である．有識者2名は任期3年で再任されない．ただしこうしたJACの構成は，憲法改正法案には盛り込まれずにJAC法案だけで規定され，比較的容易に変更できるようにされていた．

これら6名が組織するJACは，最高裁ならびに高裁の長官を含む裁判官の任命や異動，候補者の選考に関する権限をもつ．すなわちJACは，① 最高裁ならびに高裁の長官を含む裁判官に任命すべき人物を推薦する，② 高裁の長官ないし判事を別の高裁に転任させることを勧告する，③ 推薦された人物がその職務に求められる能力や品格を備えていることを保証する，という3つの役割を担う．このうち最高裁判事の選考については，高裁長官や中央政府ならびに州政府からの推薦を受け付けた後に，JACが最終候補者リストを作成する．他方，高裁判事を推薦する場合には，JACは当該高裁が位置する州の知事や州首相，高裁長官の見解を書面で聴取する．

司法府に対する不満の大きな要因となってきた欠員問題に対処すべく，欠員補充の手続きも定められた．最高裁および高裁に欠員が生じた場合には，連邦政府が速やかにJACに付託する．既に生じている欠員については，法案の発効

から3カ月以内にJACに通告する．任期満了により欠員が生じる場合はその2カ月前に，死去や辞職により欠員が生じた場合は欠員発生から2カ月以内に，JACに付託する．

　このような構成と権限をもつJACが，コレージアムによる司法人事権の独占を崩すものであったのかどうかは，判断するのが難しい．JACの委員6名のうち半数の3名は長官を含む最高裁判所裁判官，つまり従来のコレージアムの構成員が占め続けることになる．残る3名のうち連邦法務大臣は政権の意向に沿って行動することが確実であるが，連邦首相と最高裁長官，連邦下院野党会派代表の3名が任命する有識者2名が司法府と執政府のいずれの側に立つかは，実際に誰が任命されるかによって大きく変わってくる．しかし確実に言えることは，最高裁の最長在職裁判官3名が結束している限り，最高裁長官が望まない人物をJACが最高裁や高裁の判事に推薦することは極めて難しいということである．したがってJAC法案および憲法改正（第120次）法案は，過度な司法の独立を是正しようとするものではあったが，コレージアム体制を破壊するほどのものではなかった．たとえ2014年総選挙で会議派が勝利してM．シン政権が継続し，JAC法が成立していたとしても，コレージアム体制は事実上温存されていたと考えられる．

(2) 留保制度と「司法の民主化」

　このJAC法案に対して，連邦議会上院の常設委員会は2013年12月に報告書を提出して修正を勧告した．[23] その内容のうち，次に検討する2014年NJAC法と深く関連するのは委員会の構成についてである．この報告書は，JACを構成する有識者を2名から3名に増員したうえで，そのうちの1名を指定カースト（SC），指定部族（ST），その他の後進諸階級（OBC），女性，宗教的少数派から，できるだけ輪番で選ぶよう提言している．法曹関係者，とりわけ裁判官には上位カーストや男性，ヒンドゥー教徒が非常に多く，社会構成との差が大きいという事実を踏まえて，社会的・経済的に不利な立場に置かれてきた下位カーストや女性，そしてイスラーム教徒やシク教徒，キリスト教徒を始めとする少数派宗教徒の意見や利害を，司法府にも反映させるべきであると考えられたのである．

　このような社会的に抑圧されてきた集団への差別是正措置は，インドでは憲法制定当初から留保制度というかたちで実施されており，決して目新しいものではない．SCとSTはそれぞれ，連邦下院ならびに州議会（いずれも小選挙区制）

で人口比に応じた議席が配分されており，SC選挙区に指定された選挙区では
SC出身者だけが，ST選挙区ではST出身者だけが立候補できる仕組みとなって
いる．さらに1993年の憲法改正により，県と郡，村の地方議会（パンチャーヤト）
の議席のうち，SCとSTには人口比に応じた議席が，女性には1/3の議席が留
保されている[24]．依然として実現はしていないが，連邦議会や州議会にも女性留
保枠を導入する女性留保法案も連邦議会で審議されてきている．したがって上
級裁判所の人事権をもつJACに留保枠を設定するという提案は，決して驚くに
はあたらず，むしろ当然ですらあった．そして排除されてきた集団による政治
参画の拡大が「政治の民主化」であるとすると，JACに留保枠を設けることは
「司法の民主化」として位置づけられる．この「司法の民主化」の提案は
NJAC法に取り入れられた．

6 2014年全国司法任用委員会（NJAC）法

(1) NJACの構成と権限

　次に，NJAC法と第99次憲法改正について検討する．NJAC（全国司法任用委員
会）の構成はJAC法案の6名を踏襲しており，①最高裁判所長官（委員長），②
長官以外の最高裁判事の最先任者2名，③連邦法務大臣，④連邦首相と最高
裁長官と連邦下院野党統一会派代表[25]が任命する有識者2名である．ただし有識
者1名は，上記の議会常設委員会の提言を反映して，SC，ST，OBC，宗教的
少数派，女性のなかから任命されると規定された．なお有識者委員は任期3年
で再任されない．これら6名が組織するNJACの役割は，JACから変更されて
おらず，最高裁ならびに高裁の長官を含む裁判官の任命に関して，そして高裁
の長官ならびに判事の別の高裁への異動に関して，推薦を行うことと，推薦し
た人物の能力と品位を保証することである．なおJACの構成と職務が憲法改正
法案に盛り込まれていなかった点が上記の議会常設委員会報告書で問題視され
たため，NJACの構成と職務は憲法でも明記され，変更の条件が高く設定され
た．
　裁判官の選考に関わるNJACの役割は以下のように定められていた．まず最
高裁長官については，最先任の最高裁判事を次期長官に推薦する．ただしこれ
は，当該人物が最高裁長官の職に相応しい場合に限る．なお推薦候補者になっ
ているNJAC委員は議事に参加できない．長官以外の最高裁判事については，

能力や業績，細則の定めるその他の基準に基づいて推薦を行う．他方，高等裁判所長官については，高裁判事としての在職期間や能力，業績，細則の定める適格性に関するその他の基準にしたがって，高裁判事のなかから推薦する．長官以外の高裁判事については，NJACは当該高裁の長官から候補者の推薦を受け付けるとともに，能力や業績，細則の定める適格性に関するその他の基準にしたがって選定した候補者を当該高裁長官に伝達し，その人物に関する見解を求める．これら推薦や見解の通達を行う前に，当該高裁長官はその高裁の最長在職判事２名ならびに規則の定める他の判事および弁護士と協議する．NJACは，以上の手続きに加えて，当該高裁が位置する州の知事と州首相の意見を書面で聴取した後に，能力や業績，細則の定める適格性に関するその他の基準に基づいて適任者を推薦する．

　なおこれら上級裁判所の判事を最終的に任命する大統領には，推薦を再検討するようNJACに要求する権限が与えられている．ただしNJACが再検討した後に全会一致で再度推薦した場合には，大統領はそれに従って任命せねばならない．大統領の権限に関するこうした規定は，JAC法案や上記の議会常設委員会報告書には見られなかったものである．

　最高裁および高裁に欠員が生じた場合には，連邦政府が以下の通りにNJACに付託する．既に生じている欠員については，法案の発効から30日以内に中央政府がNJACに後任人事の推薦を行うよう通告する．任期満了により空席が生じる場合はその６カ月前に，死去や辞職により欠員が生じた場合は空席発生から30日以内に，中央政府がNJACに付託する．これらNJAC法における欠員補充人事の手続きをJAC法案のものと比較すると，裁判官不足の問題をより周到かつ速やかに解決しようとするものになっている．

(2)　執政府の拒否権とコレージアム体制の崩壊

　これら推薦手続きに関する規定で極めて重要であるのは，２名の委員が推薦に同意しない場合，NJACはその人物を推薦できないということである．この規定は，司法人事における司法府と執政府の力関係を大幅に変化させるものである．なぜなら，委員のうち連邦法務大臣と有識者１名が反対する人物は推薦を受けられず，任命されないからである．長官を始めとする最先任の最高裁判官３名が委員会の半数を占めているとはいえ，さらに有識者２名の支持を取り付けられなければ，政権の意向に反する人物を委員会として推薦することが

できない．しかも有識者2名の人選は，連邦首相と最高裁長官と連邦下院野党統一会派代表で行う以上，少なくとも有識者委員のうち1名は政権に近い立場にある人物が任命されるであろう．したがって2名の委員が同意しない場合は推薦できないという規定は，執政府に事実上の拒否権を認めるものとなる．

　これは1993年から続くコレージアム体制の終焉を意味していた．もちろん3名の委員を擁する司法府の側にも拒否権があるので，司法府に対する執政府の優越が確立するわけではない．だが国際的にみて異例とも言えるほど独立した司法府を改革すべく，裁判官の任命手続きに民主的統制を働かせる仕組みを導入したNJAC法が画期的なものであったことは確かである[26]．コレージアムの閉鎖性や不透明性を問題視してきたマスメディアもNJAC法の成立を概ね好意的に評価した．

　NJAC法案と憲法改正（第121次）法案は，最高裁判所に関する憲法第5篇第4章ならびに高裁に関する第6編第5章を変更するものであることから，368条の憲法改正規定により，連邦議会通過後に大統領へ提出される前に各州議会での承認手続きに入った．憲法が要求する半数以上の州議会の承認を経て，P.ムカルジー大統領が2014年12月に認証したことで両法案は成立し，2015年4月にNJAC法と第99次憲法改正が発効することとなった．こうして1993年から続くコレージアム体制が遂に崩壊したかに思われた．

(3) 違憲判決とコレージアム体制の復権

　だが司法府の側もコレージアム体制を存続させるため，伝家の宝刀たる違憲審査権を発動して対抗した．NJAC法と第99次憲法改正は違憲であるという判決を2015年10月16日に最高裁が下したのである[27]．法廷を構成する5名の裁判官のうち違憲判決を支持した4名の論拠を概括すると，次のようになる．第1に，人事面での司法の独立は市民の自由や基本権を擁護するために不可欠である．第2に，「有識者」が明確に定義されておらず，法律の専門知識がない人物が任命される恐れがある．第3に，2名の委員の反対で拒否権が成立してしまう．第4に，連邦法務大臣が委員に入ることは，行政府を当事者とする行政訴訟で利益相反を引き起こしかねない．第5に，憲法制定議会において主導的役割を果たしたB.R.アンベードカルは，執政府の暴政を抑止するため司法の独立を強固なものにすべきだと主張していた．これらの論拠に基づき，NJAC法と第99次憲法改正は「憲法の基本構造」を毀損するので違憲であると結論付けられ

たのである.

コレージアム体制が復活して司法の独立が堅持されたことは,違憲判決の直後に行われた最高裁長官人事の経緯からも明らかとなった.2015年12月2日に退任を迎えるダットゥー最高裁長官は前もって,最先任のタークル最高裁判事を後任の長官として大統領に推薦し,大統領はこれに沿って早くも11月18日に彼を次期最高裁長官に任命したのである.NJAC法が有効であればモーディー政権が発言権をもつことも可能であったが,コレージアム体制が存続することになった以上,そうした余地は皆無であった.

おわりに

モーディー政権による司法人事制度改革は最高裁の抵抗により失敗に終わった.だがそれは,コレージアム体制が一切変わらず継続する見通しが立ったことを意味しない.その弊害が解消されたわけではなく,コレージアムへの不満は依然として根強い.NJAC法に対する違憲判決の直後に,BJP幹部で元連邦法務大臣のA.ジェートリー連邦財務大臣は,「選挙で選ばれていない者の専制」であるとして判決を批判した.さらにコレージアムの内部からも改革の必要性が叫ばれている.2015年10月の違憲判決で唯一の反対意見を書いたチェーラーメーシュワル判事は,2016年9月1日にコレージアムの不透明性や密室性を公然と指弾し,コレージアムの会議を欠席したのである.次期長官就任日の2017年1月4日から,高裁の人事権を握る3名のコレージアムにも入っている彼が改革を主張していることの意味は非常に大きい.[28] 2015年10月の違憲判決でも改革の必要性は認められており,同年12月に最高裁は判事任命手続き規定の草案策定を政府に指示している.[29] 現在モーディー政権と最高裁はこの規定をめぐって綱引きを展開している.

さらにここで指摘したいのは,NJAC法に盛り込まれた裁判官の多様化を促す仕組みが,コレージアム制度改革の一環として導入されることも考えられることである.インドで留保制度が広く採用されていることを考慮に入れると,これまで排除されてきた下位カーストや少数派宗教徒,女性の司法参画の拡大を通じて「司法の民主化」を進め,司法府に民主的統制が働いていないという批判を回避することを最高裁が選択しても不思議ではない.NJAC法で躓いたモーディー政権にとっても,再び司法改革に挑もうとするならば,留保制度を

通じた「司法の民主化」は大きな訴求点となりうるだろう.

では従来のコレージアムの枠組みが変更されて司法の独立性が低下した場合,それは政治と司法の関係にどのような変化を引き起こすと考えられるだろうか.1990年代にコレージアム体制が確立して以降,最高裁には従来よりも高齢の裁判官が着任することが多くなり,判事の平均在職期間が短くなった.これは,若手の判事が司法積極主義を主導してきたことを踏まえて,司法の独立に対する政治的風当たりが強くならないよう配慮した最高裁が妥協した結果であった.司法の独立と引き換えに積極主義を抑制するという効果をコレージアム制度は生み出したのである [Chandrachud 2014: 183].こうした文脈を踏まえると,1990年代から2000年代に最高裁がテロ防止を名目とする治安維持諸法に対して合憲判決を下した政治的理由がより明確に理解できる.

これは裏を返せば,強力な政府の登場により司法の独立が脅威にさらされた場合,司法府は広範な国民の支持を背景に政府に対抗するため,積極主義に再び転じるということを含意している.近年の最高裁は社会の要請に応える画期的な判決を出している.トランスジェンダーを第3の性と公式に認めた2014年4月の判決や,1958年軍事特別権限法(AFSPA)が軍隊に与えている免責特権を剥奪する2016年7月の判決はその一例である.こうした司法積極主義の高まりは,JAC法案やNJAC法を通じて執政府がコレージアム体制に挑戦したことと連動して生じているとみられる.

司法の独立が現状のまま維持されるのか,あるいは逆に司法府への民主的統制が強化されるのか,いずれの方向に今後進展するのか予測することは簡単ではない.だが1984年以来となる単独過半数を確保したモーディー政権が登場し,NJAC法と第99次憲法改正が連邦議会両院において全会一致で可決されたことにより,政治と司法の関係が再び流動化していることは確かである.インドにおける政治の司法化は変化の局面に入っている.

注

1)大統領の選出方法は,選挙で選ばれた連邦上下両院と州議会(連邦直轄領のデリーとプドゥチェリを含む)の議員からなる選挙人団による間接選挙である.

2)待遇悪化の原因は,物価が上昇した一方で,それに合わせて給与や年金が増額されなかったことにある.なお裁判官の月給は2008年に大幅に引き上げられ,最高裁長官は3万3000ルピーから10万ルピーに,最高裁判事と高裁長官は3万ルピーから9万ルピーに,高裁判事は2万6000ルピーから8万ルピーに変更された.だがそれでも物価上昇に

は追いついていない.

3）高等裁判所の裁判官の退職年齢は，1963年の第15次憲法改正により60歳から62歳に引き上げられている．なお2015年11月に中央政府は最高裁に対して，高裁判事の定年を65歳に引き上げることを検討していると伝えている.

4）*I. C. Golaknath v. State of Punjab*, AIR 1967 SC 1643.

5）「国家政策の指導原則」とは，裁判所により強制的に保障されるわけではないが，社会的・経済的・政治的な正義を実現し，国民の福祉を増進するため，立法に際して国が適用する義務を負うと定められた諸規定である．1950年代から70年代にかけての憲法改正と違憲判決による執政府・立法府と司法府との鍔迫り合いは，憲法第4編の指導原則と第3編の基本権との対立であった.

6）*Kesavananda Bharati v. State of Kerala*, AIR 1973 SC 1461. この判決以降，憲法の基本構造には憲法368条が定める議会の憲法改正権が及ばないという「基本構造の法理」が，様々な判決で援用されてきた [Ramachandran 2000]．ただし，何が「憲法の基本構造」に含まれるのかについて合意が存在しているわけではなく，現在も議論は決着していない．とはいえ狭く見積もったとしても，憲法の優越や共和的・民主的な統治体制，セキュラリズム（世俗主義，政教分離），権力分立，司法の独立，連邦制は基本構造に含まれると考えられている [Choudhry 2015: 21-22]．なおこの法理については，法的拘束力をもたない傍論（*obiter dicta*）ですらないという指摘や，厳密に言えば憲法改正の合憲性を判断する際の基準であるにもかかわらず，実際にはそれ以外の事件でも用いられているという指摘もある [Sathe 2002: 97-98].

7）*Indira Gandhi v. Raj Narain*, AIR 1975 SC 2299.

8）*A. D. M., Jabalpur v. Shivakant Shukla*, AIR 1976 SC 1207.

9）インディラ首相は高等裁判所に対しても，政権に不利な判決を下した裁判官を本人の同意なしに他の高裁に懲罰的に転任させるという，ほとんど前例のない人事を行っている [Chandrachud 2014: 93-94].

10）*Minerva Mills v. Unioin of India*, AIR 1980 SC 1789.

11）他方，高裁では1950年から1985年まで最先任者が長官に就任する原則が厳格に遵守された [Chandrachud 2014: 84-86].

12）*Union of India v. Sankal Chand Himatlal Sheth*, (1978) 1 SCR 423; AIR 1977 SC 2328. この事件を審理した法廷は5名で構成されていたが，そこに最高裁長官は加わっていない.

13）非常事態宣言は1977年3月に解除され，同月に実施された総選挙でインディラ率いる会議派を破ってジャナタ党政権が成立した.

14）*S. P. Gupta v. Union of India*, (1982) 2 SCR 365; AIR 1982 SC 149.

15）*Supreme Court Advocates-on-Record Association v. Union of India*, (1993) 4 SCC 441; AIR 1994 SC 268.

16）*In re: Presidential Reference*, (1998) 7 SCC 739; AIR 1999 SC 1.

17）高裁判事の任命の場合，最高裁長官が協議するのは最先任の最高裁判事2名だけでよい.

18）ただしこうしたコレージアム制度は必ずしも遵守されたわけではなく，かなり形骸化

しているとも指摘されている［Ranjan 2012: 193-197］.

19）連邦議会で審議された法案の概要などは，政策調査研究所（Institute for Policy Research Studies）のウェブサイト（www.prsindia.org）で入手できる.

20）BJP率いるNDA政権は2003年にも憲法改正（第98次）法案を提出し，上級裁判所判事の任命と転任について大統領に推薦を行う全国司法委員会（National Judicial Commission: NJC）を設置して，コレージアム体制を崩そうとしたが，実現しなかった. なおNJCの構成は，最高裁長官（委員長），長官の次に在職期間が長い最高裁判事2名，連邦法務大臣，有識者1名の計5名である. 有識者は，大統領が連邦首相と協議して任命する. NJCの推薦は大統領を拘束すると定められていた.

21）ただし全インド・アンナ・ドラヴィダ進歩連盟の下院議員は採決を棄権した.

22）Alok Prasanna Kumar, "Beyond Rhetoric," *Frontline*, 33（10）, 27 May, 2016; V. Venkatesan, "Collegium Concerns," *Frontline*, 33（19）, 30 Sep., 2016.

23）Department-Related Parliamentary Standing Committee on Personnel, Public Grievances, Law and Justice, Rajya Sabha, Parliament of India, *Sixty Fourth Report*, *The Judicial Appointments Commission Bill*, 2013, 9th December, 2013. 連邦上院のウェブサイト（http://rajyasabha.nic.in）からダウンロード可能.

24）それに加えて，SC，STとOBCには高等教育機関への入学と公務員採用において留保枠が設けられている. 宗教的少数派のなかにはOBCに認定されて留保制度の恩恵を受けている集団もある.

25）野党統一会派代表が不在の場合は野党第一党の代表が代行する.

26）それゆえ法曹界や法学者からはNJAC法への批判や疑問が提起された. 執政府がNJAC法を濫用して上級裁判所の人事を完全に支配する危険が高いことや，「有識者」の定義がないためNJACが恣意的に運用される恐れがあること，委員2名が結託すれば拒否権を発動できるため濫用されやすい制度であること，そして司法の独立が維持されないと司法審査に悪影響が生じる懸念があることから，NJAC法は違憲であるという指摘は早くから出ていた［Kumar and Gautam 2015］.

27）*Supreme Court Advocates-On-Record Association and another v Union of India*, Writ Petition（Civil）, No.13 of 2015. なお同判決に関しては，Sengupta［2015］, Srikrishna［2016］.

28）チェーラーメーシュワル判事が定年の65歳を迎えるのは2018年6月23日であるので，彼はそれまでの約1年半の間，高裁人事に関与することになる. なお彼よりも若いミシュラ判事の方が先任であるため，長官になる可能性はほぼない.

29）任命手続きの改革案には例えば，手続き規定のウェブサイトでの公開や議事録の作成により透明性を向上させることや，着任下限年齢を設定するなどして裁判官の適性基準を明確化すること，すべての高裁に人事手続き効率化のための人事局を設置することなどがある［Kumar 2015］.

◆参考文献◆

邦文献

浅野宜之［2012］「インドにおける司法と政治——最高裁裁判官に注目して——」，今泉慎也編『アジアの司法化と裁判官の役割』調査研究報告書，アジア経済研究所（アジア経済研究所ウェブサイト（http://www.ide.go.jp）でダウンロード可能）.

———［2013］「インドにおける公益訴訟の展開と課題——第三世代の公益訴訟を中心に——」『関西大学法学論集』62（4・5）.

稲正樹［1985］「インド最高裁長官任命事件」『北大法学論集』36（3）.

孝忠延夫［2006］「司法積極主義の生成と展開——インドにおける社会活動訴訟を手がかりとして——」，アジア法学会（編）『アジア法研究の新たな地平』成文堂.

孝忠延夫，浅野宜之［2006］『インドの憲法——21世紀「国民国家」の将来像——』関西大学出版部.

佐藤創［2001］「『現代型訴訟』としてのインド公益訴訟」（I），（II）『アジア経済』42（6・7）.

———［2016］「インド——岐路に立つ司法積極主義——」（1）～（3）（アジア経済研究所ウェブサイト（http://www.ide.go.jp）で閲覧・ダウンロード可能）.

外国語文献

Chandrachud, A. ［2014］ *The Informal Constitution: Unwritten Criteria in Selecting Judges for the Supreme Court of India*, New Delhi: Oxford University Press.

Choudhry, S. ［2015］ "How to Do Constitutional Law and Politics in South Asia," in M. Tushnet and M. Khosla eds., *Unstable Constitutionalism: Law and Politics in South Asia*, New York: Cambridge University Press.

Gadbois, Jr., G. H. ［2011］ *Judges of the Supreme Court of India: 1950-1989*, New Delhi: Oxford University Press.

Hirschl, R. ［2004］ *Towards Juristocracy: The Origins and Consequences of the New Constitutionalism*, Cambridge: Harvard University Press.

Hoque, R. ［2015］ "The Judicialization of Politics in Bangladesh: Pragmatism, Legitimacy, and Consequences," in M. Tushnet and M. Khosla eds., *Unstable Constitutionalism: Law and Politics in South Asia*, New York: Cambridge University Press.

Issacharoff, S. ［2015］ *Fragile Democracies: Contested Power in the Era of Constitutional Courts*, New York: Cambridge University Press.

Kumar, C. R. ［2015］ "Future of Collegium System: Transforming Judicial Appointments for Transparency," *Economic & Political Weekly*, 50(48).

Kumar, C. R. and K. Gautam ［2015］ "Questions of Constitutionality: The National Judicial Appointments Commission," *Economic & Political Weekly*, 50 (26, 27).

Mehta, P. B. ［2015］ "The Indian Supreme Court and the Art of Democratic Positioning," in M. Tushnet and M. Khosla eds., *Unstable Constitutionalism: Law and Politics in South Asia*, New York: Cambridge University Press.

Ramachandran, R. ［2000］ "The Supreme Court and the Basic Structure Doctrine," in B. N. Kirpal, A. H. Desai, G. Subramanium, R. Dhavan, and R. Ramchandran eds., *Supreme*

But Not Infallible: Essays in Honour of the Supreme Court of India, New Delhi: Oxford University Press.

Ranjan, S. [2012] *Justice, Judocracy and Democracy in India: Boundaries and Breaches*, New Delhi: Routledge.

Sathe, S. P. [2002] *Judicial Activism in India: Transgressing Borders and Enforcing Limits* (Second Edition) , New Delhi: Oxford University Press.

Sengupta, A. [2015] "Judicial Primacy and the Basic Structure: A Legal Analysis of the NJAC Judgment," *Economic & Political Weekly*, 50(48).

Shankar, S. [2012] "The Judiciary, Policy, and Politics in India," in B. Dressel ed., *The Judicialization of Politics in Asia*, Abingdon: Routledge.

Singh, U. K. [2014] "The Judicial Nineties: Of Politics, Power and Dissent," in M. Suresh and S. Narrain eds., *The Shifting Scales of Justice: The Supreme Court in Neo-liberal India*, New Delhi: Orient BlackSwan.

Srikrishna, B. N. [2016] "Judicial Independence," in S. Choudhry, M. Khosla, and P. B. Mehta eds., *The Oxford Handbook of the Indian Constitution*, Oxford: Oxford University Press.

第 **8** 章

エジプトの司法と「1月25日革命」
――移行期における司法の政治化――

ダルウィッシュ・ホサム

はじめに

2011年1月25日，エジプトの「警察の日」に始まり18日間にわたった民衆デモは，30年もの間続いたホスニ・ムバーラク (Hosni Mubarak) 政権の転覆へと繋がった．エジプトの民衆蜂起は，2011年1月にチュニジアの大統領を失脚させた「ジャスミン革命」がきっかけとなったことは間違いない．この民衆蜂起を引き起こした要因は数多くあるが，特に重要なのが2010年6月にエジプト北部の町アレキサンドリアで起きた，警察による28歳の青年ハーレド・サイード (Khaled Said) の殺害である [Alaimo 2015]．怒った活動家はハーレド・サイードを「非常事態国家の殉教者」と呼び，彼の正義と警察の免責に終止符を打つことを要求してアレキサンドリアとカイロの街頭でデモを繰り広げた．法の支配が部分的に不在だったことが民衆蜂起を引き起こす中心的な要因となったのだ．

ムバーラクは，21人の軍幹部からなるエジプト軍最高評議会 (Supreme Council of the Armed Forces: 以下SCAF) に権力を明け渡した．そしてSCAFは，法の支配と「新たな民主的秩序」を導入するための移行期間を監督する役割を担ったのである．

エジプトの権威主義体制の性格は，わずかながら公衆の異議や参加を認め(限定された多元主義)，形式的に法の支配の概念を尊重していたため，司法は体制からの一定程度の独立を守ることができた．さらに，改革派の裁判官の存在によって，司法は市民の信頼を得ることができ，社会的地位を強化することができた．しかし，ムバーラク体制の崩壊後，司法は民主的に選出された機関に違

憲判決を下し，移行プロセスを危険に晒して権威主義体制の復活を促進し，いわば反革命勢力として動いたのだ．司法もエジプトの他の国家機関同様，数十年にわたる腐敗，縁故主義と独裁主義に形作られており，旧ムバーラク体制下で作られた司法制度の継続に利益を見出していた．

　本章では，はじめにナーセル政権（1956-1970年）とサーダート政権（1970-1981年）による，司法を抑制し取り込むための多様な手段を考察する．次節では，ムバーラク政権の最後の10年間が，いかにして独裁政権の継続に利益を見出す体制擁護の保守的な司法を作り出したかを説明する．そして最後に，2011年のホスニ・ムバーラクの失脚から，エジプトで初めて民主的に選出されたムハンマド・ムルスィー（Muhammad Morsi）に対する2013年7月の軍事クーデターまでの間，司法がエジプトの選挙民主主義を頓挫させるべく果たした役割を考察する．

1　2011年民衆デモ以前のエジプト司法

(1)　ナーセルとサーダート体制下の司法

　エジプトの王政が倒され，ガマール・アブドゥル＝ナーセル（Gamal Abdel-Nasser）が権力の座に就き共和国となった1952年のクーデター（7月23日革命）以降，エジプトはうわべだけ文民の軍事政権によって統治されていた［Cook 2007］．ナーセルの一党支配体制のもと，国家機関は自治権を奪われ，大統領の直接管理下に置かれることになった．ナーセルの一党支配体制は，すべての政治活動を独占し，世俗的か宗教的かに関わらずいかなる形の反対運動も抑圧したのである［Ryan 2001］．

　1952年のクーデターの後しばらくの間，司法の一部は大統領の統制から外れていた．これは，エジプトの独裁者たちが自らに都合の良い法的判決を要した時には，独裁体制の政治的意思に司法を従属させようとするのではなく，特別法廷を作る，または司法制度の外で問題を解決するという手段をとっていたためである［Brown 2016: 104］．1966年憲法25条によって軍事法廷が作られ，軍事司法の管轄に留められた．しかし，司法が裁判所の判決などに対する行政の介入に抵抗を示し，改革の要求を起こすと，その権限を奪われることになった．1967年の第三次中東戦争でイスラエルに惨敗したことで政権の正統性が弱まり，裁判官組合と弁護士連合からの政治・司法改革を要求する声が高まると，

司法を大統領の完全な管轄下に置くため，政権は「司法の虐殺」に乗り出した．新たな最高裁判所が大統領令で作られ，大統領が判事を任命した．新設された「司法組織の最高評議会（Supreme Council of Judicial Organizations）」が政権の管理のもと，行政と判事の任命や昇進，懲戒処分に対する権限を与えられた[Moustafa 2007: 65]．1939年に創設された社会的組織の「判事クラブ（Judges' Club）」を使って政治改革の要求を支援した100人以上の判事グループも皆免職となった[Brown 2016: 104]．さらに，1958年から続く非常事態法と抑圧的な法律は，司法の独立の痕跡をかき消した．大統領の政治的優先事項を侵害し報復を受けるリスクがあるため，改革派の判事はわずかな圧力しかかけられなかった．

1970年のナーセルの死去後，次代大統領のアンワール・サーダート（Anwar Sadat）は，自らの正統性を高め，国家機関内の影響力の強いナーセリストを中立化させ，サーダートの「修正的革命」を通してブルジョワジーの支持を獲得しようと，司法の組織的自治を復活させた[Rezaei 2013: 87]．ナーセル体制が徐々に解体されると，司法は新たに施行された1971年憲法のもとである程度の独立を手にすることができた．1971年憲法での司法の独立は，サーダートの経済自由化政策を助け，海外の投資家に対して国有化スキームや大統領令などで資産が押収されないことを保証するために1979年に創設された最高憲法裁判所に見ることができる．裁判所が独立を取り戻す中，実際には，サーダートは任用手続きを統括することで司法に対するコントロールを堅持した．サーダートと次代大統領のムバーラクは，体制と大統領に充実で，組織内の幹部から選ばれた信頼できる個人が，司法と他の国家機関を掌握するようにしたのだ．サーダートとムバーラクは最高憲法裁判所の最もシニアな裁判官を裁判所長官に任命し，他の最高憲法裁判所の判事は裁判所長官と裁判所の総会によって推薦された者から選ばれた．このやり方は，最高憲法裁判所を「20年以上にわたって世界の裁判所でも数例しかないような自給自足の自己再生型機関として機能させる」ことを可能としたのである[Moustafa 2009: 78-79]．

さらに，政権は法曹界のキャリアに政治的に深く介入し，司法機関の一部を財政的に優遇するといった様々な手段で取り込みを行い，汚職の蔓延を容認した．また，法務省に人事に関する管轄権を与え，大統領が検事総長と最高憲法裁判所長官の任命権を維持するといった方法で，司法への介入を続けた．さらに政権にとって重大な懸念となる場合は，政敵を起訴するために軍事法廷などの特別法廷を使うことで司法を迂回した．しかしこれらの手段をとっても，司

法が時折政権の政策に対して厳しい立場をとるのを防ぐことはできなかった．司法の内部でも，消極的な辞任，積極的な支援，そして「可能な範囲内での重要な改革」を推し進めようとする少数の改革派まで政権への異なるアプローチが混在していたのである．

(2) 司法独立を目指す動き

　1990年代半ばには，改革派の裁判官グループが判事クラブの内部選挙で勝利し，政権からの独立を強めるため司法改革の戦いを始めた [Said 2008]．NGOの活動を制限するNGO法を違憲とする判決や，司法が2000年議会選挙を監督する異例の最高憲法裁判所令が出され，エジプトの選挙と政治に意義のある競争が再導入された．選挙に対する司法の監督は，過去の選挙で行われてきた直接的な不正をある程度防ぐことができたと言えよう．ムバーラクは政権に忠実な司法長官を外部から登用し，政権に忠実な判事を多く任命することで，最高憲法裁判所に対して影響力を行使できるようにした．2005年に憲法改正が行われ，国民投票による複数候補の大統領選挙が承認されると，2005年大統領選挙を監督すべく新たな大統領選挙委員会が作られた．ムバーラクに忠実な最高憲法裁判所長官が委員長を務める大統領選挙委員会は，政権与党の国民民主党(National Democratic Party: NDP)[1]がコントロールする議会に任命された10名の委員で構成され，大規模な選挙不正があったのにも関わらず，88％の得票でムバーラクが再選された大統領選挙を「自由で公正」な選挙だったとした．

　後に，改革派の判事マフムード・メッキ(Mahmoud Mekki)とヒシャーム・アル=バスタウィースィー(Hisham al-Bastawisi)を含む上級裁判官たちが，2005年11月から12月に実施された議会選挙で，不正と詐欺で選挙が損なわれたと公言した [Shehata & Stacher 2012: 167-168]．これらの裁判官たちはメディアにも登場し，選挙で大規模な不正が行われ，国民民主党メンバーと警察から脅迫を受けたとして非難の声をあげた．ムバーラクにとって，2005年の選挙は真の改革を進めていることを米国に示す好機だった．しかし，「判事たちの反乱」と呼ばれた尊敬される2名の上級裁判官による不正行為の申し立てはムバーラク体制にとり深刻な問題となり，裁判官たちは即座に逮捕されたのである．

　この事件に関する活発な報道，市民からの同情と抗議運動は，政治的動員に帰結した．ムバーラク政権は，大統領の権力からの独立を要求する判事たちを支援しようと街頭に繰り出したデモ参加者を，数千もの機動隊員を送り込んで

鎮圧した．マフムード・メッキとヒシャーム・アル=バスタウィースィーはエジプトの変革を求める運動（Kefaya：もうたくさんの意味），変革を求める青年運動（Youth for Change），ムスリム同胞団（Muslim Brotherhood）など当時の政治的抵抗運動に支援されていた［Brownlee 2012: 106-107］．

しかし，判事たちの反乱は政権の抑圧と取り込みによって鎮圧され，2009年の判事クラブの選挙では，体制に抵抗する意思がない判事たちが勝利を収めた［Bradley 2009］．とはいえ，改革派の判事たちのイニシアティブは，反政権陣営に重要な遺産を残した．2011年の民衆蜂起の直後，ムバーラク独裁の腐敗したエジプトで，司法が整合性を保った機関として国民に見なされたのはこのためである．

2 ポスト・ムバーラク移行政治における司法

2011年の民衆デモの時までに，新判事の任命，執行機関への転任，脅迫や嫌がらせによって1990年代後半から2000年代初頭の主張の強い司法は沈黙させられていた．2010年の終わりには，政権に挑戦しようとする判事はほぼ皆無となったのである．さらに改革派の判事たちは，最高憲法裁判所の長官ファルーク・スルターン（Faruq Sultan：2009年に任命）や司法長官アブドゥル・マギード・マフムード（Abdel Magid Mahmoud：2006年に任命）などムバーラクに任命された者たちによって周縁化させられ，司法の実権を握る者は，現状維持に固執するようになった．司法は，内務省，軍，アル=アズハル機構（Al-Azhar）[2]や他の国家機関同様，変革のペースを制限することに関心を持つようになったのである．

(1) 2011年以降の司法の政治化

このような状況下でも，ポスト・ムバーラクの移行期において司法の役割は強化された．これは主に2011年民衆蜂起の非革命的性質，軍の権限合法化の思惑，ムスリム同胞団の改革主義的性格，民主化プロセスにおいて独立を追求する司法という4つの要素が大きく影響している．

(a) 民衆蜂起の非革命的性質

2011年1月25日の民衆デモは，ムバーラクとその側近たちを退陣させることには成功したが，国家機関を粛清し，軍の権力を削ぐことを目的とはしていな

かった．民衆蜂起には指導者的な人物，グループまたは運動が存在せず，エジプトの政治・経済的構造を転換させるプログラムを持つ組織もなかったため，支配エリートに改革の圧力をかけることができなかったのだ [Shahin 2012: 48-9]．ネイサン・ブラウンは，「革命に参加した多様な勢力は，タハリール広場での勝利後の10カ月間のほとんどを政党結成に使わなかった．多くは政党政治を避け，政党の組織化ではなく抗議運動の政治に集中した」と的確に指摘している [Brown 2012]．民衆デモはムバーラク体制の国家機関における変革と改革を求めたが，組織力，結束性と見通しが欠如していたことで，移行期における説明責任と国家機関改革の要求のための有効な圧力をかけられなかった．事実，民衆蜂起から5年が過ぎてもなお，安全保障や経済に関わる国家機関の構造的変化には至っていない．不完全な革命は法制度を手つかずのまま残し，改革派の判事たちはさらに孤立させられた．さらに，ムバーラクに対抗して民衆を動員した勢力間の隔たりにより，移行の道筋について合意を形成できず，結果として国家機関が移行をコントロールする影響力を持つことになったのだ．

　変革はSCAFが監視する選挙の実施に限られ，選挙の経験と組織化された社会基盤を有するイスラーム主義者が勝利した．一方，2011年の民衆蜂起を組織した非イスラーム主義勢力は，フォーマルな政治に「革命」を乗っ取られてしまった．つまり，選挙によって政治が街頭から国家機関へと戻されてしまったのである．

　注目すべきは，民衆蜂起後の政治が裁判所へ持ち込まれ，訴訟が起こされ，即座に複雑な法と憲法の難題と化したことである [Brown 2016: 101]．ムバーラクの辞任以降，頭角を現した勢力は，駆け引きの形態として法を選んだ．これがエジプト政治に蔓延した法律尊重主義をさらに強めることに繋がった．政治勢力は，非常事態法，憲法改正，憲法宣言，選挙法，議会選挙の合憲性などをめぐり争いを繰り広げた．これらの勢力は組織的に脆弱で，メディアと政治に対する影響力が無かったため説明責任を明確にすることができず，国家機関が移行期において拒否権を行使できるようにしてしまったのだ．同時に，移行期における同胞団の排他的政策によって，非イスラーム主義反対勢力は司法の権限に頼るようになり，市民の意思を反映していない議会を違憲とすることで，同胞団の選挙での勝利をむしばもうとしたのだ．政治勢力は移行期の争いの調停と仲裁を司法とその機関に期待したが，皮肉にもエジプトの司法は法廷に留まらず，影響力を持った支配権力として公的領域に侵出したのである．選挙に

基づいた政治移行は，どの選挙法が違憲であるかを決め，選挙に関する紛争に判決を下す力を判事に与えることになった．つまり政治勢力が紛争を法的な争いに変える中，司法は自らの役割を政治化したのである．

(b) 法律尊重主義と継続性を守る軍

エジプト軍は1952年の独立以来，絶大な政治的・経済的権力を保持してきた．独立以降，大統領は皆軍出身であり，唯一の文民大統領だったムハンマド・ムルスィーは軍によって2013年7月に失脚させられた．軍のネットワークは国家運営機関と国有の経済セクターの隅々にまで浸透している．さらに軍の予算は公的監視を逃れ，収益の配分や管理も不透明であった．これらの利益を守り，旧体制下での汚職の責任を問われぬよう，移行期正義の道筋を限定し，説明責任を免れ，免責を維持し，新憲法の起草をコントロールするために法的に拒否権を行使することが軍にとって不可欠だった．つまり，SCAFは「革命」と変革を法律尊重主義と現状維持にすり替えようとしたのだ．

軍は1971年憲法を停止したが，ムバーラク失脚後にSCAFが構築した法的フレームワークを施行するため最高憲法裁判所は存続させた．SCAFが最高憲法裁判所を解体していたら，SCAFの憲法宣言は大衆と改革派の判事からの反対にあっていただろう．その代わりに，最高憲法裁判所の存在が，SCAFにとってポスト・ムバーラクの移行プロセスを担う法的かつ憲法上の正当性を主張する助けとなったのだ．

SCAFに権力が集中したままの状況で，新たな憲法宣言や管轄を広げる法律を使って，軍は利益を守り大衆の大規模な動員を食い止めた．例えば，労働者ストライキを犯罪とする法律が作られ，刑法に「テロを拡散し法と秩序を脅かす」ことを犯罪化する章が加えられ，軍法が改正され不正利得の罪に問われた者の処分は軍事裁判に全ての権限が委ねられた [El-Ghobashy 2015]．また，2012年憲法では国防大臣は陸軍大将でなくてはならず，国防審議会 (National Defense Council) は半数以上が軍司令官である必要があった．さらに憲法198条は，一般市民を軍事裁判にかけることを認めている．これにより軍は，法の縛りを受けずに法を強制することが可能となったのである．国民民主党と警察機構の信頼が失墜した中，軍は民主化プロセスで生み出される敵対者または第三者の台頭に対抗して，国家機関の間の協力体制を強化する必要に迫られた．

軍は権力を固め，法的に移行プロセスをコントロールし，反デモ法を使って

政治的対抗者を合法的に抑圧するため司法と憲法の保証が必要だった．軍はま
た，エジプトの国家と社会の理念に矛盾する憲法のどの条項をも無効にする権
利を維持し，軍を憲法よりも優位においた[3]．これにより，軍はイスラーム主義
反対勢力と非イスラーム主義反対勢力の両方に強い影響力を及ぼすことが可能
となった．2013年7月の軍事クーデターの後の同胞団に対する厳しい政治抑圧
は，司法の協力なくして不可能だった．軍が発表した権力移譲計画は，軍が誰
にどの基準で権力を明け渡すかを明確にするため憲法の制定を前提としてい
た．しかし，民主的に権力を手にいれた者は，裁判所の判決で権限が左右され，
司法に対して脆弱であることに気がついた．最終的には，改革と法の支配を語っ
て行われたのは，現状を維持し支配エリートが安定した権限を手にすること
だったのだ．こうして軍は政治的対抗者を統制し，国家機関の粛清を防ぎ，最
終的には真の政治的移行をも食い止めたのである．

(c)　ムスリム同胞団の改革主義的性格

　ハサン・アル＝バンナーによって1928年に創設されて以降80年以上にわたっ
て，ムスリム同胞団はイスラーム主義の方向性に影響を与え，エジプトにおけ
る反体制の政治のあり方を独占してきた．ムバーラク体制崩壊後の同胞団の優
先事項や決定は，独裁体制との長年の衝突によって形作られたものだった．独
裁体制との衝突の中で，同胞団は既存の政治的取り決めや規則に則って，徐々
に変化を起こすことを目指す改革主義運動へと制御されていった[Darwisheh
2014]．ムバーラクの一定程度の寛容性は，同胞団メンバーが選挙に参加する
ことを認めたが，政治ゲームのルールは同胞団が選挙に勝利し政権を取ること
は許容しなかった．それでも同胞団は組織化し，アジェンダを推し進め，支持
者を動員し，発展・拡大するための貴重な経験とスペースを得ることができた．
同胞団の選挙参加は議会の正当性の支持につながり，同胞団は独裁体制のシス
テムの一部となっていた．同胞団の関心は漸進主義的改革と選挙を通じた民主
主義にあり，ゆえに，エジプト社会がムバーラク体制に抵抗して立ち上がった
時，同胞団はすでに革命的な変革に慎重になっていたのだ．18日にわたる2011
年1月の民衆デモを通して，同胞団は和解的かつ実用的な立場をとった．宗教
的なスローガンを掲げないことに同意し，ムバーラクの追放後，大統領候補者
を擁立しないと宣言し，議員の立候補は全議席の35％を超えないようにすると
約束したのである[Shahin 2012: 58]．

同胞団は勝利が確実だった選挙政治を通じて，権力を手に入れ，改革主義的アジェンダを採用することを目指した．このことは，同胞団が支持者を動員し，早期の選挙実施へとつながる2011年3月の憲法改正に賛同する票を投じたことを説明する．しかし，同胞団は選挙での勝利を守る制度上または法律上の手段も持ち合わせていなかった．選挙に基づいて移行を進めることに対し強い反対が起こることを認知していた同胞団にとって，法の支配と憲法制定を通じて勝利を合法化することが重要だったのである．そして同胞団は，統治を安定化させ，新憲法制定のために，軍，警察，司法といった国家機関による選挙結果の承認が必要だった．同胞団は軍の統治下で選挙に勝利することを選んだが，皮肉にも司法がこの勝利を無効とし，抗議運動やデモに対する国家の抑圧を合法化したのだ．

(d) 独立を追求する司法

司法は独自性が強い機関である．エジプトの司法は独自の採用，任用，トレーニング，昇進のプログラムをもち，判事の身内や親戚が判事になることが多い．このため司法には長年かけて作られ，継承されてきた伝統の「現状維持」を守る傾向があると言えよう[Auf 2014]．また，判事の多くは元検事や警察官である．2011年の民衆デモは，司法の縁故主義，汚職，過去の警察の暴力の容認などを公開審査にかけると圧力をかけたが，過去の行いの責任が問われる手段を司法が承認するはずはなかった．司法は数十年かけて作られた現状を維持することに利益を見出し，軍と警察を支援するようになったのである[Auf 2015; Aziz 2014]．

2011年の民衆デモは革命の路線をたどらなかったため，司法は手付かずのままで，「政治移行」をSCAFが監督することの正当性を問うことや，SCAFの政治活動を司法が監視することもなかった．汚職にまみれた判事を粛清し，判事の採用の慣行を変える手段もなかった．このため，司法はムバーラク政権を崩壊させた政治的圧力から独立を保つことができ，SCAFが司法に依存していることを利用して権力を強め，守られた利益の範囲を広げることができたのだ．

2011年6月には，大統領による最高憲法裁判所長官の選択を，裁判所の最もシニアな3名の判事に限定し，任命に当たっては裁判所の判事総会の同意を要件とする法をSCAFから取り付けた[Brown 2012]．この狙いは，最高憲法裁判所を選挙プロセスが生み出す他のアクターから切り離し，SCAFが司法の最良

の保護者であるという考えを染み込ませることだった．翌月には，最高憲法裁判所で最も長く判事を務めていたマーヘル・アリ・アフマド・アル=ベヘーリ（Maher Ali Ahmad al-Behiri）がファルーク・スルターンに代わり最高憲法裁判所長官に任命された[4]．

　ムバーラク失脚の直後，裁判所は国の将来を左右する重要な訴訟を数多く扱うことになり，選挙の監視や経済事業の差し押さえなどの重要な公的案件が判事たちの裁量に任されることになった．さらに，旧体制高官の汚職や権力乱用の案件も裁判所に託され，ムバーラクの追放によって政府関係者や政治家に対する数多くの汚職の申し立てが起こった[5]．後述するように，これらの訴訟に対する判決の多くは法的根拠よりも政治的意向に基づいていた．

　地方評議会の解散，ムバーラクの名前がつけられた建物や広場，駅の名前を変えるといった政治的な意図のある法的決断がなされたことは，司法が政治プレーヤーとして台頭してきたことを示唆する [Auf 2012]．軍にとって司法が権力を強化し，移行期の道筋を法的にコントロールすることが重要であった．ムバーラク体制の崩壊後に司法の権限が強くなったことは，SCAFが移行期正義を監督していると見せかけることでSCAFの法的かつ政治的権限を正当化したのだ．一方，裁判所は軍統治下での大規模な人権侵害を止めるために何もしなかった．2011年2月の900人のデモ参加者死亡に関し，ムバーラクには共犯の罪で2012年6月2日に終身刑が下されたが，ムバーラク体制の治安部隊の中佐たちは責任を問われず，ムバーラク追放後も国の要職に就いたのである．

(2) 移行期における司法の台頭

　SCAFは権力の座に就いた最初の2カ月の間，法令と法廷を使って抗議を裁判所内に封じ込めようとした．エジプトが法の支配に向かっていることを示そうと，SCAFは非常事態令を解き，非常事態法廷（Special Emergency Court）は解体され，特別法廷は禁止された．SCAFは，ストライキを起こしている労働者と街頭で迅速な裁判を求めて抗議運動を続ける数千人もの民衆をなだめようと，議会と地方評議会を解散させ，旧ムバーラク体制の幹部を孤立させた．ムバーラクとその息子を含む体制の幹部を逮捕した数日後，2011年4月に最高行政裁判所は，国民民主党の解散を命じた．同裁判所は，国民民主党の汚職，選挙の不正，ムバーラク体制下での政治の独占を指摘し，銀行口座と事務所を含む党の資産の国有化の判決を下した．この判決は，「エジプトの政治生命を腐

敗させている」というような政治的判断に基づいていたことは明らかだ．言い換えれば，司法の判断は法の明確な根拠に基づくというよりも，政治的な傾向や意思に基づいていると言えよう．この判決は，変革の遅さに憤る国民をなだめ，SCAFへの反感を和らげようとするものだった．

エジプト中に労働ストライキが広がると，行政裁判所に当たる国務院（Majlis al-Dawla）は，ムバーラクが推進した経済自由化と公共部門の民営化を覆すことを命じ，大衆向けの判決が続いた．2011年9月，国務院はシェビーン・エル=コーム繊維社（Shebin El-Kom Textile Company），タンタ・リネン社（Tanta Company for Linen and Derivatives）とエル・ナスル蒸気ボイラー社（El-Nasr Steam Boilers Company）の3社の再国営化を命じた[6]．また，「世紀の裁判」と呼ばれたムバーラク裁判の判事アフメド・リファアト（Ahmed Rifaat）は，裁判を国営テレビが放映することを許可し，ムバーラクの弁護人とリファアト判事の法廷での衝突を一般公開した．

しかし，SCAFは，憲法起草や移行期の法の制定をめぐって，他の政治勢力との合意を図る政治プロセスを促進しようとはしなかった．SCAFは民衆デモを動員した勢力の中から台頭してきた政治勢力と権限や権力をめぐる交渉を避けたかった．代わりに，SCAFは移行プロセスを軍の独自のルールで監督する役割を獲得し，当初6カ月とされた移行プロセスは18カ月間に及び，憲法宣言で権力を増長させていったのだ．移行プロセスが短く設定されたのには，民衆蜂起を先導した勢力を排除する目的があった．SCAFは最初の憲法宣言で，移行プロセスにおいて司法に政治的役割を担わせた[7]．2011年3月19日にイスラーム主義勢力の支持を得て承認された暫定憲法は，不安定な民衆蜂起後の情勢の中で，政治的に影響力があり偏った解釈ができる余地を残すものだった．法律の文面の曖昧さはその解釈を困難にし，政治勢力は重要な政治的足場を得た司法に頼るようになった．

暫定憲法189条により，議会両院が100名の委員からなる憲法制定委員会を作り，議会選挙と大統領選挙後に新憲法を起草すると定められた．また，議会選挙で過半数の議席を獲得した政党が憲法起草プロセスを主導するとされた．しかし，3月30日にSCAFは1971年憲法に取って代わる憲法宣言を発令し，新憲法が起草されるまで暫定的な法的フレームワークとして機能することになった．この宣言は，3月19日に国民の投票で承認された暫定憲法を覆し，軍の政治的立場を強め，議会や大統領など移行プロセスから生まれる機関から軍を隔

離するものだった．さらに，憲法の文言が改められ，移行プロセスのスケジュール，憲法起草委員会の選出の基準，大統領選挙と議会選挙のどちらが先に実施されるかなどが不明瞭となり，これが主要な政治勢力間の論争と分裂へと繋がった［Lindsey 2014］．

SCAFが管理した移行プロセスにより，イスラーム主義者と非イスラーム主義者の間に深い溝が作られた．イスラーム主義勢力が選挙で勝利すると見込まれていた中，政治勢力間で合意形成を図る余地はほぼ皆無だった．移行プロセスから排除された者たちにとっては，憲法起草のプロセスに尽力する動機はなく，代わりにイスラーム主義者が選挙で勝利するのを阻もうと画策した．裁判を使ってイスラーム主義者に対峙し，後に軍に援助を頼みイスラーム主義者の支配を取り崩そうとしたのである．イスラーム主義者と非イスラーム主義者は世俗主義と政治的イスラームをめぐって対立していたのではなく，憲法と移行プロセスにおける具体的なスケジュールや手続きなどをめぐって分裂した．

ムバーラク体制後のエジプトにおける民主的な移行の実現は，初めから複数の深刻な問題を抱えていた．まず，暫定憲法が混乱した移行プロセスの手続きを生み出したことが挙げられる．また，軍は特に予算と経済的利益が関係するため，権限を文民政府に明け渡す考えがなかった．その上，組織化され強力なイスラーム主義勢力（ムスリム同胞団とサラフィスト）が選挙プロセスと憲法起草を独占する見通しだったこともある．さらに，非イスラーム主義勢力は，選挙の経験が乏しく選挙に勝つための支持が欠けていたため，選挙に基づく民主化プロセスを信用することに躊躇していた．結果として，政治の二極化が対抗勢力を長期化する訴訟へと向かわせ，これがエジプト政治における司法の役割の拡大につながった．つまり，司法の役割の拡大は法の支配を示すものではなく，対抗勢力が妥協案を見出すことができず，深まる二極化を止められない混沌とした政治情勢の症状だったのだ．そして司法は勝者と敗者の間の仲裁者の役割を担うようになったのである．

3　ポスト・ムバーラク選挙政治における司法

議会選挙の時までに，移行期のエジプトは社会・政治的二極化が進み，社会の不安定化が進行していた．新議会が選出されても，SCAFが代表する軍が政治プロセスの支配を続けていたのである．SCAFの統治下で治安部隊は非武装

の抗議運動に対して武器を使い，政治的反対運動を抑圧的な手段で鎮圧した．移行期の最初の1年だけで1万2000人から1万5000人が軍事裁判にかけられたと推測されている[8]．ムバーラク独裁体制の30年間に，軍事裁判にかけられた市民は合計で約3000人である．これは，抗議運動参加者や活動家の死亡と拷問に関与したと疑われるSCAFメンバーを追訴する民衆の要求を呼び起こした．

　2011年11月にSCAFが大統領選挙の延期と，SCAFによる行政機関への統治の拡大を発表すると[9]，エジプトは反乱寸前の状態となった．2012年の11月19日には，カイロのタハリール広場で大規模な抗議運動が起こり，SCAFから文民の「大統領評議会」(Presidential Council)[10]への即時の権力移譲を要求した．タハリール広場に隣接し内務省へと続くムハンマド・マフムード通りでは，エジプトの機動隊とデモ隊の激しい衝突が起き，42名が殺され3000人以上が負傷した．この衝突は，議会選挙キャンペーンが行われている最中，ほぼ1週間続いた．タハリール広場に集まった抗議者は，デモ参加者が殺され，SCAFが権力の座に居座っている中での選挙は無意味だと選挙の中止を求めた．一方，同胞団は選挙の延期または中止を恐れ，この闘争に参加しない立場をとった[11]．この同胞団の姿勢は，非イスラーム主義革命勢力を裏切ったと非難され，取り返しのつかない怒りを呼んだのである．イスラーム主義勢力が議会選挙で決定的過半数を勝ち取る中，2011年の民衆蜂起を先導した青年グループや他の民主化勢力はSCAFからの抑圧と政治プロセスからの排除によって引き続き周縁化された．

　民衆蜂起後初の議会成立をもって，エジプトの問題を抱えた移行期は新しい段階に入った．司法は選挙で選出された政府に対し，より対抗する姿勢を示すようになった．ムスリム同胞団の自由公正党（Freedom and Justice Party）率いる選挙連合が新議会の47%の議席を獲得し，超保守派のサラフィー主義政党が24%を獲得した．2つの主要な世俗派のワフド党とエジプト・ブロックは8%を占めた[12]．イスラーム主義政党が多数派となった議会は，同胞団の立場を強め，憲法の起草を担う憲法制定委員会に対する同胞団の権限を確実なものとしたのである．

(1)　憲法制定委員会と司法

　SCAFが発布した2011年憲法宣言[13]60条に則り，2012年3月，議会の両院（人民議会とシューラー評議会）が憲法制定委員会の委員を合同会議で選出した[14]．この委員会は2011年3月の暫定憲法に代わる新憲法を起草することを任されてい

た．しかし，委員の半数が議員であることに抗議して，多くの非イスラーム主義政治勢力は憲法制定委員会から身を引いた[15]．憲法制定委員会は，議会選挙によってつくられた新しい政治情勢を反映するものだった．モハメド・エルバラダイ（Mohamed Elbaradei），アムル・ムーサー（Amr Moussa）とハムディーン・サバーヒ（Hamdeen Sabahi）が率いる少数派の非イスラーム主義者（世俗派，リベラル派，左派）に対し，イスラーム主義者たちが多数派を占めた．60条は委員が議会両院から選出されるべきか，有権者から選出されるべきかを明確にしていなかった．非イスラーム主義政治勢力は，憲法草案プロセスがムスリム同胞団の独壇場となることを恐れ，委員の半数が議員であることに反対し次々と辞任した．委員会の構成について「国民の合意」がないとして，司法とSCAFの代表も辞任した．同時に少数派政党は，憲法制定委員会の合憲性に異議を申し立てる訴訟を起こした．

この時，憲法の空白が迫っていた．最高憲法裁判所は，高等行政裁判所（Higher Administrative Court）の見解について決定を下さなければならなかった．それは，下院の人民議会（Majlis Al-Sha'b）と上院のシューラー評議会（Majlis Al-Shura）が選出された際の選挙法は違憲だった可能性があるというものである．言い換えれば，合憲性が問題視されている議会が，エジプトの将来を左右する憲法を起草するように任命されているということだ．最高行政裁判所は，2012年4月，議員が憲法制定委員会の委員に含まれることは，議員の役割を委員の選定に限り，憲法起草には関与しないという憲法宣言60条に違反するという根拠で，憲法制定委員会は無効であると言い渡したのである[16]．非イスラーム主義勢力は，憲法制定委員会がエジプト社会の全セクターから代表を集めるという条件を満たしていないと主張し，裁判所の判決を支持した．

裁判所の判決との衝突を避けるため，議会は100名の憲法制定委員会の委員のうち半数が人民議会とシューラー評議会から選ばれ，残りの半数は外部から選ばれる構成にした．しかし，少数派，青年，女性が適切に代表されていないとして，非イスラーム主義勢力はこの新しい構成も拒否し，教会とアズハルの代表と共に憲法制定委員会をボイコットしたのだ．SCAFは2012年6月7日までに憲法制定委員会を招集できなければ，憲法制定委員会を招集する議会の役割をとって代わると圧力をかけた．しかし，選挙に基づいた移行は立法府でイスラーム主義者を多数派にし，それに基づきイスラーム主義者が適切に代表されているかに関わらず憲法制定委員会が構成されるため，同意に至ることは難

しかった.

司法による選挙政治への介入は，大統領選挙の候補者選定にまで及んだ．高等裁判所の判事で構成される高等大統領選挙委員会は，憲法上または法的要件に違反しているとして23名の大統領選挙候補者のうち10名を失格としたのだ．失格となった候補者の中には，元諜報機関長官のオマル・スレイマン（Omar Suleiman），同胞団のハイラット・アル=シャーティル（Khairat al-Shater），超保守派の宗教指導者のハーゼム・サラーフ・アブ・イスマイル（Hazem Salah Abu Ismail）の 3 名の主要候補も含まれていた．同胞団が擁立したシャーティル候補は，ムバーラク体制時に政治犯として有罪判決を受けたことを理由に公民権を剥奪されたのである．移行プロセスを中断させず大統領選挙に勝利したかった同胞団は，本命候補を失格とするこの決定に反対せず，ムハンマド・ムルスィーを代打候補にした．大統領選挙の第 1 回投票は2012年 5 月に行われたが，過半数を獲得した候補がいなかったため，24.78％の票を獲得したムルスィーと23.66％の票を獲得した前首相アフメド・シャフィーク（Ahmed Shafiq）による決選投票が 6 月に行われることになった．開票が進む中，SCAFは憲法宣言の改正を発令し，新大統領の統治権限を剥奪した．

イスラーム主義勢力の突如の台頭は，非イスラーム主義勢力とSCAF，司法，警察の結束を強めた．この同盟は，選挙での勝利の見込みはないものの，イスラーム主義者から国を守るという共通の目標を見出したのだ．選挙の結果を覆すため，非イスラーム主義の世俗政党と個人が，議会が選出され，憲法制定委員会が構成された元になった選挙法の合憲性を問題にする訴訟を起こした．

決選投票 2 日前の2012年 6 月14日，最高憲法裁判所はエジプトをさらなる政治的危機に引きずり込んだ[17]．最高憲法裁判所は，イスラーム主義者が過半数を占める議会は，1/3の議席が違法に選出されたため違憲であるとの判決を下したのだ．議席の1/3は政党に所属しない独立議員のために確保されると選挙法は定めていた．しかし，SCAFは政党が独立議席に候補者を擁立することを容認し，同胞団の自由公正党は党の候補者を擁立した．軍は議会を解散させることは遺憾であるとの声明を出したが，最高憲法裁判所の決定を覆すことはせず，立法権を手に入れたのである．

この判決は，議会の両院が第二憲法制定委員会の構成を発表した翌日に出された．同日，最高憲法裁判所は権利剥奪法（Disenfranchisement Law）を無効とした．この法はムバーラク政権の幹部職にあった政治家が再度公務に就くこと

を防ぐものだったが，法の取り消しによって，シャフィークが大統領選挙へ出馬することが正式に合法となった．大統領選挙の決選投票が始まる中，6月17日に軍は憲法宣言の追加条項を発布し，SCAFに立法権，軍予算の監督権，軍司令官と防衛大臣の任命権を付与し，憲法制定委員会が設立から3カ月以内に憲法を草案できなかった場合には新たな委員会を作る権限も与えた．議会は解散させられ，最高憲法裁判所の判決に則りSCAFが立法府を引き継いだ．

最高憲法裁判所の判決は，司法が旧体制の危険な残党を匿い，同胞団を引きずり下ろすために共謀しているという同胞団からの批判を呼び起こした．議会を無効とすることで，SCAFは大統領から権限を奪い，草案の最中にあった憲法に軍の強い役割を盛り込んだのである．SCAFの憲法宣言は，大統領就任の宣誓を議会の前ではなく最高憲法裁判所で行うよう定めた．この象徴的な変更は，イスラーム主義の大統領に対する国家機関の強い同盟を反映するものであった．

大統領選挙の結果，ムルスィーが僅差でシャフィークを破り，大統領に選出された[18]．最高憲法裁判所の決定に憤ったムルスィーは，ムバーラクに任命された最高憲法裁判所の裁判官達の前で大統領宣誓を行うことを拒否し，民衆蜂起誕生の場であるタハリール広場で象徴的な宣誓を行い，SCAFによって剥奪された大統領の権限を取り戻すことを誓った[19]．しかし，司法との関係悪化を懸念し，ムルスィーは最終的には最高憲法裁判所の意向に沿って最高憲法裁判所での宣誓に同意した．これは，権力の闘争がこれからも続くことを示唆するものであった．

ここで見えてくるのは，司法がエジプトの移行期の各段階で，政治の駆け引きからますます抜け出せなくなっていたことだ．選挙プロセスの監視と違反が疑われたケースへの不適切な処罰，著名な大統領選挙候補者を失格とする決定，権利剥奪法の取り消しによるシャフィークの大統領選挙出馬の合法化，ムバーラク裁判での物議を醸す判決など，司法が政治的役割を果たす場面が続いた．つまり，たった3カ月間という短期間に，司法は憲法制定委員会に違憲判決を下し，議会を解散させ，独裁体制の復活を防ぐことを目的とした法を無効としたのだ．それぞれの段階で，司法は有効な判例と合理的な法の解釈のもとで決断を下したと主張した．しかし，その決断のスピードと判決の広範な影響は，明確な政治的動機があることを示している．

その決定の利点に関わらず，裁判所は多くの局面で公平な判断を下している

と見受けられていた．裁判所がイスラーム主義者の支配に対する防壁を提供していると考える人々にとっては，英雄として受け止められた．同時に，同胞団と司法の間で敵対心が高まり，同胞団内から粛清を要求する声が高まった．司法とムルスィーの関係悪化は，2012年の大統領選挙の結果の発表の遅れ，2013年議会選挙実施に関するムルスィーの大統領令を延期する判決，民営化された企業の再国営化を命じた裁判所令に従わなかったとして，ヒシャーム・カンディール（Hisham Kandil）首相に禁錮1年を命じる判決などに見て取れる[20]．

それゆえ，議会が解散させられ，大統領の権限を規定する憲法がない状況で，ムルスィーは最高憲法裁判所が憲法制定委員会，シューラー評議会，そして大統領職の合憲性を問題にするのを防ぎ，大統領の権限を確実にするため，全ての選挙政治は司法の監督を受けないことにしたのである．しかし，ムルスィーのこの行動は司法をさらに疎外し，政治の二極化を悪化させ，新たな抗議運動を呼び起こすことになった．今回は軍と旧体制に対する抗議ではなく，民主的に選出された大統領とムスリム同胞団運動に対する抗議運動が起こったのだ．

(2)　司法とムルスィーの対立の激化

ムルスィーが大統領選挙で勝利したことは，同胞団にとって自信を強める追い風となった．ムルスィーと司法の最初の衝突は，2012年7月8日にSCAFの決定を覆し，解散させられた人民議会を復活させた時に始まった〔Messieh 2012〕．翌日SCAFは，法の支配を尊重するために人民議会を解散させたのであり，他の国家機関も裁判所の判決を遵守すると確信しているという簡潔な声明を出した．7月9日，最高憲法裁判所はムルスィーの決定を覆す判決を言い渡し，「ムルスィーがこの判決に従わないなら，裁判所令に従わなかった責任を負うことになる」とした[21]．結局ムルスィーは，議会を解散させるという最高憲法裁判所の判決に従った．この出来事は，憲法と法の支配の守護者としてのSCAFの正統性を高める働きをした．一方，ムルスィーの大統領令は政治派閥間の分裂につながり，数千人のムルスィー支持者がタハリール広場を埋め尽くし抗議の声をあげた．

2012年8月12日，ムルスィーは憲法宣言を発布し，6月30日の大統領就任前に発布されたSCAFの憲法宣言の追加条項を無効とした．ムルスィーはさらに防衛大臣のモハメド・フセイン・タンターウィー（Mohamed Hussein Tantawi）を強制的に退職させ，軍事諜報機関の長官アブドゥル・ファッターフ・アル＝

表8-1　移行期に発令された憲法宣言

発令者	発令年月日	憲法宣言の要点
SCAF	2011年2月13日	ムバーラク退陣後の移行プロセスを定める（1971年憲法の停止、議会選挙、大統領選挙）
SCAF	2011年3月30日	国民投票で承認された6条の憲法改正条項を含む63条から成る暫定憲法
SCAF	2011年9月25日	選挙法改正
SCAF	2011年11月19日	在外選挙の監視
SCAF	2012年6月17日	SCAFによる追加条項
ムルスィー大統領	2012年8月12日	6月17日のSCAFの憲法宣言による追加条項を無効とする
ムルスィー大統領	2012年11月22日	大統領の権限の強化（大統領令と憲法宣言の拘束性と司法に対する優位を定める）
ムルスィー大統領	2012年12月8日	11月22日の憲法宣言を撤回し、憲法草案が承認されなかった場合のロードマップを示す

スィースィー（Abdul Fattah al-Sisi）を後任に任命した．ムルスィーは，行政権に加え立法権も主張し，最高憲法裁判所が憲法制定委員会を解散させた場合に，新たな委員会を立ち上げる権利を主張した[22]．ムルスィーはアフメド・メッキ（Ahmed Mekki）を新内閣の法務大臣に任命し，兄弟のマフムード・メッキを副大統領に任命した．両者ともムバーラク時代の独立判事運動で著名な判事だった．マフムード・メッキを通じ，ムルスィーはエジプトの移行の方向を定める裁判や法的課題への対処力を強める狙いがあったのだ．行政司法裁判所は，新憲法を起草する時間を設けるため，2012年9月24日まで憲法制定委員会を解散する訴訟を延期した．

　ムバーラク時代に任命され旧体制のメンバーの起訴に失敗したとして大きな非難を浴びていた検事総長のアブドゥル・マギード・マフムードが，ムバーラクの擁護者を有罪判決に持ち込めなかったとき，ムルスィーはマフムードを解任し[23]，エジプトの最高裁判所に当たる破棄院（Court of Cassation）の元副長官でムバーラク時代の司法の独立運動の主導者だったタラアット・アブドゥッラー（Talaat Abdullah）を検事総長に任命した．ムルスィーは，大統領の介入から検察を守る法律を回避し，以降検事総長は4年の任期で大統領に任命されると宣言した．

　検事総長はエジプト全土の訴訟の監督を行う法的機関の検察（Niyaba）の長官である．このため，検事総長室は政府内の重要な位置にあり，ムルスィーは

同胞団に友好的な人物に差し替えることを狙っていた．マフムードは大統領に検事総長を任期途中で解任する権限はないと指摘し，解任を受け入れず，検事たちはムルスィーの大統領令を拒否した[24]．カイロの上訴裁判所は，後にマフムードの主張を支持し，アブドゥッラーは辞任させられた．反ムルスィー勢力は，同胞団が検事総長を攻撃したのは司法全体を貶めることだと非難し，ムルスィーと司法の関係が修復することはなかった．

　最高憲法裁判所が憲法制定委員会とあわせてシューラー評議会も解散させることを予期していたムルスィーは憲法宣言を発布し，大統領の権限を強化した．この法令はムルスィーにとって，差し迫る解散命令から委員会を守ることを可能にした．この憲法宣言は，7カ条にわたって大統領の権限を強化するものだった．旧体制のメンバーに対する訴訟の再開を命じ，検事総長任命の方法を変え，憲法草案の期限を2カ月延長し，シューラー評議会と憲法制定委員会を裁判所令で解散させられないようにした [Sabry 2012]．そして「革命を守り，国家の団結を達成するためにエジプトを救う」べく，大統領はいかなる決定も出来るとし，政府によるすべての憲法宣言は，新議会が選出され憲法が承認されるまで，「確定的かつ拘束力があり，いかなる方法・存在も不服申し立てをすることはできない」とした．この憲法宣言により，ムルスィーは憲法を議会に承認させ，検事総長を入れ替えることができるようになった．

　解任されたマフムードは，判事クラブに英雄として迎えられた．判事クラブは，憲法宣言と大統領の決定を司法の監督から保護し，裁判所の解散命令からシューラー評議会と憲法制定委員会を隔離するためのムルスィーの憲法宣言を拒絶した．そして，すべての裁判所に即座にストライキを起こし業務を停止するよう呼びかけた．

　11月28日にエジプトの最高裁判所に当たる破棄院は，総会を開いて投票を行い，270対19でムルスィーの大統領令に対抗して業務の停止を行うことを決めた．エジプト全土の8つの上訴裁判所は，破棄院のストライキに加わり，さらに他の裁判所もストライキに加わった[25]．そして，すべての司法の権限よりも大統領を優位に置くというムルスィーの憲法宣言に異議を唱えるため，約20万人と推定される非イスラーム主義勢力，労働組合，弁護士，判事たちが団結し，エジプト中で抗議運動を行った．抗議運動はムルスィーの辞任を要求し，2011年2月のムバーラクの退陣以降，最大規模の運動になった[26]．エジプトの控訴裁判所の判事も抗議運動に加わり，ムルスィーが大統領令を撤廃するまで，スト

ライキを続けると表明した[27]. また最高憲法裁判所は，ムルスィーへの直接の挑
戦を表明し，第二憲法制定委員会の解散を命じる裁判所令を発布するとした．
さらに，憲法制定委員会を非正当化するため，数百名の判事が，選挙監視の拒
否と憲法に関する国民投票の結果認定の拒否を表明し，ムルスィーと司法の対
立が激化したのである[28].

(3) 司法と新憲法の国民投票

　憲法制定委員会の投票を通過した憲法草案は議長により大統領に提出され，
最終案を正式に受け取ったムルスィーは，2012年12月1日，2週間後の12月15
日に国民投票を行うと発表した．翌日，大統領支持者5000人ほどがカイロ中心
部マアーディーの最高憲法裁判所を取り囲み，判事たちが裁判所に立ち入るこ
とができないようにした．裁判所は，人民議会とシューラー評議会の正当性に
異議を唱える訴訟を検討する予定になっていた．最高憲法裁判所は，マーヘル・
アル＝ビヘイリ（Maher El-Beheiry）所長が読み上げた声明で，当面の間業務停
止を発表した．

　判事クラブのトップのアフマド・アル＝ジンド（Ahmed Al-Zind）は，「12月15
日の憲法への国民投票の監督をボイコットする決定をした」と発表した．裁判
官たちは国民投票を監督したが，人数に限りがあり国民投票は2日にわたった．
憲法は国民投票を経て承認されたが，高等選挙委員会は投票を行ったのは有権
者の33％に届かないと公表し，これは移行が始まってから最も低い投票率だっ
た．つまり，憲法はその重要性を鑑み正当な文書となるために必要な国民の支
持を得られなかったことを意味する．エジプトの司法との対立は，新憲法の国
民投票を頓挫させた．憲法制定委員会は11月29日憲法草案の最終投票を行った．
投票は，唯一残ったリベラル政党のガード・アル＝サウラー（Ghad al-Thawra:
Revolution's Tomorrow）党以外のすべての非イスラーム主義政治勢力が欠席する
中行われた．

　新憲法の第4節176条は，最高憲法裁判所の判事の数を18名から11名に減ら
し，憲法裁判所の副所長であり唯一の女性判事で，ムルスィーと同胞団にもっ
とも批判的なタハーニ・アル＝ギバーリ（Tahani Al-Gebali）判事を含むベテラン
裁判官を解任するものだった．これは，最高憲法裁判所の独立に対する攻撃で
あり，反同胞団の裁判官を追いやるためのムルスィーの戦略だと解釈された．
新憲法177条は最高憲法裁判所の管轄を狭め，大統領選挙と議会選挙に関わる

法の見直しは，法の発効前に限定するとした．この条項は，2012年6月の議会解散に見られたように，選挙の後に裁判所が法を無効とすることを防ぐことを目的としていた．司法を標的にすることで，司法を服従させるために国と法律の「同胞団化」を行っているという批判に信憑性を与えた．たとえ同胞団の司法改革の意図が良いものだったとしても，ムルスィーと同胞団の一方的な行動により，エジプトではさらに二極化が進み，サラフィストのヌール党など元同盟者を含む多くの人々からの敵対を招いてしまったのである．

4 ムルスィー政権と司法の関係悪化

(1) 新憲法の成立

憲法の成立はムルスィーと同胞団にとって勝利だったが，その代償として他の革命勢力の支持と国民の同意形成の可能性を失うことになった．非イスラーム主義の反対勢力のリーダーたちは，憲法が「合意という憲法にとって最も重要な必須条件を欠いている」として憲法が正統でないと主張した[29]．皮肉にも，政治の二極化によってムルスィーは自身の統治を守るために警察と軍にさらに頼らざるをえなくなった．軍の支持を維持しようと，ムルスィーと同胞団は新憲法でも軍の利益が守られるように議会の監視が軍の予算に及ばないようにし，一般市民を軍事法廷にかけることができるままにした．

国民投票をめぐって衝突が激化し，投票は憲法草案に対するものから同胞団に対するものへと変化した．効率的な組織力を維持してきた同胞団に対抗することができない非イスラーム主義勢力は，同胞団が人権と改革を忘れ去ったと非難し，ムルスィーを新しい独裁者だと糾弾した．2012年の議会選挙と大統領選挙で大敗を喫した非イスラーム主義勢力は，民主化プロセスに背を向け，権威主義体制の復活のリスクを冒してでも救済のために軍と裁判所に頼るようになったのである．ムルスィーが憲法宣言を行った2日後の2012年11月24日に結成された国民救済戦線(National Salvation Front)は，反対勢力の政党，社会運動，元大統領選挙候補者のアムル・ムーサー，モハメド・エルバラダイ，ハムディーン・サバーヒといった影響力のある人々が同盟を組んだものである．この同盟は大きな影響力を持ち，敵対していたグループや政党を連合させ，反憲法・反同胞団の抵抗勢力にとって羅針盤の役割を果たした．2011年1月の民衆デモ以降初めて，権力を握るイスラーム主義者に対抗しようと広く多様な組織が団結

した．この同盟は，ムルスィーの統治を終わらせるために若手の革命家，非イスラーム主義者，旧体制のメンバーといった呉越同舟の人々をまとめたのだ [Dunne and Radwan 2013: 98]．そして国民の反発は，イスラーム主義勢力の選挙での勝利を法的に相殺すべく動いている司法の影響力を奪い，ムルスィーが権力を手に入れることがどれだけ受け入れ難いことかを示している．

(2) 司法権限法を通じた最高憲法裁判所の封じ込め

　ムルスィーと司法の関係は，2013年も悪化の一途をたどった．選挙法案がシューラー評議会を通過しても，最高憲法裁判所によって棄却され続け，エジプトは下院不在の状況が続いた．選挙法案は初めに最高憲法裁判所が2月18日に棄却し，続いて行政裁判所が却下し，さらに5月25日に再度最高憲法裁判所によって立て続けに棄却された．このためシューラー評議会は4つ目の法案を準備する必要に迫られ，2014年まで議会選挙が延期される可能性が出て来た．ムルスィーと同胞団にとって，司法の意図が同胞団の支配の打倒であることは明らかだった．

　選挙法案を棄却するという裁判所の判決と，ムルスィーと司法の関係悪化を受け，同胞団とその支援者たちは4月19日に「司法に対する反乱」を起こすとして，最高憲法裁判所の前に集まり抗議運動を行った [Azeem 2013]．抗議運動参加者たちは，司法が旧体制下で権力を手に入れ，旧体制へ賛同を続け「革命」の発展を阻止しようとする判事たちに支配されていると主張した．二番目に大きなイスラーム主義政党のヌール党を含む他のイスラーム主義グループはこの抗議運動をボイコットし，司法が同胞団の権力独占に対する防壁の役割を果たしていると考える反対勢力グループからは抗議運動に対する非難の声が高まった．

　抗議運動の要求には，全国的論争の中心となった司法権限法の改正が含まれていた．同胞団の自由公正党と同盟関係にあるワサト党の案には，判事の退職年齢を70歳から60歳に引き下げる提案が含まれていた．ムバーラクは体制に友好的な判事たちが司法を主導し続けられるように，退職年齢を徐々に引き上げた．この退職年齢の引き上げは，司法の独立のために尽力した判事たちから強く非難されていた．皮肉にも，ムルスィーから法務大臣に任命された改革派のアフメド・メッキも当時この退職年齢の引き上げに反対したが，ムルスィーと司法の対立が激しくなり辞任した．

司法権限法が改正され退職年齢の引き下げが実行されれば，3000名以上の判事が退職させられることになる．法務省にまだ人事の管轄権があったため，改正が施行されれば，旧体制に忠誠なシニアな判事たちが退職に追いやられ，ムルスィー政権に選ばれた判事たちに置き換えられることになったであろう．またムルスィー政権は，弁護士任官者を増やそうと，司法権限法の41条の施行を試みた．この41条は，第一審裁判所の判事の1/4は弁護士任官者であるよう定めている．同胞団は，この条項を施行できれば，同胞団と関係の深い大勢の弁護士の任用ができると考えたのだ．これが執行できていれば，短期間に多くの判事たちが司法制度に流入することで司法の偏りを転じ，司法を使って大統領の権限を封じ込めようとする軍の力を削ぐことになっただろう．ムルスィーによる司法権限法の改正案は，司法とムルスィーの対立をさらに激化させ，移行期の不安定な社会をさらに分断に導いたのである．

　2013年6月2日，最高憲法裁判所は，唯一機能していた立法機関のシューラー評議会が違憲の選挙法の元で選出されたと一歩踏み込んだ判決を下した．また，憲法制定委員会も違憲であると判決を下した．2012年憲法230条によれば，「現存の」シューラー評議会が議会選挙の時まで「完全な立法権」を持つとなっており，この条項をめぐって状況は複雑となった．よって，最高憲法裁判所はシューラー評議会が違憲の状況で選出されたとしたが，下院が選出されるまで解散は延期された．シューラー評議会を解散させないという最高憲法裁判所の決定は，ムルスィーに権力を集中させるのを防ぐ目的もあった．シューラー評議会が解散させられれば，大統領が立法権を手にし，選挙法を大統領令によって強制的に執行できるからだ．シューラー評議会は解散を免れたが，その機能は不明確なままとなった．

(3)　ムルスィーの失脚

　ムルスィーと同胞団対司法と非イスラーム主義勢力の対立の激化と，ムルスィーの11月の憲法宣言の後に高まった抗議運動で，同胞団の政権は経済的決定も組織的決定も実行不能となり，エジプトは麻痺状態に陥ってしまった．大統領就任1周年の演説で，ムルスィーは数名の判事，著名な人物や公務員が改革の妨げになっていると非難し，法的行動に出ると脅した．安定した政府への司法の貢献を讃えた後，ムルスィーは選挙不正について22名の裁判官を取り調べると述べた．

この緊迫した状況下で，2013年4月後半に反乱を意味する「タマロッド（Tamarod）」と名付けられた新しい反ムルスィー運動が現れた．この運動で数百万人のエジプト人が動員され，2013年6月30日民衆蜂起へと繋がっていくことになる．タマロッドは，ムルスィーの解任を要求する請願書への署名を集めることを主目的とする青年グループによる運動だと自認していた．実際には，タマロッドのキャンペーンはムバーラクの取り巻きで巨大ビジネスを持つナギード・サワーリス（Naguid Sawaris）の財政支援を受け，元最高憲法裁判所判事のタハーニ・ギバーリが扇動し，内務省と保安局が組織し，メディアでも広く報じられた．タマロッドが，その指導部が言うように青年の独自の運動として始まったとしても，運動は十分な人数の抗議運動参加者が要求すれば，民主的選挙で選出された大統領を引きずり下ろすことは正当であるという政治競争のフォームを承認した[Faris 2013]．この運動は，生まれたばかりの小さなグループには到底できない強い組織力と十分な資金が必要な組織されたキャンペーンを行い，運動は数週間でエジプト全土へと広まった．

司法と警察の連携に後押しされた大規模な反ムルスィー抗議運動が3日間続いた後，SCAFが介入し，7月3日にムルスィーは大統領の座から引きずり下ろされた．ムルスィーの解任を要求するデモは，ムバーラクを退陣に追い込んだ2011年の民衆デモよりも大規模でエジプト全土に広がるものだった．スィースィーと最高憲法裁判所の裁判官がともに国営テレビに登場し，ムルスィーは退陣させられ，逮捕され，非公表の場所に監禁されていると公表した時，まさにクーデターによる国家機関の完全な勝利を見せつけたのである．

おわりに

2011年1月25日民衆蜂起は32年にわたるムバーラク体制に終止符を打つことには成功したが，軍から司法に至るまでエジプトの国家機関に埋め込まれた独裁と腐敗に立ち向かうことに失敗した．SCAFと最高憲法裁判所は，憲法宣言と法令によって革命の要求をことごとく阻止し，可能な限り旧体制の政治秩序を保とうとした．同胞団の政治部門の自由公正党は，革命の原則を保ちつつSCAFと折り合いをつけようとし，結果司法と非イスラーム主義勢力との度重なる衝突につながった．これが，ムルスィーに対するクーデターを起こす政治的機会を軍に与えることになった．

ムルスィーが2013年７月に退陣させられると，スィースィーは，最高憲法裁判所長官のアドゥリ・マンスール（Adly Mansour）を大統領代行に任命し，憲法改正と新しい議会及び大統領選挙に向けた「ロードマップ」を発表した．エジプトは反革命的かつ非民主主義的な新たな局面を迎え，同胞団メンバーは投獄・拷問され，ムルスィーは死刑判決を言い渡された．一方，司法は新たな自由と権限を確保することになった．司法の存在は，その攻撃的な対立と妨害戦略で，2011年の民衆蜂起の嵐を切り抜けた国家機関を立て直すことを助けるために不可欠だった．同胞団のデモ参加者を抑圧した警察は，多くの市民に英雄視された．司法の一部も，同胞団に2011年の暴力の責任を負わせるキャンペーンに積極的に加担し，同胞団員を厳罰に処す判決を下したのである．

　マンスールは憲法を起草し直す委員会を任命した．この委員会には国家機関が深く関わっていて，多くが憲法上の免責と独立の保証を得たのである．2013年12月25日，エジプト政府は16人が犠牲となった警察署での自爆攻撃に責任があるとして，同胞団を公式にテロ組織と認定した．４カ月後の４月28日にエジプトの裁判所が，前大統領のムルスィーと数百人の支持者に死刑判決を言い渡した．その罪状は，抗議運動参加者の殺害の煽動，機密事項の漏洩，エジプトの司法に対する侮辱行為など政治的な動機のあるものだった．第２の裁判では，529名の同胞団支持者がまとめて死刑判決を言い渡された．この判決のタイミングと裁判の進め方は，ムルスィーの司法への攻撃に対する報復のように見受けられる．

　エジプトの移行の失敗と体制による抑圧は，司法の活発な関与無しには成し得なかったことだ．法的交渉に脆弱だった民主的に選出された機関と憲法は，裁判所の判決によって力を削がれていった．エジプトの司法はスィースィーの全政治的反対勢力への抑圧に便乗し，裁判所と判事たちは高徳な「法の支配」の保証人ではないことを露呈させたのである．

注 ——

1 ）国民民主党（NDP）は，1976年にアンワール・サダート大統領によって創設された．NDPはホスニ・ムバーラク大統領が2011年２月に失脚するまで，エジプトの支配的な政党だった．2011年１月の民衆蜂起の前まで，NDPは1900万人の党員がいたとしている．

2 ）アル＝アズハル機構はイスラーム教スンナ派の最高宗教権威機関である．

3 ）これは2011年11月に暫定内閣の副首相だったアリ・アル＝セルミによって提示された「憲法の基本原則」として知られ，軍の特権的地位の維持を意図していた．

4）最高憲法裁判所内から首席判事に昇進した人事は，1998年以降初めてだった．

5）前内務大臣のハビーブ・アル=アドリー（Habib el-Adly）も告訴され，2011年3月5日にカイロの裁判所に出廷した．

6）Ahram Online, 2011年9月21日（http://english.ahram.org.eg/News/21951.aspx, 2016年12月16日アクセス）．

7）憲法を起草するために，軍は小規模で非公開の委員会を指名した．この委員会は，退任した判事ターリク・アル=ビシュリ（Tariq al-Bishri）が議長を務め，約2週間で憲法改正案の起草を任された．これが移行プロセスと憲法起草プロセスを統制する暫定憲法の一部となった．

8）Human Rights Watch, 2011年9月（https://www.hrw.org/news/2011/09/10/egypt-retry-or-free-12000-after-unfair-military-trials, 2016年12月16日アクセス）．

9）SCAFは以下の4つを確保してエジプトの移行期から安全に身を引きたいと考えていた：訴追の免除，軍予算が監視から免れること，軍の巨大ビジネスの維持，そして国家の安全保障の政策決定で役割を担うことの4点である．

10）デモ参加者は，異なる政治イデオロギーを持った3名の大統領選挙候補者（元外交官でリベラルなモハメド・エルバラダイ，元同胞団リーダーのアブドゥル・モネイム・アブル・フトゥーフ，左派政治家のハムディーン・サバーヒ）を大統領評議会メンバーにすることを要求した．

11）Ahram Online, 2012年11月19日（http://english.ahram.org.eg/NewsContent/1/64/58444/Egypt/Politics-/Mohamed-Mahmoud-clashes,--year-on-A-battle-for-dig.aspx, 2016年12月16日アクセス）．

12）Al-Ahram, 2012年1月21日（http://gate.ahram.org.eg/News/162896.aspx, 2016年12月16日アクセス）．

13）2011年憲法宣言全文（http://www.egypt.gov.eg/english/laws/constitution/default.aspx, 2016年12月16日アクセス）．

14）SCAFの憲法宣言によると，憲法制定委員会は6か月間で憲法草案を提出しなければならない．憲法草案は，その後の15日以内に国民投票にかけられ，承認された場合には，国民投票の結果が公表された時から即時有効となるとされている．

15）Al-Youm Al-Sabe‘, 2012年3月27日（http://www.youm7.com/story/2012/3/28/بهي-هي-دلا-نيد-نساحاب-لاوقلا-يسايسلا-نم-ةهمأتسيسيةي-ةلودلا-روتفأهداه/638464, 2016年12月16日アクセス）．

16）Ahram Online, 2012年4月10日（http://english.ahram.org.eg/NewsContent/1/64/38936/Egypt/Politics-/Egypts-Supreme-Administrative-Court-suspends-embat.aspx, 2016年12月16日アクセス）．

17）Elwatan News, 2012年6月14日（http://www.elwatannews.com/news/details/15636, 2016年12月16日アクセス）．

18）大統領選挙高等委員会声明によると，決選投票の結果，ムルスィーが51.73％の票を獲得し，シャフィークは48.27％の票を獲得した．

19）大統領の宣誓は通常議会の前で行われるが，最高憲法裁判所の違憲判決により議会の下院に当たる人民議会は6月15日に解散させられた．SCAFの法令は大統領が最高憲法裁判所の前で宣誓を行うと定めていた．ムルスィーは，ムバーラクの独裁体制に終止符

を打った民衆蜂起の誕生の場所であるタハリール広場で象徴的な宣誓を先に行い，SCAFによって奪われた大統領の権限を取り返すことを誓った.

20）2013年4月17日に禁錮1年の一審判決を受けたカンディールは控訴したが，控訴審も一審判決を支持した.

21）The New York Times, 2012年7月10日（http://www.nytimes.com/2012/07/11/world/middleeast/egyptian-parliamentary-deputies-defy-court-and-military.html, 2016年12月16日アクセス）.

22）Daily News Egypt, 2012年8月12日（http://www.dailynewsegypt.com/2012/08/12/morsy-assumes-power-sacks-tantawi-and-anan-reverses-constitutional-decree-and-reshuffles-scaf/, 2016年12月16日アクセス）.

23）Ahram Online, 2012年10月11日（http://english.ahram.org.eg/NewsContent/1/64/55393/Egypt/Politics-/Morsi-dismisses-Mubarakera-prosecutor-general-Abde.aspx, 2016年12月16日アクセス）.

24）Ahram Online, 2012年10月13日（http://english.ahram.org.eg/NewsContentPrint/1/0/55464/Egypt/0/Egypts-Accountability-Friday-turns-up-the-heat-on-.aspx, 2016年12月16日アクセス）.

25）Shorouknews, 2012年11月30日（http://www.shorouknews.com/news/view.aspx?cdate=30112012&id=d697c9f1-57d4-4e72-b269-5c9c2596e9a8, 2016年12月16日アクセス）.

26）Ahram Online, 2012年11月27日（http://english.ahram.org.eg/NewsContent/1/0/59303/Egypt/0/Live-updates--Tens-of-thousands-in-Tahrir-Square-t.aspx, 2016年12月16日アクセス）.

27）Ahram Online, 2012年11月28日（http://english.ahram.org.eg/NewsContent/1/0/59373/Egypt/0/More-judges-join-strike-against-Morsi-declaration.aspx, 2016年12月16日アクセス）.

28）Al-Ahram, 2012年12月2日（http://gate.ahram.org.eg/News/279181.aspx, 2016年12月16日アクセス）.

29）The New York Times, 2012年12月23日（http://www.nytimes.com/2012/12/24/world/middleeast/as-egypt-constitution-passes-new-fights-lie-ahead.html, 2016年12月16日アクセス）.

◆参考文献◆

Alaimo, K. [2015] "How the Facebook Arabic Page "We Are All Khaled Said" Helped Promote the Egyptian Revolution," *Social Media & Society*, 1 (2), pp.1-10.

Al Aswany, A. [2011] *On the State of Egypt: What Made the Revolution Inevitable*, translated by J. Wright, New York: Vintage Books.

Auf, Y. [2012] "Egypt's administrative judiciary dangerously meets politics," Egypt Independent（http://www.egyptindependent.com/opinion/egypts-administrative-judiciary-dangerously-meets-politics, 2016年12月16日アクセス）.

————— [2014] "Prospects for Judicial Reform in Egypt," Atlantic Council (http://www.atlanticcouncil.org/blogs/menasource/prospects-for-judicial-reform-in-egypt, 2016年12月16日アクセス).

Azeem, Z. [2013] "Brotherhood Demands Judicial Purge in Egypt," Al-Monitor (http://www.al-monitor.com/pulse/originals/2013/04/muslim-brotherhood-judiciary-purge-egypt.html, 2016年12月16日アクセス).

Bradley, M. [2009] "Activists lose control of Egypt's Judges Club," The National World (http://www.thenational.ae/news/world/middle-east/activists-lose-control-of-egypts-judges-club, 2016年12月16日アクセス).

Brownlee, J. [2012] Democracy Prevention: The Politics of US-Egyptian Alliance, Cambridge ; New York: Cambridge University Press.

Brown, N. J. and H. Nasr [2005] "Egypt's Judges Step Forward: The Judicial Election Boycott and Egyptian Reform," Carnegie Endowment for International Peace (Policy Outlook) (http://carnegieendowment.org/files/PO17.borwn.FINAL.pdf, 2016年12月16日アクセス).

Brown, N. [2007] The Rule of Law in the Arab World: Courts in Egypt and the Gulf, Cambridge; New York: Cambridge University Press.

————— [2012] "When Victory Becomes an Option: Egypt's Muslim Brotherhood Confronts Success," Carnegie Endowment for International Peace, Carnegie Papers, (http://carnegieendowment.org/files/brotherhood_success.pdf, 2016年12月16日アクセス).

Cabmanis, T. [2011] "Egypt's Revolutionary Elite and the Silent Majority," The Global Post (http://www.mei.edu/content/egypts-revolutionary-elite-and-silent-majority, 2016年12月16日アクセス).

Cook, S. [2007] Ruling But Not Governing: The Military and Political Development in Egypt, Algeria, and Turkey, Baltimore: Johns Hopkins University Press.

Davidson, C. R. [2000] "Reform and Repression in Mubarak's Egypt," Fletcher Forum of World Affairs, 24 (2), pp.75-98.

Darwisheh, H. [2014] "Survival, Triumph, and Fall: The Political Transformation of the Muslim Brotherhood in Egypt," in B. T. Khoo, V. R. Hadiz and Y. Nakanishi eds., Between Dissent and Power: The Transformation of Islamic Politics in the Middle East and Asia, New York: Palgrave-Macmillan, pp.108-133.

Dunne, M. [2011] "Evaluating Egyptian Reform," Carnegie Paper (Middle East Series), No. 66.

Dunne, M. and Radwan, T. [2013] "Egypt: Why Liberalism Still Matters," Journal of Democracy, 24 (1), pp.86-100.

El-Ghobashy, M. [2016] "Dissidence and Deference Among Egyptian Judges," Middle East Research and Information Project, 279 (http://www.merip.org/mer/mer279/dissidence-deference-among-egyptian-judges, 2016年12月16日アクセス).

Lesch, A. [2011] "Egypt's Spring: Causes of the Revolution," Middle East Policy, 18 (3), pp.35-48.

Masoud, T. [2011] "The Road to (And From) Liberation Square," *Journal of Democracy*, 22 (3), pp.20-34.

Messieh, N. [2012] "With a Decree to Reinstate Parliament, has Morsi Exposed Too Many Cards Too Soon?" Atlantic Council (http://www.atlanticcouncil.org/blogs/menasource/with-a-decree-to-reinstate-parliament-has-morsi-exposed-too-many-cards-too-soon, 2016年12月16日アクセス).

Moustafa, T. [2003] "Law Versus the State: The Judicializatin of Politic in Egypt," *Law and Social Inquiry*, 28, pp.883-930.

───── [2007] *The Struggle for Constitutional Power: Law, Politics, and Economic Development in Egypt*, New York: Cambridge University Press.

───── [2007] "Mobilising the Law in an Authoritarian State: The Legal Complex in Contemporary Egypt," in T. C. Halliday, L. Karpik, and M. M. Feely eds., *Fighting for Political Freedom: Comparative Studies of the Legal Complex and Political Liberalism*, Portland: Hart Publishing.

───── [2011] "Law in the Egyptian Revolt," *Middle East Law and Governance*, 3, pp.181-91.

Rezaei, M. [2013] "Egypt and Democracy Prospects against Facts after Mubarak," *International Journal of Political Science*, 3 (6), pp. 85-95.

Ryan, C. [2001] "Political Strategies and Regime Survival in Egypt," *Journal of Third World Studies*, 18 (2), pp.25-46.

Sabry, Bassem. April 24, 2013. "Eight Questions on 'Purging' of Egypt's Judiciary," *Al-Monitor* (http://www.al-monitor.com/pulse/originals/2013/04/eight-questions-purging-egyptian-judiciary.html, 2016年12月16日アクセス).

Said, AtefShahat. [2008] "The Role of the Judges' Club in Enhancing the Independence of the Judiciary and Spurring Political Reform," in N. Bernard-Maugiron ed., *Judges and Political Reform in Egypt*, Cairo:The American University in Cairo Press.

Shahin, E. El-Din [2012] "The Egyptian Revolution: The Power of Mass Mobilization and the Spirit of Tahrir Square," *The Journal of the Middle East and Africa*, 3 (1), pp.46–69.

Shehata, S. and J. Stacher [2012] "The Muslim Brothers in Mubarak's Last Decade," in J. Sowers and C. Toensing eds., *The Journey to Tahrir, Revolution, Protest, and Social Change in Egypt*, London ; New York : VERSO.

第 **9** 章

ロシアにおける憲法監督制度と
政治の「司法化」
──憲法裁判所の事例を中心として──

河 原 祐 馬

はじめに

　本章は，ソ連崩壊後ロシアの政治プロセスにおいて司法が果たしている実際の役割について，主として，ロシア連邦憲法裁判所の活動を中心とする憲法監督制度をめぐる問題との関連において，論じようとするものである．「ソヴィエト体制の経験は憲法を有してはいても，憲法秩序を有してはいなかった」[Sakwa 2009: 10] と述べたのはイギリスの政治学者 R. サクワであるが，ソ連崩壊後のロシアでは，1990年代のエリツィン時代以降における民主化プロセスの進展の中で，憲法裁判所が政府や議会の行為もしくは決定に対して司法判断を示す事例が数多く見られるようになっており，他の旧ソ連東欧の体制移行諸国と同じく，いわゆる政治の司法化をめぐる問題が今日，同国内外の論者たちの間で研究上の大きな物議の対象となっている．

　ペレストロイカ期のソ連から現在へと至る体制移行期のロシアにおいて，独立した司法審査の基本的な枠組みを構築するための試みがこれまで大きく分けて 3 度にわたってなされてきた．1989年から91年のソ連崩壊まで存在したソ連憲法監督委員会，1991年から93年まで活動した最初のロシア連邦憲法裁判所および1995年に新たに活動を再開した現ロシア連邦憲法裁判所の試みがそれである [Thorson 2012: 1]．通常，憲法裁判所は司法府の中で議会や政府ともっとも近接した立ち位置にあり，それはロシアの政治制度においても例外ではない．ソ連崩壊後のロシアにおいて，同国の憲法裁判所は，議会や政府諸機関との間での，また，連邦と地域・地方の諸機関との間での競合する利害をめぐる対立の中，国家指導者をはじめとする当該の利害関係者たちによる政治的利用のた

めの制度上の主たる手段の1つとなっていると考えられる.

こうした状況にあって,政治における司法の役割について論じることは,特にロシアのような未だ体制移行途上にある国の民主化プロセスの進展を考察する上で多くの示唆を与え得る重要な研究課題の1つであると考えられる.ここでは,主として,2008年以降のプーチン＝メドヴェージェフ政権下における憲法裁判所の活動を中心としたロシアの司法制度の役割に目を向け,同国における司法の政治化をめぐる問題について論じることにしたい.その際,特に裁判官の地位をはじめとする司法の独立をめぐる問題や最近になって国際的な注目度が大きな高まりを見せている欧州人権裁判所（European Court of Human Rights: ECHR）との政治対立問題を取り上げ,同国の法治国家としての脆弱性や疑似立憲主義的傾向をめぐる議論について一考することにする.

1 ソ連憲法監督委員会と旧ロシア連邦憲法裁判所

(1) ペレストロイカ期の憲法監督制度

ソ連において,議会や政府の行為が憲法の諸規定に則ってなされるという司法監督に関わる問題は,先のサクワの指摘にある通り,ゴルバチョフによるペレストロイカ期の時代まで,実際上,ほとんど重視されてはいなかった.1977年に制定されたブレジネフ憲法はその173条に同憲法の最高法規性の規定をおいており,同条に基づき,この憲法の最高法規性を担保するための措置として講じられたのが,ソ連最高会議および同幹部会に憲法遵守の管理を委ねる憲法保障制度であった［小森田 2003: 138］.今日,この憲法保障制度が担っていたとされる憲法遵守の管理という同制度が課せられていた本来の機能は,ソ連時代において,まったく果たされてはいなかったと見られている.

ペレストロイカ期の1988年6月に開催された第19回ソ連共産党協議会において,共産党と国家の分離,党の民主化,議会の制度改革および法治国家の確立といった基本方針が打ち出され,1988年12月,ソ連憲法監督委員会が法令等の憲法適合性審査を行う権限を与えられる独立した司法機関として設置された.同委員会は,ソ連人民代議員大会や同最高会議,ソ連大統領,連邦構成共和国の国家最高機関および政府高官などからの質疑を受ける形で提起された問題の検討を行い,また,場合によっては,委員会の裁量で自らそれを行使する権限を有していた［河原 2015: 4］.しかし,ソ連憲法監督委員会は裁判所としての

機能をもってはいなかったので，それは訴訟を裁定する立場にはなかった．ゆえに，同委員会は，司法審査の勧告権限のみを有する憲法監督のための諮問的な意味合いの強い制度であったと考えられる［Thorson 2012: 33］．1990年1月，ソ連憲法監督委員会は正式にその活動を開始したが，翌91年8月の連邦政府保守派によるクーデター未遂事件へと至るその後の混乱した政局の中で内実を伴うこれといった成果を上げぬまま，1991年12月の連邦崩壊をもって，その短い活動を終えることになった．

　この時期，ソ連の連邦構成共和国の中で最大のロシア・ソヴィエト連邦社会主義共和国においても，1989年10月，1977年のソ連憲法の改正に伴う同共和国の78年憲法の一部改正を受けて，ロシア憲法監督委員会の設置が決定された．しかし，この憲法監督委員会はその後の展開の中で実際の設置へと至らず，1990年10月，この78年憲法をさらに一部改正する形で同共和国に憲法裁判所を準備するための規定が設けられた．翌91年5月，ロシア・ソヴィエト連邦社会主義共和国最高会議はこの憲法裁判所の組織および権限についての規定を採択し，それにつづく7月，同人民代議員大会は，ロシア・ソヴィエト連邦社会主義共和国憲法裁判所法を正式に承認した．これにより，ロシアは連邦構成共和国の中でいち早く憲法裁判所を創設した最初の共和国となった［河原 2015: 6］．

(2) 旧ロシア連邦憲法裁判所の権限と活動

　1991年7月に採択されたロシアの憲法裁判所法では，同憲法裁判所の独立性の担保を主たる目的として，裁判官の身分保障のための幾つかの措置が講ぜられていた．同法は65歳定年制を採用し，裁判官は終身で任命を受け，また，自らの同意なくして，退職や他の職位への転属等を強いられることはないとされた［Thorson 2012: 39］．同憲法裁判所の裁判官は最高会議の議長提案に基づく形で人民代議員大会により選出され，本職の採用に当っては，35歳から60歳までの同国市民であることや，「10年以上の法律専門職の経歴」といった幾つかの要件が求められた［小森田 2003: 139］．

　同憲法裁判所に付与された主たる権限としては，抽象的規範統制の権限や憲法不服申立て審査の権限，意見提示の権限などが挙げられる［小森田 2003: 139］．また，人民代議員大会や最高会議，大統領，閣僚会議といった同国の最高権力機関が抽象的かつ具体的な審査の請願を行うことができることに加えて，下級裁判所や市民団体および個々の市民についても具体的な審査請求の申請を行う

ことが可能であるとともに，裁判所自らがその司法権の範囲内で問題を提起することができた．中でも，同裁判所は自らの「意見にしたがって大統領等の行為および決定を合憲または違憲と認定することを当該機関に義務づける」[小森田 2003: 140] ことができるとされており，この意見提示の権限は「93年政治危機」を経て1995年に新たにその活動を再開した現在のロシア連邦憲法裁判所には認められてはいない高次の権限の１つであると言えるものである．

ソ連邦の崩壊が間近に迫った1991年10月，第５回ロシア・ソヴィエト連邦社会主義共和国人民代議員大会は憲法裁判所の裁判官13人（定員15名）を選出し，これにより，ロシアにおいて最初の憲法裁判所が事実上，始動することになった．同憲法裁判所は，1978年に制定されたロシア・ソヴィエト連邦社会主義共和国憲法およびその一部改正法を前提とする法的環境のもとにあって，ソ連崩壊後の混乱した政情の中，独立した憲法審査機関としての自らの活動を開始した．1992年１月，ロシア連邦憲法裁判所は，国家安全保障委員会と内務省を１つの省庁に合併するというエリツィン大統領の大統領令を違憲とする決定を下した．同裁判所にとって初となるこの決定はエリツィン大統領によって遵守され，それはソ連崩壊直後の同国における効果的な司法審査の先例となった[1]．

このように，この最初の旧ロシア連邦憲法裁判所は，上記のソ連憲法監督委員会の諮問的な権限とは異なって，その原則において，より大きな司法審査の権限を有するものであった．しかし，同憲法裁判所は，その後，「93年政治危機」へと至るロシアの新たな連邦憲法の起草をめぐる大統領と議会との間の激しい政治対立のプロセスを経て，「結果的に，大統領側と議会側との権力抗争において反大統領側に立つことになり，このことがロシア連邦憲法裁判所の活動の停止，さらにはその「改組」という大統領側の超法規的措置をもたらすこと」[小森田 2003: 140] になるのである．

▌ 2 「93年政治危機」後のロシア連邦憲法裁判所

(1) 1993年憲法と新たな憲法裁判所

新しい憲法の起草をめぐる大統領と議会との間の政争は，最終的に，1993年の劇的な政治危機へと行きついた．1993年９月21日，エリツィン大統領は最高会議を解散し，新憲法採択のための国民投票および新憲法の規定に基づく新たな議会のための選挙を要求する大統領令1440を発布した．同大統領は，この大

統領令の法的根拠を1991年6月の大統領選挙および93年4月の国民投票の結果，さらには，国家安全保障に対する大統領としての自らの憲法上の責任に求めた．これに対して，ロシア連邦憲法裁判所のV. ゾルキン長官をはじめとする10名の裁判官は，エリツィン大統領には議会の解散権および活動停止権はないとの判断を示し，大統領令1440に対して憲法規定に反するとの意見提示を行った[2]．これに対して，エリツィン大統領は，旧ロシア連邦憲法裁判所の任を解き，1993年10月7日，同裁判所の活動を停止させた．93年の政治危機が大統領側の勝利に終わった当初，この政争の中で議会側の立場を示した憲法裁判所の存否が危ぶまれたが，それは，93年憲法体制下での新たな政治環境の中で，独立した司法審査の制度として存続しつづけることになった．

　新たなロシア連邦憲法裁判所の権限については，1993年憲法125条において定められている．まず同憲法裁は，「ロシア連邦大統領，連邦会議，国家会議，連邦会議または国家会議議員の1/5，ロシア連邦政府，ロシア連邦最高裁判所およびロシア連邦最高調停裁判所，ロシア連邦構成主体の立法および行政権力諸機関の質問」に応じて，以下に掲げるものがロシア連邦憲法と一致しているかどうかについての問題を解決するものとされている．「連邦法，ロシア連邦大統領，連邦会議・国家会議およびロシア連邦政府の規範法」，「共和国憲法，ロシア連邦国家権力諸機関の行為およびロシア連邦国家権力諸機関とロシア連邦構成主体の共同行為に関わる諸問題について公布された連邦構成主体の規約，同じく，法律およびその他の規範法」，「ロシア連邦国家権力諸機関とロシア連邦構成主体の国家権力諸機関との間の協定およびロシア連邦構成主体の国家権力諸機関との間の協定」，「ロシア連邦の未発効の国際条約」がそれらである［Попорница 1994: 522-523］．

　また，同憲法裁は，「連邦の国家権力諸機関間の」，「ロシア連邦の国家権力諸機関とロシア連邦構成主体の国家権力諸機関間の」，かつ，「ロシア連邦構成主体の最高国家諸機関間の」権限についての争議を解決し，また，「市民の憲法上の諸権利と自由の侵害に関する請願および裁判所の質問に応じて，具体的な問題において適用された，もしくは，適用されようとしている，然るべく連邦法によって定められた法律の合憲性について審査する」とされている．さらに，同憲法裁は，「ロシア連邦大統領，連邦会議，国家会議，ロシア連邦政府，ロシア連邦構成主体の立法権力諸機関の質問に応じて，ロシア連邦憲法の解釈を行う」．また，「違憲であると認められた法令もしくはそれらの個々の規定は

効力を失う」ものとされる。ロシア連邦憲法に即さないロシア連邦の国際条約についても同じである。最後に、同憲法裁は、「連邦会議の質問に応じて、国家反逆もしくはその他の重大な犯罪の科でのロシア連邦大統領の弾劾決議に関わる既定の手続きの遵守についての判断を与える」ものとされている [Попорница 1994: 523-524]。

(2) 新たな憲法裁の権限と初期の活動

1994年7月、新しいロシア連邦憲法裁判所法が採択されたが、連邦議会がエリツィン大統領に指名された裁判官の任命を数度にわたって拒否したために、実際に同憲法裁判所がその活動を再開したのは1995年2月になってからのことであった。

この新たなロシア連邦憲法裁判所には、主に、ロシア連邦の法律をはじめとする連邦および連邦構成体の法令等を対象とする抽象的規範統制の権限、権限争議を解決する権限、憲法不服申立てまたは裁判所の質疑にもとづく法律の憲法適合性審査の権限および93年ロシア連邦憲法の解釈権といった権限が与えられている [小森田 2003: 141-142]。旧憲法裁判所時代との比較において、その権限上の大きな相違は、新たな憲法裁判所には自らの発意にもとづいて法令の合憲性を審査する権限や意見提示の権限等が認められてはいないことである。また、同裁判所裁判官の定員は15名から19名へと拡大された[3]。同憲法裁判所法の規定に従って、裁判官の任期は更新不可の12年と定められ、終身ではなくなった。義務的な70歳定年制が採用され、任官の下限年齢についても、35歳から40歳へと引き上げられた [小森田 2003: 140]。しかし、旧憲法裁判所時代から任官していた13人の裁判官については、この規定の適用対象とはされず、ひき続き、65歳までの勤務が認められた。さらに、法律専門職の経歴に関わる任官に当たっての要件についても、10年以上から15年以上へと改められ、また、公認の資格証明書をもつことなどが同裁判所裁判官候補の新たな資格要件となった [Danks 2009: 212]。

C. トーソンは、1995年から97年にかけてのV. ツマノフ新憲法裁判所初代長官の時代、新しく活動を再開した同裁判所は、「訴訟についてのその選択において、基本的に異なる戦略に携わり」、旧憲法裁判所のゾルキン長官時代と比べて、同裁判所の訴訟内容は、「政府諸機関の注目を集めた司法論争から共和国や地域によって提起された市民的権利の問題と連邦制度の問題へと大きく

推移した」と述べている［Thorson 2012: 121］．その際，トーソンによって示された指標では，ゾルキン時代の憲法裁判所によって審議された訴訟の全体の配分は，権力の分立が42％，連邦制度が28％，個人の権利が30％であったのに対して，ツマノフ時代では，それはそれぞれ，10％，30％，60％となっている［Thorson 2012: 121-122］．この新旧裁判所の両長官時代の比較において，新たな憲法裁判所において最も多くなった訴訟は市民的権利に関わる問題であった．また，司法審査のために受理された訴訟についても，ゾルキン長官時代の裁判所が，「異議申立てを受けた法令の2/3以上を全部または一部違憲であるとしたのに対して，ツマノフのそれは，異議申立を受けた法令の半分程度しか違憲とはしなかった」［Thorson 2012: 122］とされている．

　1997年2月，95年にロシア連邦憲法裁判所が活動を再開した時に長官となったツマノフが定年退職となる．このツマノフの後任となったのはM．バグライであり，彼が，1997年から2003年まで，2期6年にわたって，同裁判所の長官職を務めた．この時期はエリツィン時代からプーチン時代への移行期に当たるが，バグライ時代の憲法裁判所は，前任者の時代と同様に，高次の政治問題への関与をでき得る限り回避しつつ，政治的含意をもつ訴訟を注意深く取り扱ったとされる［河原 2015: 24］．ツマノフおよびバグライの両長官時代におけるこうした傾向は，新たに活動を再開したロシア連邦憲法裁判所における政治訴訟の減少へとつながり，それはまた，93年政治危機以後の議会と政府との間の政治論争の相対的減少に相応したものでもあると考えられる．

　ロシア法学者の佐藤史人は，同国の大統領権限をめぐる憲法裁判の展開を研究テーマとした論考の中で，「九四年制定の憲法裁判所法によって新たな法的基礎づけを与えられ，九五年に活動を再開した憲法裁判所は，その歴史的背景ゆえに，自らの「生き残り」のために大統領に対して向けられた申立てのほとんどを退けざるをえなかったが，その結果として，大統領への権限の集中を促す政治プロセスが形成され，それは，今日のロシア憲法体制が抱える最大の矛盾にもなっている」［佐藤 2014: 482］と述べ，特に，「プーチン政権の集権化政策の結果として，中央および地方の国家機関からの憲法裁判所への申立て」は減少し，「大統領の権限が憲法裁判所において争点化しにくくなった」［佐藤 2014: 497］との見解を示している．

3 プーチン=メドヴェージェフ時代のロシア憲法裁

(1) プーチン以後の憲法裁の活動

　1993年憲法体制下のロシアにおいて，連邦政府と共和国もしくは地域との間の権限をめぐる問題を主たる対象とした連邦制度に関わる訴訟は，新しいロシア連邦憲法裁判所が行った裁定の中でも特に政治的に重要なものであると考えられる．エリツィン時代を通じて，連邦政府と議会との間の政治対立が常態化する中，共和国をはじめとする地方の自治的要求が高まりを見せ，エリツィン時代のロシアでは，中央と地方との関係において，非中央集権的な傾向が顕著なものとなっていた．プーチン大統領は，こうした中央と地方との関係を「垂直権力」の下に強い中央集権的な政治体制の構築に向けて大きく改めるための一連の改革を行った．この「垂直権力」の強化の流れの中で，プーチン時代を通じて，「憲法の下で連邦構成体の権限を限定すること」[Remington 2010: 237]が新しく発足した同憲法裁判所が果たすべき重要な役割の1つとなった．1990年代を通して，ロシア連邦憲法裁判所は基本的に連邦法を支持する一連の決定を行ったが，同裁判所の連邦政府寄りのこうした傾向は，先の佐藤論文における指摘にもあったように，プーチン大統領の時代に入って，より明確なものになっていった．

　現在のロシア連邦憲法裁判所が活動を再開した1995年からタンデム政権が誕生した2012年までの17年間において，同裁判所は約350件の裁定を行った[Shiraev 2013: 139]．これらの裁定のほとんどは特定の法令や諸規則の合憲性を審議するものであった．たとえば，1995年，憲法裁判所は分離傾向の強まったチェチェン共和国における軍の使用に関わる大統領令と連邦政府の法令を支持し，翌96年にはモスクワをはじめとする幾つかの都市において居住を制限する市法を違憲とする判決を行った．また，連邦会議と大統領の権限紛争の形をとった1999年のグシンスキー検事総長の停職問題では，「検察庁法には検事総長の停止についての特別な規定が欠けている以上，大統領令による検事総長の職務停止は合憲[4]」であると判断した．さらに2005年には，連邦構成主体の知事をはじめとする最高役職者の候補を連邦大統領が提案する権限を認める判決が同裁判所によって下された．

　ロシア連邦憲法裁判所は，年に20-30程度の判決を行うが，この他にも判決

に至らない年間数百の決定を行う．また通常，同裁判所が訴訟もしくは調査を受け入れる上での前提となる請願は，年間 1 万5000件程度の数に達するとされる [Herspring 2007: 109]．特に，プーチン＝メドヴェージェフ政権下のロシアにおいては，その判決数は，2011年以降，年に30件を超えるペースで増大傾向にあり，2008年から2016年 6 月10日現在までの判決の延べ数は229件となっている[5]．これら判決にまで至った訴訟の内，主に政治問題に関わると思われるものを列挙すると，裁判官の地位，アルタイ共和国の議員の地位，チェルノブイリ事故に関わる補償等の問題，憲法裁判所法，選挙法とレファレンダムに参加する権利，クラスノヤルスク地方の議員選挙，ロシアにおけるクリミア併合，外国エージェント登録法関係，ロシアへの出入国手続き，ロシアにおける外国人の法的地位およびエイズのロシアでの拡大防止など，その内容は多岐にわたっている[6]．

　このように，1995年に活動を再開した現ロシア連邦憲法裁判所の活動はけっして停滞したものとはなってはおらず，特に，市民の憲法上の権利と自由の侵害に関わる訴訟において一定の重要な役割を果たしていると考えられる．その意味において，1995年にその活動を再開した現在のロシア連邦憲法裁判所の存在は，政治の司法化をめぐる一連の問題とも密接に関わりながら，同国における今後の民主主義的な発展を促す上での潜在的な可能性を秘めたものであると考えられる．しかし，プーチン以後の大統領府を中心とした連邦権力の強化を目指した中央集権的な諸政策の動向に憲法裁判所をはじめとするロシア司法府の活動が大きな影響を蒙ることになったことも，また周知の事実であると考えられる．

(2)　裁判官の地位と司法の独立

　先述したバグライ長官時代は旧憲法裁判所時代から在職していた裁判官たちの多くにとっての退職時期と重なっており，この時期，ロシア指導部の関心は同憲法裁判所の裁判官たちの任免をめぐる問題へと向けられた．裁判官の任免をめぐる問題は司法制度の独立にとってきわめて重要な意味をもっており，特に，雇用保障の条件は裁判官の在職中の挙止に少なからぬ影響を与えるものであると考えられる．1994年の憲法裁判所法の定めでは，現在のロシア連邦憲法裁判所の裁判官の在職制限と退職年齢は12年で70歳とされていることについては先述したが，こうした雇用保障の条件は，プーチン以後の時代において，先

ず2000年に，1994年から2000年にかけて任命された裁判官については15年で退職年齢なしとされ，その後2001年に，同じく1994年から2000年に任命された裁判官に対しては15年で70歳と改められた．また2005年には，すべての裁判官に対して終身で70歳と定められ，このように，その雇用保障の条件が幾度も改められている［Thorson 2012: 147-149］．さらに，メドヴェージェフ大統領時代の2010年末，ロシア連邦議会は憲法裁判所長官の年齢制限をとり除く法改正を行った．この背景として，翌年2011年に実施予定の下院議会選挙を見据えて，2003年に同裁判所の長官に復帰した政権に忠実なゾルキンの長官職の続行を望む大統領府の政治的意向が大きく働いていたとされている［Orttung 2011: 469］．

　プーチン以後のロシアにおいて，特に，ロシア連邦憲法裁判所の政治的独立をめぐる問題との関係で必ず話題にされるのが，2009年の同憲法裁判所の長官および副長官の選出方法に関わる憲法裁判所法の改正問題である．2009年5月，メドヴェージェフ大統領は，憲法裁判所の長官と副長官が大統領の指名に基づき連邦会議に提案される方向での憲法裁判所法の改正案を提示し，同6月，この改正案は正式に承認された．同法の従来の規定では，憲法裁判所の長官および副長官は同裁判所の裁判官によって互選されることになっており，長官と副長官は更新可能な3年任期で単純過半数によって選出されていた［Thorson 2012: 46］．これらの職位は同裁判所の手続きや行政上の業務に関わる権限とも密接に結びついており，なかでも，長官は同裁判所の裁判官の任免において特に重要な役割を果たしていた．

　この改正問題との関連で，同裁判所の裁判官であったV. ヤロスラフツェフが，2009年8月付のスペインの新聞「エル・パイス」に対するインタビューにおいて，大統領と国の保安機関がロシアの司法的独立を侵食しているとして，先述の憲法裁判所改正法に関わる政権側の措置を批判した．同10月，憲法裁判所は，ヤロスラフツェフ裁判官が同国の司法の権威を貶めたとして，彼を告発した．これに対して，憲法裁判所の同僚であったA. コノノフがヤロスラフツェフ裁判官を擁護し，ロシアには独立した司法は存在しないとの主張を行い，上記の憲法裁判所法の改正内容が非民主主義的であると公然と非難した［Thorson 2012: 152］．この結果，コノノフは，自らの任期をあと7年残して，2010年1月，同裁判所の裁判官を辞任することを余儀なくされた．ことの発端となったヤロスラフツェフ裁判官については同憲法裁判所に留まったが，同裁判官が兼任していた裁判官の規律を監督するロシア裁判官会議の役職を辞する結果となった．

(3) 「タンデム」政権下のロシア憲法裁

　2010年11月，ロシア連邦憲法裁判所法の改正がさらにつづいた．この改正では，同裁判所長官の影響力強化を目的として，これまで2部制であった小法廷の廃止，長官の解任手続きの複雑化および先述した長官に対する70歳定年制の適用除外などの規定が同法に盛り込まれた［Orttung 2011: 469］．翌2011年2月，この2010年改正憲法裁判所法が施行されたが，同改正法は先述の「垂直権力」の実現を企図した政権側による制度改革の一環をなすものであると考えられ，同改正法によって，昇進，給与・賞与や住居，懲罰など，また，重要な訴訟における裁判官の人選といった権限が長官に付与され，これにより，裁判所における長官の他の裁判官たちに対する影響力はさらに高められる結果となった．一般にロシアでは，裁判官は月額1万8000ルーブリ（約600ドル）から3万ルーブリ（約1000ドル）の給与を支給されるが，裁判所の長官は自らの裁量で年間20万ルーブリ（約7000ドル）までの賞与を個々の裁判官に与えることができると言われている［Orttung 2010: 449］．

　また，退職後，裁判官は年金およびその他の便益故に自らが勤務した裁判所に依存する傾向が強く，そのことは裁判官たちがおかれる状況をはじめとする司法の独立をめぐる問題について彼らが異議を唱えることをより困難にしていると考えられる［Orttung 2012: 464］．さらに，憲法裁判所をはじめとする同国の裁判所は，概して，政治問題に関わる重要な訴訟において，執政府からの独立性を欠いていることがしばしば指摘される．クレムリンの政治的指導者たちは，大統領によって任命される裁判所の長官を通じて，裁判官たちに対して様々な圧力を課すことができる．政権側の意図に反する判決は頻繁に上訴・逆転され，もし，その裁判官が何度も判決を覆された場合，彼は訓告の対象となり，場合によっては，処罰として解雇のリスクを背負うことになる［Orttung 2011: 468］．こうしたことすべてが裁判所長官の特権と深く結びついており，それ故に，裁判官たちは，上級審による差し戻しという事態を避ける形で迅速に結審を行うという強い動機を有しており，それは，通常，検察におもねることを意味しているとの指摘がなされている［Orttung 2004: 485］．

　プーチンとメドヴェージェフはともに，「司法審査を行う独立した，かつ，強力な憲法裁判所の価値を大いに誉めそやした」が，同裁判所に対する両大統領の対応は，エリツィン時代に比して，実際の「政治システムにおいてその影響と権威を周辺化させる」方向に進んでいると考えられる［Thorson 2012: 145］．

プーチン＝メドヴェージェフのタンデム政権下のロシアにおいて，ロシア連邦憲法裁判所をはじめとする同国の司法府に対する政権による政治圧力の強化については内外の多くの論者が指摘するところであるが，特に，プーチン以後の憲法裁判所の政治姿勢が政権に対してより迎合的なものになっていることは実際に否めない事実であると考えられる．2014年になされたクリミア自治共和国とセヴァストポリ特別市を連邦構成体としてロシア連邦に編入することを定めた国家編入条約の合憲性の認定や政治活動に関わる外国から資金提供を受けるすべてのNGOに対して外国のエージェント機能を有する組織としての登録を義務づける外国エージェント登録法の合憲性の裁定など，国際的にも注目を集めたこれらの問題に対するロシア連邦憲法裁判所の最近の判断は，同裁判所のこうした政権寄りの姿勢を如実に示す諸例であると言えるだろう．

4　ロシアと司法のグローバル化

(1)　ロシアの欧州審議会加盟とECHR

　ECHRは，1950年に調印された欧州人権条約に実効性を付与することを主たる目的として，1959年にフランスのストラスブールに設置された人権救済機関である．1998年11月における同条約の改定以降は常設の組織となっており，欧州評議会（Council of Europe: CE）のすべての加盟国は，1950年の欧州人権条約に基づいて，この裁判所の判決を履行する義務を負っている．ロシアは，1992年5月にCEへの加盟申請を行い，96年2月，チェチェン紛争や死刑制度など同国の法的環境の欠陥に関する問題がCE内部で大きく議論される中，「欧州の人権保護制度への統合が人権および法の支配に対するロシアの関与を改善するということが期待されて」[Trochev 2009: 147]，同国のCEへの加盟が正式に承認された．つづく98年3月，ロシアは1950年の欧州人権条約を批准し，これにより，同国は，人権と基本的自由の保護に関わる欧州人権条約の違反に関わる事案について，ECHRの裁判権とロシア市民が個人として同裁判所に告訴する権利を承認した．

　ロシアが1998年に欧州人権条約を批准して以降，同国とCEとの関係で最も大きな注目を集めている問題が，ロシア市民によるECHRに対する告訴の申請数の多さである．たとえば，ECHRの2009年1月1日の国別統計によると，1998年から2008年に至るまでの同人権裁判所に対するロシアに関わる申立ての

件数は 5 万6885件となっており，2010年12月31日現在，ロシアに関わる同裁判所の判決総数は1079件に上っている（この判決総数のうち，1019件が同条約違反の対象となっている）[杉浦 2012: 205-206]．また，ECHRによる直近の国別統計では，2013年から2015年の 3 年間において，同裁判所は 4 万6607件のロシアに関わる申請を取り扱い，2015年分の申請6713件については，6553件を未承認等とし，受理された残りの申請160件に関しては，2016年 1 月現在，判決が出された116件のうち，109件の事案に対して，人権侵害との判定を下している[7]．1959年から2010年までの国別統計では，同人権裁判所の判決数および，そのうち，何らかの形で条約違反が認定されたものについては，ドイツ，フランス，トルコおよびロシアでそれぞれ，193件（128件），815件（604件），2573件（2245件）および1079件（1019件）となっており[門田 2012: 172-173]，ロシアによる欧州人権条約の批准が比較的最近の1998年であることを考えると，こうしたロシアの判決総数および条約違反認定件数は，CE加盟国中，かなり高い比率を示すものであると言えるだろう．

　2002年 5 月 7 日，ECHRは，ロシアに関わる最初の判決を下した．この「ブルコフ対ロシア」判決を皮切りに，同国に関するECHRの判決数は2002年の 2 件から2008年の244件へと大きく増大し，2009年 5 月には，ロシアに関わる同裁判所の判決数は745件に達している[Trochev 2009: 149]．ロシアに関するECHRの判決の中で「最大のものは非刑事訴訟における国内裁判所の決定の不執行に関わるもの」[Trochev 2009: 149]であり，これだけで総訴訟数のほぼ半分を占めている．また，同国に関わるECHRの判決総数のうち，その「約15%が司法手続きの過度の長期化についてのもの」であり，こうした状況は，「その他のCE加盟諸国が直面しているものと類似した」傾向にあると述べることができる[Trochev 2009: 149]．このように，ロシアに関わるECHRの判決は，「訴訟遅延，確定判決の不執行ないしは執行遅延，監督手続きによる確定判決の取り消しによる法的安定性の原則の侵害」といった「公正な裁判を受ける権利を保障している人権条約第 6 条違反」を主たる対象とする事例が大半を占めていると見なすことができる[杉浦 2012: 206]．

　この他，ECHRのロシアに関する判決では，「非合法な拘留，外国人の追放，プライバシーの侵害，表現の自由，集会の自由，移動の自由，財産権および教育の自由」[Trochev 2009: 149]といった事例が数多く取り扱われており，特に，他のCE加盟国との比較において，欧州人権条約の 2 条（生存権），3 条（拷問，

非人道的または不名誉な取り扱いの禁止）および５条（自由と安全に対する権利や拘留についての司法審査に対する権利など）の違反に関わる訴訟の数で同国は他の加盟国を抜きん出ていると考えられる．17名の判事によって構成される大法廷におけるこれらの条項に関わる同裁判所の代表的な判決としては，モルドヴァの未承認のエンティティであるプリドニエストル共和国における虐待と拘留を取り扱った「イラシュキュおよびその他対モルドヴァとロシア」（2004年７月）や審理中の囚人に対する非人道的な取り扱いを対象とした「スヴィナレンコおよびスリャドネフ対ロシア」（2014年７月）および2006年秋におけるグルジア人たちの逮捕，拘留および集団追放に関わる行政上の問題を対象とした「グルジア対ロシア」（同７月）などが挙げられる.[8]

(2) ECHRの判決とロシア連邦憲法裁判所

ロシアがCE諸国の中でもECHRへの告訴数が最も多い加盟国の１つであることは先に示した通りであるが，「彼らが国内の裁判所では公正な審理を受けることができないと信じている」[Orttung 2008: 488]ということが，こうしたロシア市民の選択の背景にはあると考えられている．ユーリ・レヴァダの分析センターが2005年に実施した世論調査によると，「ロシア人の４％しか法執行機関を信じてはおらず，一方73％が，自らが警察による専横の犠牲者になりうることを恐れており，かつ，46％は，当局が政敵を抑圧するために法の執行を利用すると信じている」[Danks 2009: 223]という結果が出ており，また，2007年に，ロシア世論リサーチーセンター（VCIOM）によって実施された全国規模の世論調査では，「ロシア人たちの27％が自らの権利を守るためにECHRに告訴する準備をしており，また，68％が同裁判所を市民が人権侵害の訴訟において，自らの政府に対して告訴する場所であると信じている」[Trochev 2009: 148]との結果が出ている．こうした世論調査の結果にも表れているように，ロシア市民の意識において，同国の法執行機関に対する信頼度はかなり低いものであり，こうした同国の社会的背景がECHRに対する高い期待となって，同裁判所に対する告訴数の著しい増大へとつながったと考えられる．

ECHRの判決は，通常，「1950年の協定違反に対して生じた諸々の条件をとり除くこと」と「成功した申請者に対して補償を支払うこと」という２種類の命令を含んでおり[Trochev 2009: 148]，ロシア政府は，これまで，特に勝訴した申請者に対する補償の履行という点において，同裁判所の判決をほぼ遵守し

ている．それゆえに，多くのロシア人たちにとって，「ECHRに申請することは，その判決が単に書面上のものではなく，実際に個人の権利の侵害を是正するようロシアに対して命じるために，ますます魅力的な選択肢となっている」[Trochev 2009: 148] と考えられる．1993年の連邦憲法には欧州人権条約の諸規定が組み込まれており，ロシア連邦憲法裁判所のゾルキン長官も，「ECHRの決定が一般的に承認された国際法の原則と規範を示す限り，それらはロシアの裁判所を拘束するものである」[Trochev 2009: 158] との明確な見解を示している．「同国政府の役人たちの多くは，ECHRを欧州のコミュニティが同国における欧州人権条約の実施を監視するための指揮棒として用いている」と論じられており，また，クレムリンの政策決定者たちは，「ストラスブールにおけるあらゆる損失を同国の立場の正当性を掘り崩す可能性をもつ政治的スキャンダル」であると見なしている [Trochev 2009: 146] とされる．それゆえに，ロシアの当局者たちにとって，こうしたリスクを最小限にとどめることが最優先の課題となっており，それは現在，同国市民によるECHRに対する告訴の申請をできる限り制限するという形でその基本的な対処が講ぜられている状況にあると考えられる．

　欧州人権条約の水準に自国の法制度を適合させるという問題は，今日のロシアにおいて，現在進行中の複雑なプロセスを辿っており，このプロセスの中で，「権力保持者たちは，ロシアのガヴァナンスにおいて欧州の人権水準の国内化を制限するという，自国の法的自主性の問題と格闘している」[Trochev 2009: 147] 段階にあると言えるだろう．ECHRとロシアとの間のこうした関係性の中で，最近になって，特に大きな物議を醸しているのが，ロシア連邦憲法裁判所とECHR双方の判決の齟齬をめぐる政治対立問題である．この両者の政治対立問題の背景には，ECHRが，1996年における同国のCE加盟以来，ロシアが国内で「再発する人権侵害へと導く，その根底にある状態に目を向けてはいないために，しばしば，ロシアを非難」[Pomeranz 2012: 17] してきたという経緯がある．2011年，この両者の関係は，ロシアのC. マルキンのECHRへの告訴をめぐる問題をめぐって，大きく公然化した．すなわち，ECHRは，このマルキン訴訟において，初めて，ロシア連邦憲法裁判所による決定を本質的な意味において覆したのである．マルキン訴訟の具体的内容とその経緯については，以下の通りである．離婚した3人の子持ちの軍人であるマルキンは3年間の育児休暇を軍に対して求めたが，この要求は，こうした長期の育児休暇は女性軍人

に対してのみ許されているというロシア軍人地位法の規定に基づいて却下された. 彼はこの件で軍裁判所に告訴したが国内の裁判所も同様の判断を示し, ロシア連邦憲法裁判所も, マルキンが「軍人になるに当たって, 自らの市民的権利と自由に対する一定の制限に明確に同意している」[Pomeranz 2012: 17]などの理由をもって, 同じく, こうした下級審の判断を支持した.

これに対して, マルキンの告訴を受け入れたECHRの小法廷は, 2010年10月, 基本的な市民的権利と自由を保障するためにロシアの国内法を総体的に改正することを要求し, かつ, 人権の個人的な侵害に対して補償金の支払いを命じるという判決を下した. ECHRは, この訴訟で, 「3年間の育児休暇を女性軍人のみに認めるロシア軍人地位法が男性軍人を差別し, 人権条約に違反することを判示するとともに」, この法律が「平等原則に違反せず, 合憲であるとした連邦憲法裁の2009年の決定の論拠を判決理由において名指しで批判した」[小森田・佐藤 2011: 131]. ECHRのこの判決は, 「より広範な法的原則——そして, ロシアにおける法制度の完全性——に対する明確な攻撃」であり, それ故に, この事件は, 「ロシア憲法裁判所とECHRとの間の裂け目を公然化させる」結果となった [Pomeranz 2012: 18]. 通常, 「形式的には, ヨーロッパ人権条約が憲法の人権規範に統合されていない限り, ヨーロッパ人権裁判所と憲法裁判所が直接的に関係を持つことはない」とされるが, 「実際は, 両者の保護する人権内容がほぼ一致するため, 権利解釈において大きく異なる場合には人権規範が不安定になる. そうした状態を避けるには, 両裁判所の解釈が相互に接近する必要があり, 結果として憲法の自立性が失われる」[建石 2012: 167-168]という根本的な問題がこのマルキン訴訟をめぐって顕現化したと考えられ, この事件を契機として, 以後, ロシア連邦憲法裁判所とECHRとの関係は, 大きな政治対立問題へと発展していくことになるのである.

(3) 欧州人権裁判所との政治対立問題

マルキン訴訟は, ECHRに対する「ロシアの将来にわたる関わりについての重大な問題を提起する一連の対決の1つを示している」[Pomeranz 2012: 19]と考えられる. ロシア連邦憲法裁のゾルキン長官は, マルキン訴訟をめぐる問題について, 「ECHRの行動を過度に政治化させることに対して警告を与えた」けれども, ECHRの「この決定が, ロシアの立法者たちに対する敬意を欠いていることを示しているだけではなく, また, ロシアの国家主権に対する基本的

な挑戦を示すものである」と主張した［Pomeranz 2012: 18-19］．たとえば，ゾルキンは，ロシア連邦憲法15条（4）の規定に焦点を当て，この規定が「国際的な諸条約を「ロシアの法制度の構成要素」として承認し，かつ，そのことによって，ECHRの決定がロシアの法律に適用される導管の役割を果たしている」とした上で，「この分析枠組みが，国際的な合意とロシア憲法そのものとの間ではなく，国際的な諸条約とロシアの諸法との間の意見の不一致の場合においてのみ当てはまるものである」と論じる［Pomeranz 2012: 19］．このように，彼は，欧州人権条約が1993年憲法の15条（4）の規定に則ったロシアの法制度の構成要素であることを認めはするが，同条約が法的にロシア連邦憲法の上位に位置するものではないと主張することによって，自国の憲法に関わるロシア連邦憲法裁判所の判決がこれに関わるECHRのそれに対して優先されるとの主張を展開した．

　ゾルキン長官のこうした考え方は概ね憲法裁判所をはじめとするロシア側の公的な立場を体現するものであると捉えることができるだろう．当時，大統領であったD. メドヴェージェフも，即座に「我々は，それが如何なる国際裁判所であれ，如何なる外国の裁判所であれ，わが国の主権に関わる国内法を改正させる決定には屈しはしないであろう」［Pomeranz 2012: 19］との声明を出し，ロシア連邦憲法の最高法規性に関するこのゾルキン長官のECHRに対する反論に対して賛意を示した．ロシアとECHRとの政治的対立が進む中，2011年6月，連邦会議の副議長であったA. トルシンが，こうしたロシアの政権側の主張を踏まえる形で，ECHRに対する憲法裁の立場を強固なものにすることを主たる目的とする1つの法案を国家会議（下院）に提出した．この法案では，「ロシアの憲法裁が，問題となっている規範がロシア憲法と一致したものであることを確認しなければ，国際機関による如何なる決定も実効性を伴うものではない」とされ，それ故に，同法案は，ロシアの「憲法裁が，ECHRに対して事実上の拒否権を行使し得る」ことを想定していた［Pomeranz 2012: 19］．内外のメディアや人権団体は，このトルシン法案が欧州人権条約に根本的な意味において違反するものであると批判し，多くの批評家が，同法案をロシア法の構成要素としての国際法を承認するロシア連邦憲法に違反するものであるとの意見を述べた．また，当時，ECHRのロシア代表であったA. コヴレル判事は，「トルシンの発議がストラスブールの裁判所の指導部に不安をひき起こしている」［Pomeranz 2012: 19］と報告した．トルシン法案は，2011年7月，国家会議の「第

一読会で採択される予定であった」とされているが，実際には，それは審議未
了に終わり，同法案をめぐる議論は急遽，立ち消えとなった［小森田・佐藤 2011:
132］．その背景には，「技術的な」な問題とともに，メドヴェージェフ大統領
の反対など，同法案の成立が及ぼす影響に対する一定の政治的配慮があったと
言われている．

(4) 2015年の改正憲法裁判所法

ECHRとロシア連邦憲法裁判所との間の政治的対立問題は，メドヴェージェ
フの後を継いで，プーチンが大統領再任を果たした現タンデム政権下のロシア
において，今日，さらなる展開を見せている．2015年12月15日，ロシア連邦憲
法裁判所法の新たな改正法が，プーチン大統領の署名をもって発効した．同法
は，2015年7月14日付のロシア連邦憲法裁判所の判決（「No.21-П」）に従って準
備されたものであり，それは，ロシア連邦憲法裁判所に対して，国際的な人権
諸機関の判決がロシアにおいて有効であるかどうかを決定する権限を付与する
ものであった．憲法裁の判決「No.21-П」は，「立法者が，それに従って，ロ
シア連邦憲法裁判所が，ロシアに対する告訴に関して，ECHRの判決を行使す
るために，他の法律に対するロシア連邦憲法の優越性および優先性の諸原則に
基づいて，その行使の是非をめぐる問題の解決を可能なものにする特別な法手
続きを導入すべきである」[Zagonsk and Boulatov 2016: 1] との提案を行っており，
この判決において，ロシア連邦憲法裁判所は，ECHRの決定がロシアの連邦憲
法と矛盾していない場合においてのみ，同国内での執行が可能であるとの判断
を示した．

2015年12月に発効したこの新たな改正法は，「憲法裁判所が，それによって，
ECHRをはじめとする国際的な人権諸機関の判決が，行使しうるものであるの
か，ないのかを決定するプロセスを定義するものであり，それは，ロシア憲法
の解釈のために，権限のある連邦行政機関の特別な要請もしくはロシア大統領
およびロシア政府の要請において，開始されうるものである」と規定している．
また，同改正法は，「もし憲法裁判所が，国際人権機関の判決が行使されえな
いという帰結へと至る判決を出すならば，または，憲法裁判所がロシア憲法の
諸規定がその判決の行使を認めるものではないと解釈するならば，このことは，
ロシアにおける判決の行使を目的とするいかなる行動もしくは行為を遂行また
は採択することが禁止されるということを意味するであろう」とされている．

先述のロシア憲法裁の判決「No.21-П」では，「憲法裁判所が，例外的な場合において，もし，それがロシア憲法の基本的な原則および規範の違反を回避するための唯一可能な道であるならば，ECHRの判決を行使する義務からロシアが離れることができる[12]」と言及されており，同改正の主たる目的もまたここにあると指摘することができるだろう．ロシア連邦憲法裁は，この改正が，オーストリア，イギリス，ドイツおよびイタリアの事例と同じく，「ECHRのバランスのとれたアプローチを保証する[13]」ことを目的としたものであり，それが，「ほとんどの場合において，ロシア憲法と人権条約との間に軋轢を生じさせることはない」[Zagonsk and Boulatov 2016: 5]と述べているが，たとえば，CE議会会議のA．ブラッスール議長は，それが欧州人権条約に基づく「人権保護制度の権威と効率性を掘り崩すことになる」と警鐘を鳴らしつつ，ロシアによるこの法的措置に対して遺憾の意を表明している[Leach and Donald 2015: 3-4]．

2015年12月のこの新たな改正法は，ロシア連邦憲法裁判所に国際人権機関の判決が合憲であるか否かの決定を行う高い権限を認めるものであり，その意味において，同改正法はロシア連邦憲法裁の権限の強化につながるものであると言えるが，同憲法裁が政権による強い政治的圧力に晒されている現状において，この法的措置が同国における政治の司法化の誘因となり得るものであるのか，その是非については，現時点では定かではない．ECHRとロシア連邦憲法裁判所との間には，先に記したマルキン訴訟をめぐる対立以上に深刻な問題が山積みされている．ユーコスの株主たちに対する18億ユーロの支払いを命じた判決，同人権裁判所のロシア連邦保安庁（FSB）の電話盗聴に関わる「ローマン・ザハロフ対ロシア」判決，外国エージェント登録法やベスラン事件，ロシアによるクリミア併合をめぐる問題などはECHRとロシア連邦憲法裁判所との間の潜在的な対立の可能性を大きく秘めたものであると考えられ，2015年12月に発効した新たなロシア連邦憲法裁判所法の改正に基づく今後の展開が，この両裁判所間の関係にどのような政治的影響を与えるものとなるのか，また，それが，ロシアにおける司法の政治化もしくは政治の司法化という文脈との関係において如何なる意味を持つものとなるのか，その推移を注意深く見守っていく必要があると言えるだろう．

おわりに

　メドヴェージェフが大統領に就任した2008年，彼は，ロシアの現行の司法制度が同国指導部の政治的利害に利用されているという問題を「リーガル・ニヒリズム」と呼び，「政治的影響から裁判所をより独立した存在にするために真摯に努めていく」姿勢を示した〔Orttung 2008: 432〕．R. オチュングは，裁判官の地位をはじめとするロシアにおける司法の独立性の欠如について指摘した上で，今日の同国の裁判制度が直面する中心的な問題として，裁判所の決定の未執行率の高さ，判決前の根拠のない市民の拘留，裁判手続きの長期にわたる遅延および裁判所による情報公開の欠如といった基本的な弊害を挙げている〔Orttung 2008: 433〕．また，彼は，「独立した裁判所の欠如が，ロシアの政治的野党を当局からの恒久的な圧力に対して脆弱なものにしている」〔Orttung 2014: 527〕と述べた上で，現在の「プーチンの施政が，反対グループに対して広範な嫌がらせを行うために裁判所を組織的に利用している」〔Orttung 2014: 527〕状況に批判の目を向けている．

　2008年以降のプーチン＝メドヴェージェフ政権下のロシアでは，官僚の汚職を摘発しようとして逆に逮捕された弁護士S. マグニツキーが審理前の拘留中に拷問で死亡した事件に関わる訴訟，チェチェン問題で政権を公然と批判し暗殺された著名なジャーナリストのA. ポリトコフスカヤの容疑者に関わる訴訟，資産隠匿を主張する検察により2度目の審理が開始されたM. ホドルコフスキーおよびユーコス問題に関わる訴訟，ヘロイン売買で禁固刑を受けた野党活動家の妻T. オシポーヴァに関わる訴訟，プーチンに批判的な芸能活動を行ったロック・グループ「プッシー・ライオット」の2人の女性メンバーの禁固に関わる訴訟など，この数年だけでも，反政権の色調を帯びた政治的事件に関わる幾多の訴訟を取り上げることができる．これらの訴訟のほとんどが同国の裁判所において政権寄りの判決を見ており，これらの事件はまた，被告の自由と人権の侵害をめぐる問題に大きく関わるものである．ロシアにおける最近のこうした状況は，CEをはじめとする国際機関からの厳しい批判の目に晒されている．たとえば，上述のS. マグニツキー訴訟に関する報告書を作成したCEの議員会議であるPACEの書記A. グロスは，この訴訟を「所管の省庁，検事総局，調査委員会およびいくつかの裁判所の上級官僚たちが関与した大規模な隠ぺい

工作」〔Orttung 2014: 528〕として記述している.

　以上のように，現政権下のロシアにおいて，憲法裁判所をはじめとする同国の司法府に対する政権による政治圧力の強化については多くの論者が指摘するところであるが，特に，プーチン以後の憲法裁判所をはじめとするロシアの司法府が，その政治姿勢において，政権に対してより迎合的なものになっていることは明らかな事実であると思われる．ロシア連邦憲法裁判所との関係で言えば，先述したように，2014年になされたクリミア自治共和国とセヴァストポリ特別市を連邦構成主体としてロシア連邦に編入することを定めた国家編入条約の合憲性の認定や政治活動に関する外国から資金提供を受けるすべてのNGOに対して外国のエージェント機能を有する組織としての登録を義務づけた外国エージェント登録法の合憲性の裁定など，内外の注目を集めたこれらの問題に対するロシア連邦憲法裁判所の最近の一連の判断は，同裁判所のこうした政権寄りの姿勢を如実に示すものであると考えられる．このように，プーチン以後のロシアにおいて，現在のロシア連邦憲法裁判所は，独立した司法審査機関としての自らの政治的中立性を維持することがとても困難な状況下におかれていると言えるだろう．

　本章の冒頭でも記したサクワは，こうしたプーチン以後のロシアにおいて，エリツィン時代の1990年代の同国においても見られた疑似立憲主義的な傾向が著しく進んでいると論じる．彼によれば，「立憲国家の構造と，市民社会，特に，政党と議会のアカウンタビリティの構造との間に，行政レジームが現われ」，その「疑似立憲主義的な制度の創設が，1993年憲法の精神を侵食した」とされる〔Sakwa 2009: 10〕．たとえば，プーチンは2000年に，大統領が議長を務める協議機関として，連邦構成主体の執行機関の長により構成される国家評議会を創設したが，同評議会は，上院である連邦会議に類似した機能を持つものである．また，政府の協議機関である2005年に創設されたロシア社会公共院は，「法案と議会の活動を監視し，連邦および地域行政の活動を審査し，また，議会や政府に対して，国内問題についての拘束力のない勧告を行い，法令違反の嫌疑を取り調べ，国の諸機関からの情報提供を要請する」権限をもっている〔Sakwa 2009: 11〕．この2つの協議機関は，「議会の幾つかの審議上の代表機能に比肩するものであり，それ故に，議会の役割を損なう」〔Remington 2010: 65〕ものとなっている．こうしたプーチン以後のロシアにおける疑似立憲主義的な政治のあり方は，憲法秩序とは別に大統領の実質的な権力強化の方向へと導くものであり，

現行憲法で定められた議会をはじめとする国家の公的諸機関の権威を大きく掘り崩すものであると考えられる.

　このようなプーチン以後のロシア政治の現実にあって，憲法裁判所をはじめとする同国の司法機関がおかれている状況は，長年にわたる司法審査の経験を育んできた欧米諸国の民主主義的な観点から判断すれば，基本的に，政治の司法化ではなく，司法の政治化という文脈で論じられがちであると考えられる.たしかに，ソ連崩壊の時期から現在へと至るロシア連邦憲法裁判所の活動をめぐる基本的なプロセスは，同憲法裁判所の権限を相対的に制限するものとなっており，これに加えて，プーチン以後の時代における政権による政治圧力の高まりは，ロシアにおける司法の独立をめぐる問題にとって望ましいとは言えない数々のネガティブな影響を与えている.しかし，ロシアには，欧米民主主義諸国とは異なって，これまで，「市民の権利を保護し，かつ，独立した司法機関をもつ法治国家を維持するという伝統が欠如」しており［Sakwa 2009: 7］，1991年に憲法裁判所が同国において初めて創設されてから，まだ4半世紀の月日を数えたにすぎない.A. ティガンコフは，現在のロシアの政治制度が「民主主義とも，確立した権威主義体制とも言えない」状況にあり，「同国の制度を権威主義的なものとして提示する欧米諸国の評価は，しばしば，ロシアについての欧米との潜在的に誤解をまねく比較に基づいている」と論じた上で，「研究者が，主として，すべての国家を並べて比較するよりも，むしろ，ロシアをそれ自らの歴史的文脈の中に位置づける」観点こそが肝要であるとの指摘を行っている［Tsygankov 2014: 139］.

　先にも言及したように，憲法裁判所の活動は，ロシアにおいて，まだその途に就いたばかりである.欧米諸国の基準に従えば，憲法裁判所をはじめとするロシアの司法府が有する権威は未だ高い水準にあるとは言えないが，しかし，憲法裁判所を中心とする憲法監督制度の存在はこれまでのロシアの歴史には見られなかった現象であり，特に，憲法裁判所の活動は，1993年憲法下の同国において，市民の憲法上の権利と自由の侵害に関わる問題との関係で少なからぬ重要な役割を果たしてきたと考えられる.それ故に，同裁判所の今後の活動は，ロシアの政治的近代化と民主化プロセスを進展させる上で，けっして無視し得ない潜在的な可能性を有するものであると考えられる.ECHRとの関係で言えば，たとえば，ロシア連邦憲法裁は，2009年11月，欧州人権条約第6議定書の批准問題との関連において，「1999年以降とられてきた死刑適用・執行の凍結

措置を，2010年1月1日以降も引きつづき維持することを決定」しており，同国の死刑制度をめぐる判断に際して，その審理が「ロシア連邦の国際条約及び一般に認められた「国際法の原則と規範」の諸規定も考慮に入れて実現されなければならない」との裁判所としての明確な立場を示している［島村 2010: 97］．CEとの関係をはじめとするこうした，いわゆる「司法のグローバル化」をめぐる問題とのロシア連邦憲法裁との関係性はロシアにおける民主化プロセスの進展と密接に結びついたものであると言えるだろう．

　最後に，ここで論じたECHRとの政治対立問題との関連で，ロシア連邦憲法裁判所の最近の判決に一言ふれて，本章の締め括りとしたい．2016年4月，ロシア連邦憲法裁判所は，2015年12月にロシア連邦憲法裁判所法の新たな改正法が発効して初となるECHR判決の合憲性に関わる問題についての判決（No.12-II/2016）を下した．この判決において，ロシア連邦憲法裁は，囚人の選挙権行使を禁じるロシア連邦憲法の規定に関わる問題を取り扱った2013年7月4日の「アンチュゴフおよびグラドコフ対ロシア」訴訟におけるECHRの判決について，「これらの市民が，特別に重い犯罪の犯行のために，長期にわたって，自由の剥奪の判決を受けており，かつ，それゆえに，ECHRによって作成された基準に従ってさえ，選挙権の行使を期待することができない[14)]」ことを主たる理由として，ロシアの条約違反を指摘した上記のECHR判決を実行に移すことは不可能であるとの判断を示した．ECHRとロシア連邦憲法裁判所の法的関係性をめぐるこの問題がどのような決着を見るのか，今後の具体的な進展が大いに待たれるところである．

　追記
　　本章は，2016年12月刊行の『日本法学』（日本大学法学部）82（3）に掲載した論文に一部加筆修正を加えたものである．

注
1）この時期の憲法裁判所によってなされたもう1つの重要な決定は，共産党を非合法化し，かつ，その財産を国有化するという1991年秋に出された大統領令に関わるものである．1992年11月，同裁判所は，エリツィン大統領の行為の合憲性を審査しつつ，1991年8月のクーデター未遂事件の余波の中で大統領が行ったこの行為は同大統領の権限の範囲内でなされたものであったこと，しかし，共産党の党員たちが一般市民に働きかけて「草の根」的な諸組織をつくることを同大統領が禁止する権限を有してはいないとの裁定を行った［河原 2015: 8］．

2 ）「ロシア連邦憲法裁判所の主な判決・決定」（小森田秋夫ウェブサイト「ロシア・東欧法研究のページ」所収，http:ruseel.World.Coocan.jp/RCCindex.htm, 2014年10月14日アクセス）を参照.

3 ）1994年 7 月のロシア連邦憲法裁判所法の制定当初では，この19人の裁判官たちはそれぞれ10人と 9 人という割り振りで 2 つの小法廷に配置された．ほとんどの訴訟はこの 2 つの小法廷で審理されるが，ロシア連邦憲法と共和国憲法や地域の憲章との合憲性を争う訴訟や憲法解釈および大統領の弾劾手続きといった特に重要な判断を求められる裁定については，これとは別に，全員参加の大法廷が開廷されるとされた［Thorson 2012: 45］.

4 ）小森田前掲資料「ロシア連邦憲法裁判所の主な判決・決定」を参照（2014年10月14日アクセス）.

5 ）ロシア連邦憲法裁判所ホームページ（http://www.ksrf.ru/ru/Pages/default.aspx, 2016年 6 月10日アクセス）を参照.

6 ）ロシア連邦憲法裁判所ホームページ（http://www.ksrf.ru/ru/Pages/default.aspx, 2016年 1 月20日アクセス）を参照.

7 ）Press country profile "Russia"（http://www.echr.coe.int/Documents/CP_Russia_Eng.pdf.），Last uploaded: January 2016, p. 1.

8 ）*Ibid*, pp. 2-5.

9 ）当時，この法案が取り下げられた理由の 1 つとしては，「人権裁判所が下す膨大な判決の事後審査は，連邦憲法裁の裁判官の大幅な増幅なくして不可能」であるといった事情などを考えることができる［小森田・佐藤 2011: 132］.

10）"Law on the Procedure for Review by the Constitutional Court of the Russian Federation of Enforcement of ECHR Judgments," *Debevoise & Plimpton*, 21.12.2015, p.1. 20151221a_law_on_the_procedure_for_review_by_the_constitutional_court_of_echr_judgments_1.pdf（2016年 3 月 2 日アクセス）.

11）*Ibid.*, pp. 1-2.

12）*Ibid.*, p. 1.

13）"Putin signs law allowing Russia to declare decisions of ECHR unconstitutional," *Tass*（http://tass.com/politics/844067?_ga=1.55819746.87035641 1.1478708978, 2015年12月15日アクセス）.

14）"By the Judgment of 19th April, 2016 No.12-P/2016 the Constitutional Court resolved the question of the possibility to execute in accordance with the Constitution of the Russian Federation the Judgment of the European Court of Human Rights of 4th July, 2013 in the case of *Anchugov and Gladkov v. Russia*", p.2. ロシア連邦憲法裁判所ホームページを参照（http://www.ksrf.ru/Decision/Judgments/Documents/Resume19042016.pdf, 2016年 5 月19日アクセス）.

◆参考文献◆
邦文献

河原祐馬［2015］「ロシアにおける政治の『司法化』──憲法監督制度をめぐる問題との関連で──」『岡山大学法学会雑誌』64（3・4）.

小森田秋夫編［2003］『現代ロシア法』東京大学出版会.

小森田秋夫・佐藤史人［2011］「ロシア連邦憲法裁判所の判決──2011年」『法律時報』84（5）.

門田孝［2012］「人権保障におけるドイツ連邦憲法裁判所とヨーロッパ人権裁判所」『比較法研究』73.

佐藤史人［2014］「現代ロシアにおける権力分立の構造──大統領権限をめぐる憲法裁判の展開」『法政論集』255.

島村智子［2010］「ロシア──死刑の凍結措置をめぐる憲法裁判所の判断」『ジュリスト』1397.

杉浦一孝［2012］「人権保障におけるロシア憲法裁判所とヨーロッパ人権裁判所」『比較法研究』73.

建石真公子［2012］「総論」（ミニ・シンポジウム「人間保障における憲法裁判所とヨーロッパ人権裁判所」），『比較法研究』73.

外国語文献

Danks, C.［2009］*Politics Russia*, Pearson-Longman

Herspring, R. D.［2007］*Putin's Russia: Past Imperfect, Future Uncertain*, 3rd ed., Lanham, Md.: Rowman & Littlefield

Leach, P. and A. Donald［2015］"Russia Defies Strasbourg: Is Contagion Spreading ?" *European Human Rights Advocacy Centre*, Dec.,19（http://www.ejitalk.org/russia-defies-strasbourg-is-contagion-spreading, 2016年1月4日アクセス）.

Orttung, R. W.［2004］"Russia," in S. Hadbank-Kolaczkowska and C. T. Walker eds., *Nations in Transit 2004: Democratization from Central Europe to Eurasia*, Washington D.C.: Freedom House.

───────［2008］"Russia," in S. Hadbank-Kolaczkowska and C. T. Walker eds., *Nations in Transit 2008: Democratization from Central Europe to Eurasia*, Washington D.C.: Freedom House.

───────［2010］"Russia," in S. Hadbank-Kolaczkowska and C. T. Walker eds., *Nations in Transit 2010: Democratization from Central Europe to Eurasia*, Washington D.C.: Freedom House.

───────［2011］"Russia," in S. Hadbank-Kolaczkowska and C. T. Walker eds., *Nations in Transit 2011: Democratization from Central Europe to Eurasia*, Washington D.C.: Freedom House.

───────［2012］"Russia," in S. Hadbank-Kolaczkowska and C. T. Walker eds., *Nations in Transit 2012: Democratization from Central Europe to Eurasia*, Washington D.C.: Freedom House.

───────［2014］"Russia," in S. Hadbank-Kolaczkowska and C. T. Walker eds., *Nations in Transit* 2014: *Democratization from Central Europe to Eurasia*, Washington D.C.: Freedom House.

Pomeranz, W. E. [2012] "Uneasy Partners: Russia and the European Court of Human Rights," *Human Rights Brief*, 19 (3) (http://www.american.edu/hrbrief/19/3pomeranz.pdf #search=Russia%2c+, 2016年3月15日アクセス).

Попорница,Б.Н, Ю.М.Батурина и Р.Г. Орехова [1994] *Конституция Российской Федерации: Комментарий*, Юридическая Литература.

Remington, F. T. [2010] *Politics in Russia*, 6th ed., New York: Pearson-Longman.

Sakwa, R. ed. [2009] *Power and Policy on Putin's Russia*, London: Routledge.

Shiraev, E. [2013] *Russian Government and Politics*, Basingstoke: Palgrave macmillan

Thorson. L. C. [2012] *Politics, Judical Review, and the Russian Constitutional Court*, Basingstoke: Palgrave macmillan

Trochev, A. [2009] "All Appeals Lead to Strasbourg?: Unpacking the Impact of the European Court of Human Rights on Russia," *Demokratizatsiya*, 2, University of Wisconsin Legal Studies Research Paper 1082.

Tsygankov P. A. [2014] *The Strong State in Russia*, New York: Oxford University Press.

Zagonsk, J. and P. Boulatov [2016] "Russian law on the priority of the RF Constitution over resolutions of intergovernmental human right bodies," *White & Case*, Feb.,2016 (http://www.whitecase.com/publications/alert/russian-law-priority-rf-constitution-over-resolutions-intergovernmental-human, 2016年3月15日アクセス).

第10章 韓国における司法部の党派性の喪失と回復
―― 民主化以後の行政部の司法統制 ――

木 村　幹

はじめに
―― 李明博政権と朴槿恵政権 ――

　午後2時前，裁判長と裁判官2人が法廷に入った．裁判長は判決の言い渡しを始める前に，外交省から検察側を通じて，裁判所に提出された文書を読み上げた．行政府である外交当局が司法府である裁判所に要請をするのは極めて異例だ．傍聴席がざわついた[1]．

　2015年12月の日韓慰安婦合意は劇的だった．韓国政府はこれまで展開してきた慰安婦問題を巡る日本政府への法的賠償を求める主張を事実上取り下げる事になり，これを受ける形で日本政府は韓国政府が設立する財団に10億円の資金を拠出する事を約束した．両国政府は合わせてこの合意により慰安婦問題が「最終的かつ不可逆的に解決されることを確認」した事を明言し，これにより90年代初頭に本格化したこの問題が両国政府間の外交的問題として終結した事を公式に宣言した[2]．

　しかし，この唐突に見えた合意には前段階があった．2013年2月に成立した朴槿恵政権は当初から慰安婦問題における日本政府側の譲歩を強く要求し，この問題の前進なくして，両国間の首脳会談等はあり得ないという主張を行った．朴槿恵は合わせて状況を有利に働かせるべく，アメリカをはじめとする関係諸国に対し日韓間の歴史認識問題に関わる自国の主張を積極的にアピールした．

　とはいえ，このような朴槿恵政権の努力は慰安婦問題で日本政府を動かすには至らなかった．日本国内では朴槿恵の外交姿勢は日本に対する露骨なネガティブ

キャンペーンであると認識され，日本政府や世論の姿勢は硬化した．結果，日韓両国の間では３年にも渡り公式の首脳会談すら行われない異常事態が出現した．

　こう着状態が続く中，先に音を上げたのは韓国政府だった．背景にあったのは2015年に入って激化した南シナ海の諸諸島を巡る米中両国の対立であった．新たな状況の中，アメリカは共に自らの同盟国である日韓両国が対立する状況は，中国を利するものであるとして，両国に関係改善を強く要求したからである．時恰も第二次安倍政権が当初の歴史修正主義的な色彩を薄めて，対米協調路線を明確化する時期に当たっており，この動きをアメリカ政府は，日本政府が歴史認識問題において軟化した証拠だと受け止めた．対照的に，歴史認識問題において強硬な姿勢を取り続ける朴槿恵政権の姿勢は，アメリカの対中政策に対して非協力的なものと映る事となり，同時に展開された朴槿恵政権の中国重視政策と合わせて，アメリカ政府の強い反発を生むことになった．[3]

　こうしてアメリカからの強いプレッシャーに晒された朴槿恵政権は対日政策の転換を余儀なくされた．とはいえ彼らには厄介な問題が１つあった．それは韓国においては日韓間の歴史認識問題において鍵を握る機関として司法部があり，この司法部の判断が歴史認識問題を巡る日韓関係を度々揺るがして来た事であった．例えば，李明博政権期の2011年８月に出された，「日本軍慰安婦と原爆被害者らの賠償請求権問題を解決するために具体的な努力をつくさないのは憲法に反する」とする憲法裁判所の判決[4]は，それまで両国間の歴史認識問題に関わる事項に対して慎重な姿勢を貫いてきた李明博政権の姿勢を一変させる役割を果たした，と言われている．

　同じ李明博政権期の2013年５月には大法院（日本の最高裁判所に相当）が，日本統治下におけるいわゆる「徴用工」の動員について，1965年に締結された日韓請求権協定によっても「個人の請求権は消滅していない」という判断を下し[5]，韓国政府の公式見解である「従軍慰安婦，原爆被害者，サハリン残留韓国人の３点を除く全ての日韓間の請求権を巡る問題は日韓基本条約及びその付属協定により解決済み」という見解を覆した．

　だからこそ朴槿恵政権は慰安婦合意に先立って，司法部を統制しなければならなかった．そしてその典型的な表れが２つの判決だった．１つはフェリー沈没事件に因んで朴槿恵大統領を誹謗中傷したという嫌疑をかけられた産経新聞元支局長に関わるソウル地裁判決であり，もう１つは，日韓請求権協定における私的請求権の放棄を違憲とする訴えに対し，これを「本裁判所の管轄外」で

あるとして退けた憲法裁判所の判決だった[6].

　しかしながら，ここで１つ大きな疑問が持ち上がることになる．李明博政権とは異なり，どうして朴槿惠政権は司法部の統制に成功したのだろうか[7]．本章ではこの点を手掛かりとしつつ，韓国における行政府と司法部の関係について考える事としたい．

1　韓国における行政と司法

　李明博政権期と朴槿惠政権期の司法と行政の関係を考える上で，見落とされてはならないのは，この連続する２つの政権期に大きな制度的変化が存在しない事である．言い換えるなら，歴史認識問題において司法部の判決に苦しめられた李明博政権期の状況と，同じ問題で易々と司法部を統制して見せた朴槿惠政権期の状況は，同じ制度の下，招来された訳である．

　それでは相反する状況を同時に可能にした韓国の司法制度とはどのようなものなのだろうか．最初に述べなければならないのは，韓国の司法制度には２つの頂点が存在する事である．即ち，最高裁判所が個々の事案についての最終決定権と併せて違憲立法審査権をも持つ日本の司法制度とは異なり，韓国の司法制度においては個々の事案についての最終決定権を持つ大法院とは別個に，独立した憲法裁判所が存在する．憲法裁判所は違憲立法審査権のみならず，国家による大統領弾劾や政党解散決定に対する審判権をも与えられており，時にその決定は大法院のそれよりも大きな政治的影響を与える事になる．

　では，このような２つの頂点を持つ韓国の司法制度はより具体的にはどの様な構造になっているのであろうか．憲法の条文から重要部分を引用すれば次のようになる[8]．

　　　大法院
　　　104条①　大法院長は，国会の同意を待て，大統領が任命する．
　　　　　　②　裁判官は，大法院長の提請により，国会の同意を待て，大統領が任命する．
　　　105条①　大法院長の任期は，６年とし，重任することができない．
　　　　　　②　裁判官の任期は，６年とし，法律が定めるところにより，連任することができる．

憲法裁判所

111条① 憲法裁判所は，次の事項を管轄する．

1 法院の提請による法律の違憲性の審判

2 弾劾の審判

3 政党の解散の審判

4 国家機関相互間，国家機関と地方自治団体間又は地方自治団体相互間の権限争議に関する審判

5 法律が定める憲法訴願に関する審判

② 憲法裁判所は，裁判官の資格を有する9人の裁判官で構成し，裁判官は，大統領が任命する．

③ 前項の裁判官のうち，3人は国会で選出する者を，3人は大法院長が指名する者を任命する．

④ 憲法裁判所の長は，国会の同意を得て，裁判官の中から大統領が任命する．

112条① 憲法裁判所裁判官の任期は，6年とし，法律が定めるところにより，連任することができる．

　以上のような司法部に関わる憲法上の規定においてまず注目すべきは，人事である．多くの先行研究が指摘する様に，人事権は行政府が司法部に対して影響力を及ぼす最も重要な要素であり，その影響力の度合いは制度的設計に大きく左右されるからである [Bailey and Maltzman 2011; Ferejohn and Pasquale 2004]．例えばよく知られているように，アメリカにおいて連邦最高裁裁判官は，大統領が「上院の助言と同意に基づいて任命する」ものと定められている[9]．この事は任命された最高裁裁判官が「善行を保持する限り」，即ち，死去或いは自らが引退を決断するまでの間，その地位を保証されている事とも相まって，最高裁裁判官に欠員が生じる度に，大統領がどの様な党派的立場を有する人物を裁判官に任命するか，を大きな政治的問題とさせる事となっている．何故なら，この権限により大統領は自らの任期終了後も，アメリカ政治に影響を与える事ができるのみならず，続く大統領達はこのような先立つ大統領達によって任命された裁判官達の判決や決定の影響下に置かれる事になるからである [Breyer 2010]．

　このような観点から韓国における大法院及び憲法裁判所裁判官の任命につい

てみた時に重要なのは，第1に米国と異なり韓国では裁判官の任期に限りがある事である．即ち，韓国おける裁判官の任期は大法院，憲法裁判所ともに6年と定められている．第2にそれぞれの裁判官の任命について，大法院については「国会の同意を待て，大統領が任命する」形になっているのに対し，憲法裁判所については，事実上，大統領，国会，大法院長の3者が3名ずつの人事権を有する形になっている．この事はアメリカと異なり，先立つ大統領による裁判官任命の政治的影響力が一定期間しか継続しない事，またその影響力は大法院に対してよりも憲法裁判所において長期に継続する可能性がある，という事を意味している．何故なら，憲法裁判所においては，先立つ大統領が任命した大法院長が憲法裁判所裁判官を任命する事により最長12年間，影響力が継続する可能性があるからである．

　この事は1987年の民主化以降，韓国において2度の保守・進歩2大勢力間での政権交代が存在した事，また同じ保守・進歩勢力の内部においても政治・政党勢力の分裂・糾合が繰り返されたことと相まって重要な意味を持つ事となる．即ち，これにより政策的理念の異なる過去の大統領等により任命された裁判官の判決や決定が，続く政権の政策運営に影響を与える事になるからである．

　そして，この事は民主化以後の，韓国における行政府と司法府の関係に対して重要な示唆を与えている．即ち，第1にこの国における行政府の司法部に対する統制力は，各々の政権が与えられた司法部に関わる人事権行使の機会の多少により，影響を受ける事である．憲法裁判所の人事における国会割り当て分が与野党に別個に存在する事に表れているように，韓国においては，裁判官が党派性を帯びている事をある程度自明の前提として人事が行われており，それ故，各々の政権がどのような司法部に対する人事権行使の機会を与えられているかは極めて重要な変数にある．

　しかし，それだけなら韓国における各政権の司法部に対する影響力行使の機会は，国会議員4年，大統領5年，そして主要裁判官6年という，変則的な任期を持つ人事制度の下，機械的に与えられるだけに過ぎない．注意すべきは，このような人事権の行使の機会は，例えば民主化以後の状況においても，何らかの理由により追加的に与えられる可能性もあったという事である．問題は，そのような機会がどのような原理により与えられ，またその機会がどのように運用されるかである．

　とはいえ同時にその定義上当然に，民主化以後の状況においては，行政部に

よる司法部に対するむき出しの物理的暴力を用いた介入は許容されない．何故ならそのような行為は民主化された制度の下では正統性がなく，また，イデオロギー的にも「民主化」の理念に反するものとして排除されざるを得ないからである．故に，行政府が追加的な人事権行使の機会を得る場合においても，その獲得は最低限次の2つの要素を満たさなければならない．つまり，第1に民主化後の制度との矛盾を来さない事，そして第2にこの制度を支える民主主義の理念に沿って行われる事である．

　それでは，韓国では実際にはどのような現象が見られたのだろうか．そしてそれは同じ民主化後の政権である李明博政権と朴槿恵政権の間にどの様な違いを齎したのだろうか．次にその点について，民主化以後の政治状況の前提である，権威主義政権下まで遡って見てみる事にしよう．

2　「司法波動」と大統領人事

　1948年の大韓民国成立直後の行政府と司法部の関係は複雑であった．初代大法院長であった金炳魯は，日本統治期における民族運動家等に対する弁護活動に由来する独自の正統性を有しており，度々初代大統領李承晩と対立した．しかしこの状況は金炳魯が疾病により大法院長を辞し，職業裁判官が同じ職を占める時期になると変化した．第2代大法院長に就任した金斗一が後に転じて，不正選挙として知られる[10]1960年3月15日の大統領選挙時の中央選挙管理委員会委員長に就任した事に表れているように，彼らが政権との対立よりも協調を選択したからである．[11]こうして韓国の司法部は行政部の従属下に置かれて行く．

　司法部が行政部への従属的状況に置かれた状況は李承晩が退陣した後も変わる事はなかった．朴正熙政権における3名の大法院長中，2名が法務部長官経験者だった事に象徴されている様に，行政府と司法部の距離はむしろ，この時期更に接近した．全斗煥政権期の大半で大法院長を務めた兪泰興もまた，就任直前に朴正熙暗殺事件の被疑者である金載圭の死刑判決を書き，光州事件との関係を追求した「金大中内乱陰謀事件」で死刑判決を出すなど，時の政権の施策に積極的に協力した人物として知られている．

　権威主義政権期の司法部の行政府に対する従属的なあり方の原因の1つは，行政府が司法部の人事を支配したからである．つまり憲法上の身分規定にも拘らず，行政府は司法部人事に頻繁に介入した．その事は80年代の兪泰興以前に

「任期満了で退任」できた大法院長が存在しなかった事に典型的に表れている[12].

　興味深いのは韓国における行政部に対する司法部の従属的な関係が，民主化以後も事実上継続して行った事である．ここにおいて重要なのは，「司法波動」という独特の現象であった．例えば，全斗煥政権末期の1986年4月に大法院長に任命された金容喆は，民主化を前後する激変期に「外部の視線」を意識した裁判官人事を行うなどして，韓国司法部の「用心深い変化」を主導した，と言われている．だが，この金容喆は，民主化を経て，新たに盧泰愚政権が発足した1988年，「司法改革」を求める下級審裁判官達からの突き上げによる「第二次司法波動」により辞職へと追い込まれた．後任には，朴正煕政権下の1975年「人民革命党事件」にて，死刑判決に異議を唱える勇気ある少数意見を書いた人物として知られる李一珪が就任し，盧泰愚政権の下，「司法の独立」に尽力した．

　ここにおいて重要なのは，民主化後しばらくの韓国においては，「司法改革を求める下級審裁判官たちの突き上げ」が「司法部の民主化」の重要な一過程であると受け止められていた事，そして行政部がこのような「司法部の民主化」の論理を利用して，逆に自らの司法部への介入継続を正当化できた事である．その事は当時のこの現象が1971年，朴正煕政権における「行政府の司法介入」に対して行われた全国の裁判官の抗議活動である「第一次司法波動」に由来する名称を用いて表現された事に典型的に表れている．

　続く金泳三政権期にも同じ事が繰り返された．李一珪の退官後，大法院長に就任した金徳柱は，金泳三が大統領に就任した1993年，またもや勃発した下級審裁判官たちからの突き上げにより辞職，この事件は「第三次司法波動」と呼ばれることとなる．金泳三は代わって尹錧を大法院長に任命し，「司法改革」に従事させた．即ち，この2回に渡る「司法波動」により，韓国の大統領は本来の予定より早い段階において，大法院長人事を行う機会を得，司法部への統制を強めていった訳である．尹錧は1999年までの任期を全う，前年大統領に就任した金大中が新たに崔鍾泳を大法院長に任命し，盧武鉉政権に至る事となっている[13][14].

3　転換期としての盧武鉉政権期

　以上見てきたことから明らかなように，嘗ての韓国において司法部は行政府に対し従属的或いは協調的な立場にあった．しかしこの状況は盧武鉉政権期に

入ると大きく変わる事となる．即ち，同政権期には，司法部は行政の施策に異を唱える判決を数多く出すようになるのである[15]．

　このような盧武鉉政権下における行政府と司法部の対立には伏線があった．先に見たように民主化以降暫くの間の韓国には，政権交代直後，「司法改革」を求める若手裁判官達が改革の声を挙げ，これに応える形で大統領が前政権の任命した大法院長等を更迭して，自らの意に沿った人物を任命する事が繰り返されて来た．

　しかし，同じメカニズムは盧武鉉政権期には十分働かなかった．尤もその機会が全く存在しなかった訳ではない．盧武鉉政権出帆直後の2003年，またもや下級審裁判官らが司法改革を求めた「第四次司法波動」[16]が勃発したからである．だが，この動きは結局，盧武鉉政権による司法部人事の入れ替えまでには発展しなかった．つまり，盧武鉉政権期は「司法波動」を用いて，政権出帆と同時に司法部の人事に介入する事ができなかった訳である[17]．

　だからこそ，政権初期の段階で自らに近い人物を司法部に送り込めなかった盧武鉉政権の司法部に対する統制は困難を極める事となった．盧武鉉と崔鍾泳大法院長の関係は緊密というには遠く，この時期の大法院は盧武鉉政権の求める「司法改革」に消極的な姿勢を取り続けた[18]．このような大法院と盧武鉉政権の対立状況は，2005年，盧武鉉自身の任命により李容勳が大法院長に就任するまで続けられた．

　盧武鉉政権期における司法部と行政部の関係を考える上で，もう1つ重要だったのは，重要性を増した憲法裁判所との関係であった．憲法裁判所の重要性増加には理由があった．1つはこの時期における活動増加である．1988年の第6共和国成立とともに出帆した憲法裁判所に対する所願は，以後一貫して増加し[19]，2001年以後は年間1000件以上もの訴訟が提起されている．憲法裁判所の側もまた，この期待に応える形で多くの違憲判決を出している．

　とはいえより重要だったのは2004年に勃発した盧武鉉大統領弾劾事件であった．2003年，大統領に就任した盧武鉉は翌年の国会議員選挙を前にして，与党，新千年民主党を脱党して，自らを支持する改革派のみを集めた「ヨルリン・ウリ党」を結成した．残された与党残留派は当時国会の多数を占めていた野党ハンナラ党と協力して大統領弾劾決議案を提出し，2004年4月，決議案は国会を通過した．

　大統領弾劾決議の審判権は憲法裁判所に与えられており，世論はこの審判結

果に注目した．例えば当時の『朝鮮日報』は次のように報じている．

　盧武鉉大統領の弾劾審判を受け持っている憲法裁判所に対する関心が爆発的に高まっている．
　2002年12月に憲法裁判所のホームページに掲示板が設置されてから１年間で3000余の書き込みしかなかったが，弾劾案が可決されてから４日間で5000件を超える書き込みがあった．憲法裁判所側はページビューの急増のためにサイトが麻痺する事態が発生すると，急いでサーバーの容量を増やした．
　問い合わせの電話も殺到している．憲法裁判所の民願（国民の請願）室には朝晩を問わず，弾劾の手続きや時期を問う質問から，最終結果や弾劾をしてはならないという電話までかかってくる状態であるため，職員は頭を抱えている[20]．

　盧武鉉政権にとって厄介だったのは，与党の分裂が本来なら与党の支持に回る事が期待された，前政権期に任命された盧武鉉と同じ進歩派に属する筈の裁判官達を中立化させた事だった．そしてこの様な憲法裁判所の裁判官の中立化は同時に，裁判所への世論の強い影響力を齎した．例えば，憲法裁判所長官であった尹永哲は弾劾審判を終えた2004年９月，憲法裁判所の役割について以下のように語っている．

　憲法裁判所は1987年６月の民主化運動を時代的背景として，国民の基本権保証を熱望する中，設立された．［中略］変化する時代精神の大きな流れの中で基本権保証と憲法精神を具現する本来の役割と使命を全うする為に全力を尽くしたい（傍点引用者）[21]．

　重要なのはこうして彼らが世論を１つの手がかりとして，行政部に対抗し得る独自の正統性を獲得して行った事だった．こうして後に一部で「国民情緒法」とさえ揶揄される事になる裁判への強い世論の影響力が出現する［浅羽 2013］．即ち，彼らは大統領への弾劾に対しては世論の後押しを受ける形で，弾劾を棄却する一方で，同じ盧武鉉政権が推進した忠清道地域への首都移転計画については，これに否定的であった当時の世論を受けて，「特別法は『わが国の首都はソウル』という，憲法体系上自明な不文の『慣習憲法』を憲法改正の手続きなしに変更するものだ」という些か苦しい法的論理まで持ち出して，違憲決定

を打ち出した．当時の与党の裁判所に対する苛立ちについて，『東亜日報』は次のように報じている．

　政府与党が憲法裁判所の首都移転特別法違憲決定に反発するのは間違っている．大統領府と与党ヨルリン・ウリ党の内部では承服の姿はなく，かえって憲法裁を激しく批判し糾弾する声が主流を成している．一昨日と昨日，政府与党側の発言を見てみれば，憲法裁への不満がそのまま現れている．彼らは，「憲法裁が憲法をき損した」，「身の程知らずに傲慢な決定を出した」，「憲法裁裁判官の任用に問題がある」，「裁判官を弾劾しなければならない」などの言葉を吐き出した．憲法裁が盧武鉉大統領弾劾訴追案を棄却した時に見せた賛辞一辺倒の姿勢とは180度変わった姿だ[22]．

　さてそれではこのような状況は本章の主たる検討対象である，李明博・朴槿恵政権においてはどうだったのだろうか．次にこの点について具体的に見てみる事としたい．

4　李明博政権と歴史認識問題における司法

　2008年に成立した李明博政権は本来，強い政治基盤を持った政権の筈だった．僅差で大統領選挙を制した金大中・盧武鉉とは異なり，民主化以降の歴代大統領中，対立候補に最も大きな差をつけて当選した李明博の政権には，政権出帆直後に行われた国会議員選挙でも与党ハンナラ党が過半数を制するなど，安定した運営が可能な状況が整っていた．加えて李明博政権はその支持率においても順調だった．政権発足直後こそ突如勃発した「アメリカ産牛肉輸入反対運動」により大きく支持率を低下させた李明博［木村 2009］はその後に韓国を襲ったリーマンショックから始まる金融危機を巧みに切り抜ける事により，支持率を急回復させたからである．その水準は政権獲得3年目には民主化以降の歴代韓国大統領の中で大統領就任後同時期の支持率で第1位を記録するまでになり，その後もこの高支持率を政権獲得4年目頃まで維持する事となった．

　この李明博にとって，掌握に困難を極めた数少ない存在が司法部だった．司法部と李明博の関係は当初から円滑ではなく，その事は大統領当選後の李明博に対する不正資金疑惑捜査を巡る所謂「李明博特検法」を巡る政治状況に典型

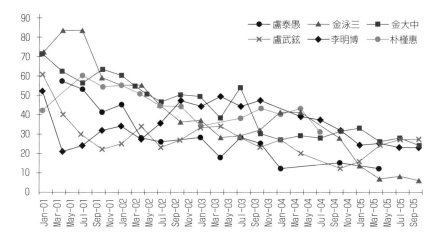

図10-1　民主化以降大統領支持率推移

（注）韓国ギャラップホームページより筆者作成．한국갤럽조사연구소，http://www.gallup.co.kr/（2016年7月12日アクセス）．

的に表れた．盧武鉉政権期の与党，統合民主党（ヨルリン・ウリ党の後継政党）の主導により成立したこの法律に対し，野党，ハンナラ党は「特定個人を処罰するための処分的法律」だとして違憲審査を請求したが，憲法裁判所はこれを退ける事になっている．併せてハンナラ党は，この法律で李明博の捜査に当たる特別検査官の推薦が大法院によりなされる形になっていた事に対しても，検察と裁判所の分離を定めた憲法原則に反するものとして非難した．

　重要なのはこのようなハンナラ党の主張の背後に，金大中・盧武鉉と2期に渡って続いた進歩派政権により任命された裁判官達が，保守派政党から大統領に当選した李明博を不利に扱うのではないか，という危惧があった事である．2007年選挙における李明博の当選は，10年ぶりの与野党間の政権交代であり，そこにおける旧与党勢力が任命した裁判官に掌握される司法部と新行政部との対立は予想された事態だったのである．

　加えて，李明博にとって厄介だったのは盧武鉉政権期の司法部人事が政権後期に集中した事だった．とりわけ重要だったのは憲法裁判所だった．盧武鉉は大法院長の人事を大統領弾劾棄却後の2005年に行い，その掌握に努めた後，政権最末期の2007年になってようやく憲法裁判所長官人事を行っている．盧武鉉

政権における憲法裁判所人事が同じ6年の任期を持つ大法院長人事に対して大きく遅れた理由は2つあった．1つは並行する筈の大法院長人事が盧泰愚・金泳三政権期の「司法波動」により，前倒して行われて来た事，もう1つは弾劾事件と首都移転違憲決定以後の憲法裁判所の重要化以降，憲法裁判所人事が政治的焦点として浮上していた事である．

例えば，2006年には，盧武鉉は任期満了にて退任する尹永哲憲法裁判所長官の後任に，全孝淑を指名したものの，国会はこの人事案への同意を拒否，1年間，憲法裁判所長官が空席のまま推移する異常事態が出現した．背景にあったのは，2003年，盧武鉉により憲法裁判所裁判官に任命された全孝淑には，憲法の規定上残任の3年間しか同長官を務められない可能性がある事だった．盧武鉉はこれを回避するために，彼女に一旦裁判官を辞職させてから，長官に任命する事で6年の任用期間を与えようとしたが，この手続きが特定の人物に異例の9年間の憲法裁判所での地位を与えるものとして問題視される事になった訳である．任期後半に入り支持率を低下させていた盧武鉉政権は，国会で過半数を占めていた与党の統制すらできない状況にあった．最終的に盧武鉉は政権最末期の2007年1月，「より無難な人物」として，金大中政権期に大法院裁判官を務めた李康國を憲法裁判所長官に指名，何とか国会の同意を取り付ける事に成功した．

問題は，こうした憲法裁判所長官人事の遅れが，2007年に次ぐ憲法裁判所長官人事の機会を2013年にさせた事である．そして李明博の大統領としての任期は2008年2月から5年間であったから，これにより李明博は1988年の憲法裁判所設置以来，初めて憲法裁判所長官人事を行う事が事実上不可能な大統領と

表10-1　李明博政権当初の憲法裁判所裁判官一覧

氏　名	推薦者	推薦者職位	就任年月	退任予定年月
李康國	盧武鉉	大統領	2007年1月	2013年1月
宋斗煥	盧武鉉	大統領	2007年3月	2013年3月
金熙玉	盧武鉉	大統領	2006年9月	2012年9月
金鍾大	李容勳	大法院長	2006年9月	2012年9月
李恭炫	李容勳	大法院長	2005年3月	2011年3月
閔亨基	李容勳	大法院長	2006年9月	2012年9月
睦榮埈	与野党合意	国会	2006年9月	2012年9月
曹大鉉	ウリ党	国会	2005年7月	2011年7月
李東洽	ハンナラ党	国会	2006年9月	2012年9月

（注）大法院長の李容勳は盧武鉉の任命．任期は2005年9月から2011年11月であった．彼は任期末期の2011年3月任命権を再び行使し，李恭炫の後任に李貞美を指名している．

なった.

　李明博にとっての憲法裁判所との悪縁はそれだけではなかった．なぜなら長官を除く残り８人の憲法裁判所裁判官もまた，盧武鉉政権後期になって任命された人々であったからである．

　結局，2008年に出帆した李明博が憲法裁判所に関わる人事権を行使できたのは，憲法裁判所長官を除く裁判官においてさえ任期が残り１年を切ってからに過ぎなかった．明らかなのは李明博が自らの任期の大半を盧武鉉政権期に任命された進歩的なイデオロギーを持つ憲法裁判所の裁判官達と向き合わなければならなかった事である．

　そしてこの様な中，新たに憲法裁判所が注目を集める事態が勃発した．背景にあったのは，歴史認識問題において活動する運動諸団体の戦略転換だった．1990年代初頭以来，日本国内の裁判所を舞台として行われていた歴史認識問題に関わる裁判は軒並み原告敗訴に終わり，運動団体は日本の裁判所における闘争を断念し，提訴の場を韓国の裁判所に求める事となったのである．そしてこれら運動団体のターゲットの１つとして選ばれたのが，運動団体に近い進歩派の裁判官が多くを占める憲法裁判所だった．そして既に述べた様に，2011年8月，憲法裁判所は，6対3にて「日本軍慰安婦と原爆被害者らの賠償請求権問題を解決するために具体的な努力をつくさない韓国政府の姿勢は違憲である」とする決定を下す事になった．決定に賛成した裁判官は，宋斗煥，金熙玉，金鍾大，睦榮埈，曹大鉉，李貞美，反対した裁判官は裁判長である李康國，閔亨

表10-2　李明博政権出帆時の大法院裁判官一覧

氏　名	就　任	退　任
高鉉哲	2003年 2 月16日	2009年 2 月17日
金龍潭	2003年 9 月12日	2009年 9 月11日
金英蘭	2004年 8 月25日	2010年 8 月24日
梁承泰	2005年 2 月28日	2011年 2 月28日
李容勳	2005年 9 月25日	2011年 9 月23日
金滉植	2005年11月21日	2008年 7 月28日
朴時煥	2005年11月21日	2011年11月20日
金知衡	2005年11月21日	2011年11月20日
李鴻薫	2006年 7 月11日	2011年 5 月31日
朴一煥	2006年 7 月11日	2012年 7 月10日
金能煥	2006年 7 月11日	2012年 7 月10日
田秀安	2006年 7 月11日	2012年 7 月10日
安大熙	2006年 7 月11日	2012年 7 月10日

（注）欠員1名．この人事は2008年3月4日に行われている．

基，李東洽．李康國は盧武鉉政権末期に「無難な人物」として盧武鉉が「次善の候補」として選ぶ事を余儀なされた人物であり，また，李東洽は唯一のハンナラ党推薦の憲法裁判所裁判官であったから，当時の憲法裁判所裁判官達の党派性の違いが鮮明に表れた判決であった．

李明博政権の裁判所との悪縁は程度の差こそあれ大法院についてもいう事ができた．

再び明らかなのは，李明博政権にとっての大法院人事の機会もまた政権4年目および5年目に偏っていた事である．即ち，ここにおいても再び李明博は自らとは党派性を異にする盧武鉉政権期に任命された裁判官等と自らの任期の大半において向き合うことを余儀なくされる事になった訳である．

もちろん，「司法波動」が頻発した時代に大統領に就任していれば，李明博もまた下級審を中心とする裁判官の動きを利用して，自らの人事権行使の機会を追加的に獲得できたかも知れない．しかしながら，盧武鉉政権期同様，李明博政権もまたこの手段に訴える事ができなかった．1987年の民主化から李明博政権が成立した2008年までの間には既に21年の年月が経過しており，「民主化」を口実に制度を恣意的に運用する事はもはや不可能になっていた．[25]

このような状況は李明博政権をして司法部の統制を著しく困難ものとさせた．そしてこのような中，歴史認識問題にて活動を行う諸団体が司法部を利用してこれまでの行政部の見解に挑戦する状況が作り上げられて行ったのである．

5　朴槿惠政権下の司法統制

以上，見てきたことから明らかなように，李明博政権下の行政と司法との関係において重要であったのは，この時期には先立つ進歩派政権期に任用された裁判官達が大法院や憲法裁判所に残任していた事である．そして彼らの保守派政権とは異なる党派性こそが行政部と司法部との対立を生んだ1つの理由であった．

しかし，2013年2月に出帆した朴槿惠政権を巡る事情は大きく異なっていた．第1に重要だったのは，同政権が先立つ政権と同じ保守政党を基盤としていた事である．だからこそ，李明博政権とは異なり，朴槿惠政権にとって前政権期に任用された裁判官の存在は，司法部統制の大きな阻害要因にはなり得なかった．

表10-3　2013年5月初めの憲法裁判所

氏　名	推薦者	推薦者職位	備　考
朴漢徹	朴槿惠	大統領	検察出身
徐基錫	朴槿惠	大統領	
趙龍鎬	朴槿惠	大統領	
金昌鍾	梁承泰	大法院長	
李貞美	李容勳	大法院長	
李鎭盛	梁承泰	大法院長	
姜日源	与野党合意	国会	
金二洙	民主統合党	国会	
安昌浩	セヌリ党	国会	検察出身

　第2に重要であったのは，朴槿惠政権の出帆期には盧武鉉政権の流れを汲む裁判官の多くが任期切れにより既に退場していた事である．大法院においては2012年7月の朴一煥，金能煥，田秀安，安大熙の4名の退任を最後に，全ての大法院裁判官は李明博政権期に任命された人物が占める事となっていた．事情は憲法裁判所においても同様だった．朴槿惠政権成立直後の憲法裁判所は裁判長が任期切れで空席であったのに加え，盧武鉉に任命された宋斗煥の任期切れが2013年3月に迫っており，朴槿惠は就任早々にこの2つの人事権を行使した．ここにおいて朴槿惠は大検察庁公安部長として，「アメリカ産牛肉輸入反対デモ」等の捜査にて敏腕を振るった後，李明博により憲法裁判所裁判官に任命された，検事出身の朴漢徹を裁判長に指名，これを「典型的な公安検事」による憲法裁判所支配だ，として批判する野党の反対を押し切り，国会の同意を取り付けた．朴槿惠は合わせて宋斗煥の後任に徐基錫，更には裁判長に移動した朴漢徹の後任に趙龍鎬を指名，大統領就任から1カ月にして，大統領が直接有する3名の憲法裁判所裁判官人事権を全て行使する機会を得る事になった．

　重要なのは，盧泰愚や金泳三が「司法波動」という民主化直後に見られた特殊なプロセスを経て，司法部への人事権行使の機会を獲得し，統制を強化していったのに対し，朴槿惠は大統領任期6年，裁判官任期6年という韓国独特の制度により，同じ人事権行使の機会を「偶然により」獲得した事である．

　そしてこのような裁判所の状況はすぐに判決にも如実に表れた．典型は2013年11月に勃発した「進歩党解散請求事件」であったろう．統合進歩党は国会に議席を有する政党としては最も進歩的な立場にある事で知られていたが，その幹部が北朝鮮との協力の下政府転覆を図った「内乱陰謀」の疑いで逮捕されたのを受けた韓国政府は，「政党の目的又は活動が，民主的基本秩序に違背する

ときは，政府は，憲法裁判所にその解散を提訴することができ，政党は，憲法裁判所の審判により解散される」とする憲法8条4項の規定に基づき，憲法裁判所に同党の解散を請求したのである．

進歩党は勿論，最大野党，民主統合党もまた，この請求を政府による恣意的な解散請求だとして激しく批判する中，2014年12月，憲法裁判所はこの請求を8対1の圧倒的多数で「認容」する事を決定した．反対したのは，民主統合党の推薦で憲法裁判所裁判官に就任していた金二洙1人に過ぎなかったから，ここでも裁判官の党派性の違いが重要な意味を持ったのは明らかだった．

ともあれ偶然の積み重ねにより，優位な状況を与えられた朴槿惠政権はこうして司法部の統制に成功した．そして，2015年末の一連の歴史認識問題に関わる司法部の従属的な姿勢もまた，まさにその表れであったのである．

おわりに

ここまで述べたことをまとめて見よう．結局，韓国の行政部と司法部の関係において重要だったのは，司法部の主要部を構成する人々がどのような経緯で任命されたかであり，とりわけ，先立つ政権によって任命された裁判官とどのような関係を有するかであった．

この点において民主化直後に展開されたのは，新政権の成立と同時に，改革を求める若手裁判官の運動，即ち「司法波動」を利用する形で，行政府が早期に人事を行い，司法部への統制を確立する事だった．しかし，この様な方法は盧武鉉政権期頃には困難となり，前政権に任命された裁判官たちは時に世論を1つの手がかりとして，行政府の前に立ちふさがる事となった．

そしてこのような状況が如実に表れたのが李明博政権期だった．この政権が与野党間の政権交代の産物として生まれた事，そしてにも拘らず，彼らに与えられた裁判官人事の機会が極めて少なかった事が重要だった．とりわけ急速に重要性を増した憲法裁判所人事を任期末期まで行えなかった事は，李明博政権の司法統制の大きな妨げとして機能した．

対して朴槿惠政権期には同じ問題は存在しなかった．朴槿惠政権下における司法部は同じ保守政党に属する李明博政権末期に任命された人物によって占められており，彼らが終始，政権に対して協力的な姿勢を取り続けたからである．とりわけ鍵を握る存在となっていた憲法裁判所に対して朴槿惠政権は，政権発

足直後に大規模な人事を行う機会を得，自らの好む人材を送り込む事に成功した．このような裁判所人事の掌握は，朴槿惠政権化における行政府と司法部の円滑な関係を支える最も重要な基盤となっていった．

　それでは以上のような経緯から何が言えるのだろうか．第1は，この様な状況が，大統領には5年，国会議員には4年，そして大法院・憲法裁判所裁判官には6年という，異なる任期を与えている変則的な制度の結果だという事である．だからこそ，韓国では異なる大統領が異なるタイミングで裁判官人事の機会を与えられる，という特異な状況が出現する訳である．

　とはいえ，このような制度的問題は，盧武鉉政権以前には大きな問題とはならなかった．何故なら民主化直後の歴代の政権は「司法波動」を生かして大法院長をはじめとする主要裁判官を早期辞職させる事で，自らと主要裁判所裁判官の間に存在した，憲法上の任期のギャップを調整する事ができたからである．

　だが，民主化から時期が過ぎ，大統領による恣意的な司法部統制に対する批判が強くなると，このような「変則的な制度に対する変則的な政治的調整」は不可能になった．盧武鉉政権期の状況はまさにその過渡期のものであり，以後歴代の政権は変則な制度の下，偶然により与えられた異なる環境の下，司法部への統制を試みる事を余儀なくされた．

　こうしてみると，そもそもの問題は憲法に規定された変則的な制度だという事がわかる．ではどうして韓国にはこのような変則的な制度が存在するのか．それはそもそもこの国の現在の骨格を決めた憲法が，当時の政治状況における「妥協の産物」として作られたからである．言い換えるなら，それはこの憲法が一定の時を経た後にどの様に機能するのかまでを考えられて作られていない事を意味している．1987年の民主化から30年．韓国もまた新たな制度的改革の時期を迎えている，のかも知れない．

図10-2　韓国政府主要ポストとその任命者

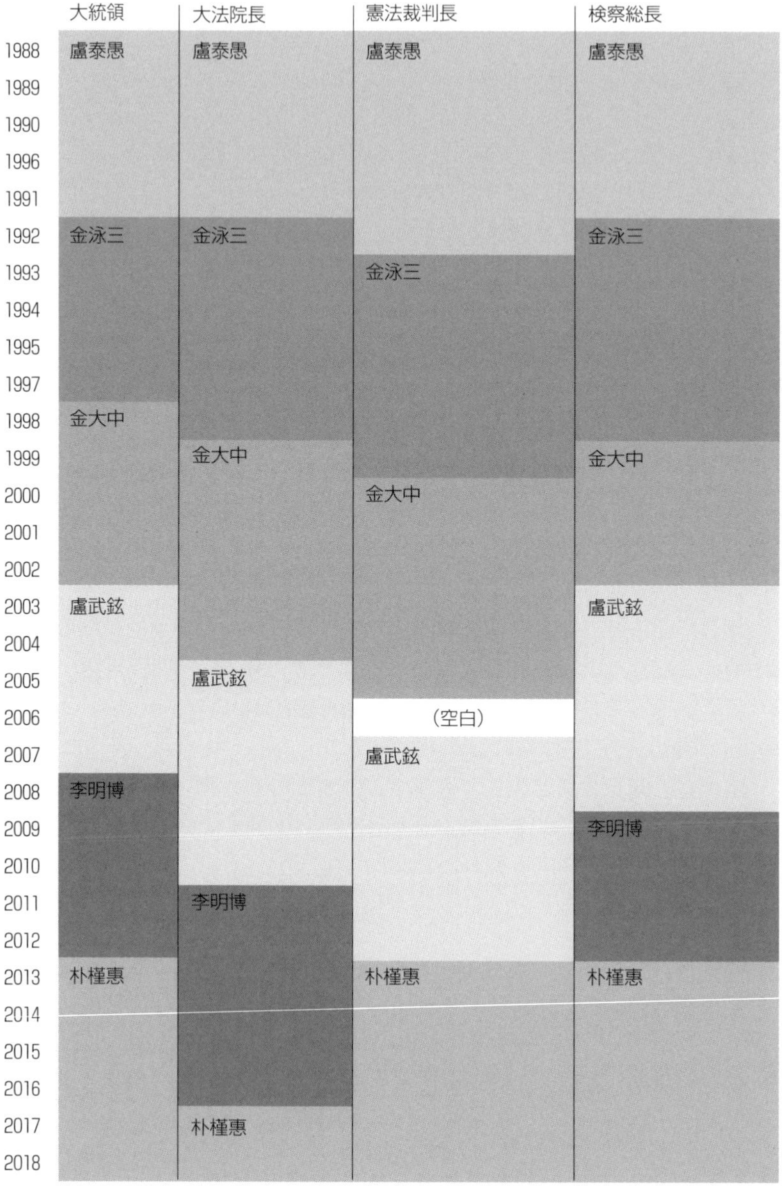

	大統領	大法院長	憲法裁判長	検察総長
1988	盧泰愚	盧泰愚	盧泰愚	盧泰愚
1989				
1990				
1996				
1991				
1992	金泳三	金泳三		金泳三
1993			金泳三	
1994				
1995				
1997				
1998	金大中			
1999		金大中		金大中
2000			金大中	
2001				
2002				
2003	盧武鉉			盧武鉉
2004				
2005		盧武鉉		
2006			（空白）	
2007			盧武鉉	
2008	李明博			
2009				李明博
2010				
2011		李明博		
2012				
2013	朴槿惠		朴槿惠	朴槿惠
2014				
2015				
2016				
2017		朴槿惠		
2018				

図10-3　歴代大統領の大法院人事

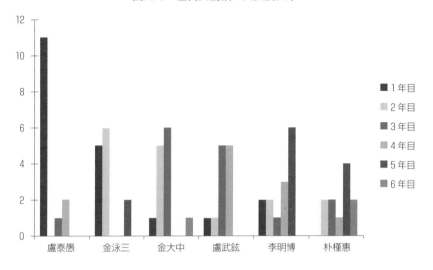

図10-4　歴代大統領の憲法裁判所人事

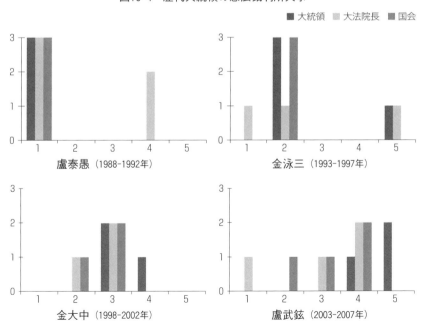

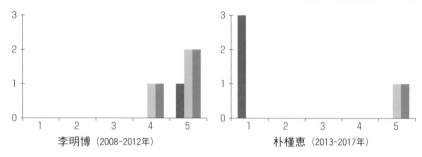

注

1) 『朝日新聞』2015年12月18日（http://www.asahi.com/articles/ASHDK64SQHDKUHBI02B.html, 2016年7月12日アクセス）.
2) 外務省「日韓外相会談」（http://www.mofa.go.jp/mofaj/a_o/na/kr/page4_001667.html, 2016年7月12日アクセス）.
3) この点については，木村・川島［2016］も参照の事.
4) 「대한민국과 일본국간의 재산 및 청구권에 관한 문제의 해결과 경제협력에 관한 협정 제3조 부작위 위헌확인」, 헌법재판정보, （http://search.ccourt.go.kr/, 2016年7月12日アクセス）.
5) 대법원「사건 2009다22549 손해배상（기）등」（http://www.scourt.go.kr/portal/dcboard/DcNewsListAction.work, 2016年7月12日アクセス）.
6) 「대한민국과 일본국 간의 재산 및 청구권에 관한 문제해결과 경제협력에 관한 협정 제2조 제2항（a）호 등 위헌소원」, 헌법재판정보（http://search.ccourt.go.kr/, 2016年7月12日アクセス）.
7) 朴槿恵政権の司法部に対する強い統制力は，左派政党である進歩党の解散請求にも表れている.
8) 국가법령정보센터「대한민국헌법」（http://www.law.go.kr/main.html, 2017年1月13日アクセス）. なお，日本語訳は「大韓民国憲法」（http://www.geocities.jp/koreanlaws/kenpou.html, 2016年12月16日アクセス），に拠った.
9) "The Constitution of the United States of America as amended,"（https://www.gpo.gov/fdsys/pkg/CDOC-110hdoc50/pdf/CDOC-110hdoc50.pdf, 2016年7月12日アクセス）.
10) 김진배『가인 김병로』가인기념회, 1983年.
11) 대법원「역대 대법원장」（http://www.scourt.go.kr/public/history/scsv_jus/index.html）. 以下，歴代大法院長の情報は上のデータベースに拠っている.
12) 「김용철 대법원장 체제 '조심스런 변화'의 바람」, 『한겨레』2010年3月21日（http://www.hani.co.kr/arti/society/society_general/411371.html, 2016年7月13日アクセス）.
13) 盧泰愚・金泳三両政権期とは異なり，金大中政権期には「司法波動」とこれによる大統領による司法部の大規模な人事の入れ替えは発生しなかった.

14)「司法波動」については，「사법부 출범 60년」『한국일보』2008年9月26日（http://
media.daum.net/society/others/view.html?cateid=1067&newsid=20080926023512149
&p=hankooki&RELATED=R10, 2016年7月12日アクセス）等.

15)「법원 '정치의 사법화' 넘어 '사법의 정치화' 논란」,『중앙일보』2014年9月15日（http://
news.jtbc.joins.com/article/article.aspx?news_id=NB10577072, 2016年7月13日アクセス）.

16) これまでの旧態依然たる大法院主導の司裁判官人事の改善，より具体的には当時内定
していた金龍潭の裁判官任命に反対して，女性裁判官の任命を求めるものであった.「특
집' '4차 사법파동'」,『주간동아』2003年8月28日（http://weekly.donga.com/, 2016
年10月27日アクセス）.

17) 尤も，この後盧武鉉はこの第4次司法波動における下級審裁判官たちの意見に合わせ
る形で女性をはじめとする自らに近い裁判官を任命していくことになった. 尤も，それ
は前職裁判官解任のような形ではなく，自らに与えられた人事権の範囲で行われた事が
重要である.

18)「최종영 대법원장의 6년을 비판한다」,『오마이뉴스』2005年7月20日（http://www.
ohmynews.com/NWS_Web/view/at_pg.aspx?CNTN_CD=A0000269070, 2016年7月12
日アクセス）.

19) 헌법 재판소「일반통계（http://www.ccourt.go.kr/cckhome/kor/info/selectEvent
GeneralStats.do）.

20)「憲法裁判所に爆発的な関心」,『朝鮮日報』2004年3月16日.

21)「탄핵심판은 국가혼란 잠재운 헌법−법치주의의 승리」,『동아일보』2004年9月1日
（http://news.donga.com/, 2016年10月27日アクセス）.

22)「[사설] '違憲 결정' 반발 옳지 않다」,『동아일보』2004年10月22日.

23) この事件については，「한나라당 대통령후보 이명박의 주가조작 등 범죄혐의의 진상
규명을 위한 특별검사의 임명 등에 관한 법률 위헌확인」, 헌법재판정보（httm://
http://search.ccourt.go.kr/）等を参照の事.

24) 判決は前出.

25) 類似した事例として，過去に存在した「国務総理署理」の事例がある. 金大中政権期
までの韓国では，大統領が指名した国務総理が国会にて認准を得られない場合には，大
統領が臨時に「国務総理署理」を置き，国会の認准を得ないまま実質的な国務総理の職
務を遂行する事が行われた. しかしこの敢行もまた，盧武鉉政権期には違憲とされる事
となっている（김재윤「국무총리서리에 대한 헌법적 논의」, 서강법학（8），2006年）.

◆参考文献◆
新聞データベース
朝日新聞記事データベース「聞蔵II」（https://database.asahi.com/index.shtml）
朝日新聞（http://www.asahi.com/articles/）
Big KINDS（http://www.bigkinds.or.kr/search/totalSearchMain.do）
동아일보（http://news.donga.com/）
오마이뉴스(http://www.ohmynews.com/NWS_Web/)（http://www.ohmynews.com/

NWS_Web/）

중앙일보（http://news.jtbc.joins.com/article/）

주간동아（http://weekly.donga.com/）

한겨레（http://www.hani.co.kr/arti/）

한국갤럽조사연구소，http://www.gallup.co.kr/）

司法データベース

국가법령정보센터（http://www.law.go.kr/main.html）

전국법원소식（http://www.scourt.go.kr/portal/dcboard/DcNewsListAction.work）

대법원「역대 대법원장」（http://www.scourt.go.kr/public/history/scsv_jus/index.html）

헌법재판정보（http://search.ccourt.go.kr/）

邦文献

浅羽祐樹［2013］『したたかな韓国――朴槿恵時代の戦略を探る――』NHK出版.

外務省［2015］「日韓外相会談」（http://www.mofa.go.jp/mofaj/a_o/na/kr/page4_001667.
html, 2016年12月16日アクセス）.

木村幹［2006］「韓国におけるイデオロギーとしてのポピュリズム――『アメリカ産牛肉
輸入問題』をめぐって――」，島田幸典・木村幹編『ポピュリズム・民主主義・政治
指導――制度的変動期の比較政治学――』ミネルヴァ書房.

木村幹・川島真［2016］「＜対談＞ 慰安婦問題合意は米中パワーゲームの『賜物』」『中央
公論』130（3）.

外国語文献

Breyer, S. ［2010］*Making Our Democracy Work: A Judge's View*, Kindle版.

Bailey, M. A. and F. Maltzma ［2011］*The Constrained Court: Law, Politics, and the
Decisions Justices Make*, Princeton: Princeton University Press

Ferejohn, J. A. and P. Pasquino ［2004］"Constitutional Adjudication: Lessons from
Europe," *Texas Law Review*, （82）.

"The Constitution of the United States of America as amended," （https://www.gpo.gov/
fdsys/pkg/CDOC-110hdoc50/pdf/CDOC-110hdoc50.pdf, 2016年12月16日アクセス）

韓国語文献

김재윤「국무총리서리에 대한 헌법적 논의」，『서강법학』（8），2006年.

김진배『가인 김병로』가인기념회，1983年.

あとがき

　本書は，東南アジアのタイ，インドネシア，フィリピン，マレーシア，ミャンマーを中心として，東北アジアの韓国，南アジアのインド，中東のエジプト，そしてロシアを取り上げて，それぞれの国における政治の司法化と民主化の関係を具体例に基づきながら考察した．インドを除くと，1980年代以後に民主化が始まった国，あるいは民主化がまだ進んでいない国である．民主化は非民主政治体制から民主政治体制への変化である．政治指導者を自由で公平な選挙で選ぶのが民主政治である．他方，司法化は，大まかにいえば，司法機関から政治への統制・拘束である．憲法違反の有無を問う違憲審査ばかりではなく，法令違反を問う司法審査も含まれる．

　アメリカでトランプ大統領が2017年1月の就任早々に出した命令に対して裁判所が違憲判断を下し，政治と司法が対立を深めて世界中の注目を浴びた．それは政治の司法化の典型的事例であった．政治の司法化は，日本ではあまり馴染みがない．最高裁判所が違憲審査に積極的ではないのが一因であろう．しかし，司法化は欧米では急拡大して学術研究の重要な対象となっており，アジア諸国でも重要な政治現象の1つとなりつつある．

　本書は民主化と司法化を扱っているため，二兎を追う者は一兎をも得ずの感を否めず，民主化研究としても，司法化研究としても不十分という誹りを免れない．しかしながら，司法化は先行研究がまだ少なく，政治との関係を論じたものはさらに少ない．アジア研究は特にそうである．先駆的な企てとして，ご寛恕いただければ幸いである．

　司法化に関する先行研究の多くは，司法の権限が強化された理由の解明に関心を向けてきた．司法化の効果，つまり司法が政治にどのような影響を与えたのかについてはあまり注意を払ってこなかった．本書では，司法化が，選挙民主主義にとってどのような意味を持っているのか，プラスになるのかマイナスになるのかそれともどちらでもないのかを，実例に基づいて解明しようと試みた．

各国の司法化と民主化をいま一度振り返っておこう．タイでは，1997年憲法で準備されていた司法化の仕組みが，2006年からフル稼働するようになった．裁判所と独立機関は，敵対する陣営の政治家に次々と鉄槌を下してきた．多数決民主主義の具現に不満や脅威を感じる人々は，広義の司法機関へ喝采を送った．類似の政策や行為であっても，当事者がどちらの陣営に属しているかによって司法判断が異なるという司法の政治化が顕著になった．司法機関は，敵視する勢力が国政選挙で勝利をおさめるため，立憲主義と君主制の道徳的正当性に依拠しながら，多数派の意見・意思を否定してきた．2006年と2014年の２度にわたって，説得力の乏しい理由で総選挙に無効判決を下す一方，軍事クーデタに対しては追認してきた．そこにおいて選挙民主主義と対立するのは，立憲民主主義よりもむしろ君主制である．

　インドネシアでは，1998年のスハルト体制崩壊後，民主化と司法化が相携えて進んできた．2003年に設置された憲法裁判所は，長官が汚職で逮捕されるという危機を乗り越えて，選挙の番人の役割を果たしてきた．憲法裁判所を支えてきたのは，選挙民主主義と法治主義をともに尊重する判事の存在であった．同国には，政治の司法化に寄与してきた機関がもう１つある．汚職撲滅委員会である．汚職をすれば逮捕され，重い量刑が科されることへの危機感は，政治家や文武官僚の間に浸透してきている．社会の側も汚職撲滅を強く支持している．その意味で，同委員会の誕生は，インドネシアにおける法の支配，民主主義の質を高める上で重要な役割を果たしている．

　フィリピンでは，民主化にともなって1987年憲法が起草され，司法の独立性と権限が強化された．最高裁判所が大統領に不利な判断を下すことがあるのは，強固な立憲主義に基づいていたからではなく，むしろ最高裁判所が様々な政治的文脈のなかで，判事の信念や利害関係，世論，有力アクターによって政治化された結果であった．最高裁判所は様々な政治勢力からの介入に対して脆弱であるがゆえに，大統領に対する強さを発揮しているという逆説を見出すことができる．民主政治との関係では，最高裁判所は，否定的な側面としては政治闘争の対象となることで予測不可能な政治不安を引き起こす危険性があり，肯定的な面としては世論の期待を追い風として改革的な役割を担う可能性もある．

　マレーシアでは，国民戦線の長期政権下において1980年代に司法府に対する立法府の優越を定める憲法改正が行われた．それに加えて，司法の積極主義を阻む裁判官人事のパターンが確立された．政府に批判的な判断を下す裁判官は，

執政府の反感を買い，よくても控訴院でキャリアを終える．連邦裁判所への昇進を目指す裁判官は，立法府や執政府の権限を侵害しないよう慎重にならざるをえない．しかも，連邦裁判所では，裁判所や検察あるいは連邦機関や与党の政府顧問としてキャリアを積んだ裁判官が大多数を占めており，司法化に熱心な裁判官は仮に存在しても多数にはなりえない．

ミャンマーでは，長く続いてきた軍事政権が民主化に乗り出すときに保険の1つとして憲法裁判所を設置した．しかしながら，軍事政権のもとでは司法が弱かったため，新たに憲法裁判所を導入しても，軍隊が期待したようには機能しなかった．アウンサンスーチー率いるNLD政権が，軍隊が設計した統治制度の見直しに乗り出しても，憲法裁判所が抑制や阻止に乗り出す可能性は低い．

インドでは，最高裁判所の長官と最先任の判事2名の3名が最高裁判事を選ぶコレージアムという体制が1990年代に確立した．それ以後，最高裁判事には高齢の判事が選ばれることが多くなった．これは若手の判事が司法積極主義を主導していたことを踏まえて，司法の独立への政治的な風当たりが強くならないように，最高裁が配慮した結果であった．つまり，司法の独立と引き換えに積極主義を抑制するという効果をコレージアム制度は生み出した．裏を返せば，強力な政権が登場して司法の独立が脅威にさらされた場合には，司法府は政権に対抗するために，国民の支持を動員すべく積極主義に転じる可能性がある．

エジプトでは，2011年のムバーラク体制崩壊後，軍最高評議会が発する憲法宣言と呼ばれる布告と，最高憲法裁判所の判決が，旧体制の秩序を温存する役割を果たした．民主主義体制への移行の失敗は，司法の活発な関与なくしてはありえなかった．司法府は，民主化を阻止した上，選挙で勝利した同胞団にあたかも報復するかのように，厳しい判決を下した．司法府は法の支配の番人ではなく，法による支配の一翼を担うことになった．

ロシアでは，憲法裁判所をはじめとする司法府は，政権からの圧力に晒されてきた．特に，プーチン以後，司法府は政権に対して迎合的になっている．このため，ロシアでは，政治の司法化ではなく，司法の政治化が生じてきたと捉えられることが多い．ただし，ロシアの歴史を振り返るならば，憲法裁判所は，市民の憲法上の権利と自由の侵害に関わる事案では少なからぬ役割を果たしてきたと考えられる．憲法裁判所は存在意義を看過できない．

韓国では，1987年の民主化以後の執政府と司法府（とりわけ憲法裁判所）の関係を考えると，判事人事の掌握が両者の円滑な関係を支える重要な要因になっ

てきた．大統領は5年，国会議員は4年，裁判官は6年という任期の違いが，大統領がどれだけの判事を任命できるかを左右し，大統領が裁判所とどのような関係に立つのかを左右する．これは，政治の司法化が，政治の民主化を阻害してはいないものの，政治の安定には寄与していないことを意味している．その一因は，裁判所の判事が，世論から少なからぬ影響を受け，さらに任命者に左右されるからである．つまり，司法の安定性が不足しているともいえよう．

　以上に振り返ったように，司法化の進行は，必ずしも民主化にプラスになるとは限らない．司法化といえば何よりもまず違憲審査である．それを主たる役割とするのが憲法裁判所である．本書の対象事例について見ると，憲法裁判所が設置されているのは，タイ，インドネシア，ミャンマー，韓国，エジプト，ロシアであり，設置されていないのはフィリピン，マレーシア，インドである．政治の司法化は，憲法裁判所が開設されていれば活発であり，開設されていなければ不活発というわけではない．ミャンマーのように憲法裁判所が不活発な事例もあれば，フィリピンのように最高裁判所が積極的な場合もあるからである．

　民主化は，非民主主義体制から民主主義体制へ変化する時期と，民主主義が定着する時期に分けて考察されることが多い．移行期は国政選挙が始まる時期である．自由で公平な選挙で指導者を選ぶルールが定着すれば，民主化段階を卒業したことになる．ハーシュルの覇権維持モデルにしても，ギンズバーグの保険モデルにしても，憲法裁判所を設置し司法化のお膳立てをすることが，民主化以前の政治エリートに選挙の導入を容認させる一因になると想定している．タイ，インドネシア，韓国はその事例に該当する．しかしその後の展開を眺めると，タイの憲法裁判所は，インドネシアや韓国とは対照的に，民主主義の定着を助けるのではなく，選挙民主主義の破壊者になった．また，フィリピンでは，マルコス体制への反省から，最高裁判所が独立性を高められて，民主主義の定着を助ける役割を果たしている．司法化と民主化の始期が近いこれらの国々と異なり，エジプトでは権威主義体制が権力温存のために最高憲法裁判所を1979年に設置した．司法府は，権威主義体制と一定の緊張をはらみながらも共存していたものの，2011年に選挙民主主義への移行が始まると，移行の阻止に決定的な役割を果たした．エジプトでは，タイと同様に，憲法裁判所は政治化して権力闘争の当事者となった．

各国の事例を眺めていくと，司法化に大きな影響を与えるのは，２つの要因であることが明らかになった．判事の人事と司法府を取り巻く政治状況である．まず，誰が判事を任用するのか．誰が判事に任用されるのか．第１に，執政府や立法府が任用に関与すれば，判事は政治家に遠慮する可能性が高い．とりわけロシアのように執政府が判事の任用に深く関われば，憲法裁判所は執政府の利益に反する判決を出しにくくなる．マレーシアでも不都合な判決を阻止するために，長期政権が判事の人事に干渉してきた．対照的に，タイのように任用が執政府や立法府から距離をおいたところで行われるならば，判事は司法化に積極的になる余地が大きい．しかし，インドのように，人事権が判事自身に委ねられるならば，最高裁は司法化に消極的になる場合もある．この観点からすると，韓国やインドネシアのように，執政府・立法府・司法府が均等に憲法裁判所判事の任用に参与できる場合には，抑制均衡が働いて，偏りの少ない判決が出される可能性が高まるであろう．ただし，この両国において，憲法裁判所が類似の司法判断を下すわけではないことからわかるように，判事の任用方法だけから判決の方向が決まるわけではない．第２に，任用される側について見れば，年功序列に基づいており誰もが順当と受け止める本命馬と，任命権者の政治力によって抜擢される穴馬では，（デシマル式）掛け率に比例して，任命権者への従属度が高まるであろう．この点は，長官の人事においてとりわけ顕著である．第３に，判事に任命されるのが，職業裁判官に限定されるのか，弁護士などの法律家も含まれるのか，あるいは政治家や官僚も含まれるのかといった点も判決に影響を与える．第４に，判事の任期も重要であった．任期があるのか，定年があるのか，任用されるのは何歳くらいなのか．インドの最高裁のように任命されるのが定年間際であれば，積極的な判決が下される可能性が低くなる．インドネシアの憲法裁判所のように判事が比較的若くして任用され，任期満了後を意識している場合には，次の職を念頭において民主化に寄与する判決を下す可能性がある．

　次に，司法機関が政治へのチェックに積極的になるかどうかは，政治勢力の分散的多元的配置状況に左右される．これはギンズバーグが主著『新興民主主義国における司法審査：アジアの憲法裁判所』(2003年)で強調した点の１つである．政治アクターが分散的多元的であるほうが，司法化は活発になりやすい．インドネシアでは，民主化したとはいっても軍隊の政治的な影響力が強く，政党は多元的な状況にあるため，憲法裁判所が司法化に積極的になりうる余地が

大きい．また，大統領の任期が1期に限定されるフィリピンや韓国では，個々の大統領の権力最盛期は短期間に限られるので，司法機関が執政府に挑戦できる可能性が高い．正反対に，UMNOを中心とする国民戦線が長期政権を維持するマレーシア，プーチン大統領への権力集中が進むロシアといった国では，裁判所が政治家に対して遠慮することなく判決を下せる余地は乏しい．それとは一味異なって，司法機関が政治的中立性をかなぐり捨てたエジプトやタイでは，司法は敵対陣営に対して手厳しい判断をためらいなく下しうる．

　本書は，日本学術振興会の科学研究費補助金基盤研究(B)による助成を受けて，2014年度から2016年度の3年間にわたって実施した共同研究「東南アジアにおける政治の民主化と司法化」(課題番号26283005) の成果の一部である．本書への批判を賜るならば，それを励みとして，研究を先へ進めてゆきたいと考えている．

　本書の刊行に当たっては，晃洋書房の丸井清泰氏に大変お世話になった．同氏からの激励や催告がなければ，本書が予定通りに仕上がることはなかった．深く感謝する．

　　2017年2月

　　　　　　　　　　　　　　　　編者　玉 田 芳 史

人名索引

〈A〉

ナーセル，G.（Abdel-Nasser, G.） 190

アブドゥッラー，T.（Abdullah, T.） 206

アブラハム・サマド（Abraham Samad） 111, 112, 113

アキル モフタル（Akil Mochtar） 78-82, 88

バスタウィースィー，H.（Al-Bastawisi, H.） 192, 193

ベリーリ，M. A. A.（Al-Behiri, M. A. A.） 198

ギバーリ，T.（Al-Gebali, T.） 208, 212

シャーティル，K.（Al-Shater, K.） 203

スィースィー，A. F.（Al-Sisi, A. F.） 206, 213

アンベードカル，B. R.（Ambedkar, B. R.） 182

アンタサリ・アズハル（Antasari Azhar） 103, 104, 106-110

アンワール，I.（Anwar, I） 121, 127

アウンサンスーチー（Aung San Suu Kyi） 153-55, 157

〈B〉

バグライ，M.（Baglai, M.） 225, 227

バンバン・ウィジャヤント（Bambang Widjojanto） 105, 111-13

ベーグ，M. H.（Beg, M. H.） 166, 167

ビビット・サマド・リアント（Bibit Samad Rianto） 108-11

ブディ・グナワン（Budi Gunawan） 111-13

〈C〉

チャンドラ・M. ハムザ（Chandra M. Hamzah） 108-11

チェーラーメーシュワル，J.（Chelameswar, J.） 183, 186

全斗煥（Chun, Doo-hwan） 250, 251

〈D〉

ドレッセル，B.（Dressel, B.） 1, 3, 12

〈E〉

エルバラダイ，M.（Elbaradei, M.） 202, 209

〈F〉

フクヤマ，F.（Fukuyama, F.） 5

〈G〉

ガーンディー，I.（Gandhi, Indira） 165-69, 171, 172, 185

ガーンディー，R.（Gandhi, Rajiv） 172

ギンズバーグ，T.（Ginsburg, T.） 7, 8, 10, 15, 21

〈H〉

ハビビ，J.（Habibie, J.） 97

ハムダン・ズルファ（Hamdan Zoelva） 85, 86, 88, 89

ヘーグデー，K. S.（Hegde, K.S.） 166

ヒルビンク，L.（Hilbink, L.） 2, 7

ハーシュル，R.（Hirschl, R.） 2, 5, 7, 9, 10, 31, 35

〈I〉

イスマイル，H. S. A.（Ismail, H. S. A.） 203

アイサチャロフ，S.（Issacharoff, S.） 7, 10

〈J〉

ジムリー・アシディキ（Jimly Asshiddiqie） 79, 82

ジョコ・ウィドド（Joko Widodo） 70, 71, 84, 86, 93, 95, 104, 111-14

ユスフ・カラ（Jusuf Kalla） 69, 91

⟨K⟩

カンディール，H.（Kandil, H.）　205
カンナ，H. R.（Khanna, H.R.）　167
金 大中（Kim, Dae-jung）　254-56
金 泳三（Kim, Young-sam）　251, 256, 259
コノノフ，A.（Kononov, A.）　228

⟨M⟩

マハティール，M.（Mahathir, M.）　121, 126
マフッド M. D.（Mahfud M.D.）　71, 72, 79, 82,
　83-85, 88, 89
マフムード，A. M.（Mahmoud, A. M.）　193,
　206, 207
マンスール，A.（Mansour, A.）　213
マルキン，K.（Markin, C.）　233, 234
メガワティ・スカルノプトゥリ（Megawati
　Sukarnoputri）　69, 86, 98, 104, 111
メッキ，A.（Mekki, A.）　206, 210
メッキ，M.（Mekki, M.）　192, 193, 206
ミンアウンフライン（Min Aung Hlaing）　153
モーディー，N.（Modi, N.）　161, 175-77, 183,
　184
ムーサー，A.（Moussa, A.）　202, 209
ムバーラク，H.（Mubarak, H.）　189, 192, 198
ムルスィー，M.（Mursi, M.）　190, 195, 203,
　204, 207, 209-11

⟨N⟩

ナジブ，R.（Najib, R.）　129, 131, 136
ネールー，J.（Nehru, J.）　169

⟨P⟩

朴 正熙（Park, Chung-hee）　250, 251
朴 槿惠（Park, Geun-hye）　245-47, 250, 254,
　258-60
プーミポン（Phumiphonadunyadet）　32, 33
プラボウォ・スビアント（Prabowo Subianto）
　69, 71, 72, 84-86

⟨R⟩

ラーオ，N（Rao, N.）　172, 173
ラーイ，A. N.（Ray, A.N.）　166, 167
李 承晩（Rhee, Syngman）　250
盧 武鉉（Roh, Mu-hyŏn）　251-58, 261
盧 泰愚（Roh, Tae-woo）　251, 256, 259

⟨S⟩

サバーヒ，H.（Sabahi, H.）　202, 209
サーダート，A.（Sadat, A.）　191
サクワ，R.（Sakwa,R.）　219, 220, 239
サマック，S.（Samak, S.）　23
シャフィーク，A.（Shafiq, A.）　203, 204
シュエマン（Shwe Mann）　148, 149, 153
シン，M.（Singh, M.）　177, 179
スハルト（Suharto）　96, 103
スレイマン，O.（Suleiman, O.）　203
スルターン，F.（Sultan, F.）　193

⟨T⟩

タックシン，C.（Thaksin, C.）　19, 34
タンシュエ（Than Shwe）　148
テインセイン（Thein Sein）　142, 148, 152, 153
トンチャイ，W.（Thongchai, W.）　30
トーソン，C.（Thorson, C.）　224, 225
ツマノフ，V.（Tumanov, V.）　224, 225

⟨Y⟩

ヤロスラフツェフ，V.（Yaroslavtsev, V.）　228
李 明博（Yi, Myung-bak）　245-47, 250, 254-60
インラック，C.（Yinglak, C.）　25, 27
ユドヨノ，S. B.（Yudhoyono, S. B.）　79, 95,
　103, 104, 110, 112, 114

⟨Z⟩

ゾルキン，V.（Zorkin, V.）　223-25, 228, 233,
　235

事 項 索 引

〈ア 行〉

アジア経済研究所　2
ASEAN 憲章　70
天下り　83
アメリカ（合衆国）　2, 4, 11, 30, 31, 245, 246, 248, 249
アメリカ産牛肉輸入反対運動　254, 259
イギリス　2, 11
違憲審査　1-5, 8-12, 25, 72, 74-76, 81, 82, 105, 109, 122, 124, 146, 157, 162, 165, 182, 255, 267, 270
違憲審査権 → 司法審査
違憲判決　25, 26, 33, 130, 132, 136, 137, 165, 166, 182, 183
違憲立法審査権　247, 248
ECHR（European court of Human Rights）→ 欧州人権裁判所
イスラエル　2, 11
イタリア　74
イスラーム教徒　164, 179
イデオロギー　250
インド　13, 15, 145, 161-88
インド国民会議派 → 会議派
インド人民党（BJP）　172-74, 177, 183, 186
インドネシア　3, 11-14, 69-91, 93-120
ウェストミンスター　2
ヴェトナム　7, 13
エジプト　12, 13, 15, 189-217
エジプト軍最高評議会（SCAF）　189, 195, 198, 201, 203, 204, 212
エジプトの変革を求める運動　193
NGO　12, 19, 62, 94, 105, 108, 112-15, 192, 230, 239
エリツィン時代　219, 225, 226
エリツィン大統領　222-24

エリート　4, 5, 7, 9, 10, 35
欧州人権裁判所（European court of Human Rights：ECHR）　16, 220, 230-37, 240, 241
欧州人権条約　16, 230-33, 235, 240
欧州評議会（Coucil of Europe：CE）　230-33, 237, 238, 241
汚職　168, 173, 174, 176
汚職防止取締委員会（NACC）（タイ）　12, 21, 22, 28, 29, 31, 37
汚職撲滅委員会（KPK）（インドネシア）　13, 14, 76, 78, 79, 84
オーストリア　10
オランダ　10, 11
オンブズマン　12, 21, 22, 26, 31

〈カ 行〉

下位カースト　164, 179, 183
会議派　172, 173, 176, 177
会計監査委員会　12, 21, 22, 28, 31
ガード・アル＝サウラー党　208
カナダ　11
韓国（大韓民国）　3, 12, 13, 16, 74, 245, 246
カンボジア　7, 23, 70
議院内閣制　162
議会　124, 126, 132, 133, 137
議会主権　1, 2, 4, 9, 15
北朝鮮　7
基本権　165, 168, 182
　　——事件　165
基本構造の法理　15
行政裁判所　12, 21-24, 27
競争的権威主義　7, 10, 15
拒否権　142, 144, 145, 154, 157
キリスト教徒　164, 179
クーデタ　13, 19-21, 23, 25, 29-31, 33-37, 70
グローバル化　2

軍事政権　15, 19, 29
軍事特別権限法（AFSPA）　169, 184
君主主権　1
君主制　14, 19, 21, 30, 32-36
軍隊　13, 20, 23, 24, 30, 31, 33-35
経済ナショナリズム　39, 54
ケーシャバーナンド・バーラティー事件　165-67
権威主義政権　250
権威主義体制　6, 7, 10, 11, 15, 52, 73, 93, 96, 97,
　189, 190, 209, 240, 270
原告適格　75, 76
憲法　1, 9, 11, 13
　——2008 年憲法（ミャンマー）　142, 144,
　145, 149, 151-53, 155, 157
　——（タイ）　19-36
　——（フィリピン）　39-41, 51-55, 57-58,
　60-61, 65
　——（インドネシア）　70, 75, 81, 84
　——（マレーシア）　121, 123, 124, 126, 127,
　130-35, 137
　——（ミャンマー）　141-55, 157
　——（インド）　161, 162, 165-72, 174, 179,
　180, 182, 185
　——（エジプト）　190, 191, 194-97, 199-209,
　211, 213
　——（ロシア）　219-26, 233-37, 239-41
　——（韓国）　246-48, 250, 253-56, 260, 261
　——改正権　165, 167, 185
　——の基本構造の法理　165, 167, 182, 185
憲法改正　9, 16
　——（タイ）　25, 30, 31, 35
　——（フィリピン）　54, 57, 64
　——（インド）　15, 161, 162, 164-68, 171,
　172, 175, 177-79, 180, 182, 184
　——（マレーシア）　124, 137
　——（ミャンマー）　142, 145, 157
　——（韓国）　253
　——（エジプト）　16, 192, 194, 197, 206, 213
憲法起草　8, 23, 29

憲法裁制度（ミャンマー）　146
憲法裁判事解任事件　150-52
憲法裁判事の前職（ミャンマー）　156
憲法裁判所　2, 3, 7, 8, 10-12, 14-16, 124, 270,
　271
　——（タイ）　20-27, 29, 31, 33
　——（インドネシア）　14, 69-83, 85-89, 94,
　103, 105, 109, 110, 268, 271
　——（韓国）　16, 246-49, 252-61, 263, 269
　——（ミャンマー）　15, 142, 145-52,
　155-158, 269
　——（ロシア）　16, 219-30, 232-37,
　239-241, 269, 271
　——（エジプト）→最高憲法裁判所
憲法裁判所長官　248, 256, 257, 259
憲法裁判所法　221, 224, 225, 227-29, 236, 241
憲法制定委員会　199, 201, 202, 208
憲法宣言　16, 199, 204-207
憲法の志高性　123
権力分立　162, 185
公益訴訟　15, 168
合憲性　3, 16, 53, 76, 124, 130, 134, 135, 147,
　151, 155, 156, 165, 185, 194, 202, 203, 205, 223,
　224, 226, 230, 239
合憲判決　135
公訴（penuntutan）　98-100, 103, 105, 106
公訴取り下げ令　111
公訴前訴訟　112
国王　22, 23, 29, 32, 33
国王を元首とする民主主義体制　32, 34, 36
国民会議　143, 145
国民救済戦線　209
国民戦線（Barisan Nasional : BN）　121, 123,
　124, 137
国民民主党　192, 198
国民民主連合（NDA）　173, 186
国民民主連盟（National League for Democracy :
　NLD）　142-44, 152-55, 157
国務院　199

護憲　1
国会（韓国）　248, 249, 256, 259
国会議員　249, 261
国会議員選挙　252
国家顧問法　154, 155
国家政策の指導原則　165, 185
国家平和発展評議会（State Peace and
　　Development Council：SPDC）　141, 143,
　　144
国家法秩序回復評議会（State Law and Order
　　Restoration Council：SLORC）　143, 144
ゴーラクナート事件　165
コレージアム　15, 173-75, 177, 179, 182-85

〈サ　行〉────────────

最高憲法裁判所（エジプト）　191-93, 195, 197,
　　202-08, 210-13, 269, 270
最高裁判所（最高裁）　11, 12, 14-16
　──（タイ）　21-23, 29
　──（フィリピン）　14, 39-44, 45-50, 51-54,
　　56-58, 59, 60-66, 268, 270
　──（インドネシア）　74, 80-83, 98, 100,
　　103, 108
　──（マレーシア）→連邦裁判所
　──（日本）　267
　──（インド）　15, 161-74, 176-184, 269
　──（ミャンマー）　126, 150
　──（エジプト）　191, 206, 207
　──（ロシア）　223
　──（韓国）→大法院
最高裁判所政治家事件部（タイ）　21, 24, 29
最高裁判所長官（インド）　162, 164, 167, 170,
　　171, 173, 174, 178-80, 182-84, 186
最先任の原則　162, 166, 167, 169, 185
裁判官指名委員会法案（JAC 法案）　177-79,
　　181, 184
ザミンダーリー制　165
三権分立　5, 33, 169
三権分立（インド）→ 権力分立

CE（Coucil of Europe）→ 欧州評議会
シク教徒　164, 179
死刑　79, 82
事前捜査（penyelidikan）　98, 99
時代精神　253
執政府　6, 12, 22
指定カースト（SC）　164, 179, 180, 186
指定部族（ST）　164, 179, 180, 186
司法　197, 198, 203, 204, 212, 213
　──の政治化　13, 20, 35, 40, 42, 55, 64, 65,
　　73, 193, 195, 220, 237, 240, 269
　──の沈黙　5, 158
　──の独立　40, 43, 62, 73, 89, 123, 128, 129,
　　137, 158, 168, 169, 171, 172, 177, 179, 182-86,
　　210, 220, 229, 238, 240, 269
　──の民主化　179, 180, 183, 184
司法化（政治の）　1, 3, 4, 6, 7, 11, 13, 19, 20, 29,
　　31, 34, 35, 39, 64, 65, 73, 219, 227, 237, 240
司法改革　183, 192, 209, 251, 252
司法キャリア判事　43, 57, 64, 66
司法クーデタ　25, 70
司法権　8, 123, 126, 222
司法権限法　210, 211
司法裁判所　3, 12, 21, 22, 28, 32, 206
司法審査　3, 11, 41, 54, 76-77, 162, 165, 182,
　　221, 223, 225, 229, 232, 271
　──権　39, 40, 41, 42
司法積極主義　15, 54, 94, 95, 168, 169, 184
司法テロリズム　73
司法独裁　73
司法任用委員会法　15, 122, 129, 135, 136, 137
司法の政治化　20, 35, 40, 64, 65, 73, 220, 237,
　　240
司法波動　251, 252, 256, 258-61
司法府　6, 11, 22
司法法曹協議会　41, 42, 51
司法マフィア　98, 100, 106, 116
ビルマ式社会主義　150
ジャナタ・ダル　172, 173

ジャナタ党　171, 185
集会の自由（権利）　124, 131
自由公正党　201, 210, 212
首相選挙事件　166, 167
首都移転　253, 254
シューラー評議会　202, 205, 211
植民地　2, 40, 122, 135, 150, 165
女性　164, 179, 180, 183
シンガポール　7
人権委員会　12, 22, 31
人事　135-37, 248-252, 255-261
新自由主義　9, 169
人身保護令　58, 59
人身保護令状事件　167
進歩党解散請求事件　259
人民議会　202, 205
人民党（タイ）　33
スイス　10
スウェーデン　11
スハルト権威主義体制　93
スハルト体制　14, 76, 97
司法権　8, 123, 126
国軍の政治的役割（ミャンマー）　144, 145
政治の自由化　130, 131, 134, 136
セート判事事件　170, 172
選挙　8, 10, 19, 20, 22-26, 28, 29, 69-72, 76-79, 86-88, 89, 93, 112, 128, 129, 131, 141, 145, 149, 152-54, 166, 157, 170, 173, 175, 179, 180, 183, 190, 192-204, 206, 208-10, 212-23, 227, 228, 241, 255, 268
選挙管理委員会　12, 21-23, 26, 28, 31, 69-72, 76, 89
全国裁判官指名委員会法（NJAC 法）　175, 177. 180-84
先進民主主義国　2
扇動法　134, 135
捜査（penyelidikan）　98-100, 103, 105, 106, 108-10, 115
捜査中止命令　111

その他の後進諸階級（OBC）　164, 179, 180, 186
ソ連憲法監督委員会　219-22

〈タ　行〉————————————
タイ　3, 7, 11-13, 19-38, 70
第一次裁判官事件　170, 171
大学・大学カレッジ法　122, 130
代議制民主主義　15, 35
大検察庁　259
第三次裁判官事件　173, 174
第三の波（民主化の）　2, 8
大統領　14, 16
　——（インド）　162, 170, 171, 173, 174, 181, 184
　——（インドネシア）　69-72, 74-77, 79-88, 93, 95-98, 100, 103, 104, 108, 110, 115
　——（エジプト）　189-92, 195-97, 199-201, 203-209, 211, 213
　——（韓国）　246-56, 258, 259, 261
　——（フィリピン）　40-66
　——（ミャンマー）　142, 144-51, 153-56
　——（ロシア）　220-29, 235, 236, 238, 239
大統領選挙　69-72, 83-87, 254
大統領評議会　201
第二次裁判官事件　172-74
第二次世界大戦　1
代表任用メカニズム　74, 75, 88
大法院（韓国）　16, 246-49, 250, 251, 252, 255-58, 259, 261, 262-64
大法院長　247-52, 255, 256, 258
タイラックタイ党（TRT）　19, 20, 23
多極共存型民主主義　10, 15
多数決主義　4, 8
多数決民主主義　1, 3, 7, 14, 20, 31, 35
タックシン派　22-24
タハリール広場　201, 204, 205
タマロッド　212
多民族社会　10

弾劾　26, 27, 29, 55, 57, 61-64, 66, 75, 121, 146, 151, 248, 252-56
弾劾手続き　75
タンデム政権　226, 230, 236
地方首長選挙　70, 76, 77
中国（中華人民共和国）　7, 13
抽象審査権　75, 87
Deponering　95, 109, 111, 113, 114
デモ隊　20, 23, 24, 26, 29, 34
テロリスト・破壊活動防止法（TADA）　169
テロリズム防止法（POTA）　169
ドイツ　11, 36
統一進歩連合（UPA）　177
統一マレー人国民組織（United Malays National Organization：UMNO）　121
盗聴　99, 102, 105
東南アジア　2, 3, 11, 13, 70
党派性　257, 258
同胞団（ムスリム）　16
独立機関　12, 13, 21, 22, 30, 31, 83
飛び越し人事　166, 167, 169, 170
トルシン法案　235, 236

〈ナ 行〉────────────

日韓慰安婦合意　245, 246
日韓請求権協定　246
日本　1, 11, 13, 34, 245-47, 257
ニュージーランド　2
任期　247, 249, 257, 259
ヌール党　209
農地改革　165

〈ハ 行〉────────────

パキスタン　161
破棄院　206, 207
覇権維持モデル　7, 9
バングラデシュ　161
判事クラブ　191, 192, 207
判事たちの反乱　192

反多数決主義　4, 8
判断回避 → Deponering
比較政治学　2
東アジア　7, 13
非司法キャリア判事　43
非常事態　123, 165-67, 169, 170, 185
ヒンドゥー教徒　164, 179
ファシズム　1
フィリピン　3, 11-14, 39-68
不敬罪　33
プーチン＝メドヴェージェフ政権　220, 227, 238
プーチン時代　225, 226
プーチン大統領　226
腐敗 → 汚職
フランス　11
フリーダムハウス　13
ブルガリア　74
ブルネイ　7
平和的集会法　122, 130-32
ベルギー　11
変革を求める青年運動　193
弁護士会　33
法曹支配　9, 31, 34, 35, 73, 89
法治国　6
法治主義　89
法廷侮辱罪　33
法の支配　5, 6, 12, 25, 34, 35, 36, 73, 89, 94, 109, 110, 114, 121, 122, 155, 189, 197, 198, 200, 205, 230
法務省　21, 33
ポークバレル　62, 63, 65
保険モデル　7, 8
保守　127, 249, 258, 260
保守主義　124, 133
ポピュリズム　56

〈マ 行〉────────────

マス・メディア　19

マルキン訴訟　233, 234, 237

マルコス体制　14

マレーシア　7, 10, 13, 14, 121-40

南アジア　11, 13

ミネルヴァ・ミルズ事件　167

ミャンマー　13, 15, 30, 141-60

民主化　1, 3, 6-8, 11, 13-15, 19, 34, 35, 73, 77, 78, 87, 89, 249, 250, 258-61

民主化途上国　2, 8, 10, 13

民主化プロセス　219, 220, 240, 241

民主化への 7 段階のロードマップ　141, 143

民主主義　1, 2, 4-6, 8, 10, 11, 70, 72, 73, 82, 89

民主主義体制（民主制）　13, 16, 70, 88, 89

民主主義の質　73

民主的統制　171, 174, 182-184

ムスリム同胞団　193, 196, 201, 213

ムバーラク体制　16

メドヴェージェフ大統領　228, 236

メドヴェージェフ大統領時代　228

モンゴル　12, 74

〈ヤ　行〉────────────

ヨーロッパ　1, 10, 30, 34

世論　14, 19, 60, 64, 65, 84, 127, 152, 246, 253, 268, 270

世論調査　64, 79, 83, 103, 104, 252

〈ラ　行〉────────────

ラオス　7

立憲君主制　34, 35

立憲主義　1-6, 9, 11-13, 20, 29, 35

　疑似──　220, 239

立憲民主主義　4, 5, 9, 11, 20, 31, 35

立法権　126, 132, 133

留保制度　179, 180, 183, 186

歴史認識問題　245, 246, 257, 258

廉政公署　99

連邦裁判所（マレーシア）　121, 123, 124, 125, 126, 127, 128, 129, 134, 135, 136, 137

連邦最高裁判所（アメリカ）　248

連邦団結発展協会（Union Solidarity and Development Association：USDA）　144, 145

連邦団結発展党（Union Solidarity and Development Party：USDP）　142, 144, 145, 148, 149, 153, 157

連邦レベル　150

ロシア　13, 16, 219-44

ロシア連邦憲法裁　234, 237, 240, 241

ロシア連邦憲法裁判所　219, 222-28, 230, 233-37, 239-41

　旧──　221-23

《執筆者紹介》（執筆順，＊は編著者）

＊玉 田 芳 史（たまだ　よしふみ）［序章・第1章・あとがき］
　　奥付参照.

日 下　　渉（くさか　わたる）［第2章］
　　1977年生まれ，九州大学大学院比較社会文化学府博士課程修了，博士（比較社会文化）.
　　現在，名古屋大学大学院国際開発研究科准教授.
　　主要業績
　　『反市民の政治学──フィリピンの民主主義と道徳──』法政大学出版会，2013年.
　　『フィリピンを知るための64章』（編著），明石書店，2016年. *Moral Politics in the*
　　Philippines: Inequality, Democracy and the Urban Poor, Singapore: National
　　University of Singapore Press, Kyoto: Kyoto University Press, 2017.

相 沢 伸 広（あいざわ　のぶひろ）［第3章］
　　1976年生まれ，京都大学大学院アジアアフリカ地域研究研究科博士課程修了，博士（地
　　域研究）.
　　現在，九州大学大学院比較社会文化研究院准教授.
　　主要業績
　　『華人と国家──インドネシアのチナ問題──』書籍工房早山，2010年.「過失か故意
　　か──選挙運営の不備と混乱」，本名純・川村晃一編『2009年インドネシアの選挙
　　──ユドヨノ再選の背景と第2期政権の展望』アジア経済研究所，2010年.「ユドヨ
　　ノ政権10年の外交──国際社会における名声とその限界──」，川村晃一編『2014年
　　インドネシアの選挙──ユドヨノ政権の10年と新政権の成立──』アジア経済研究所，
　　2015年.

岡 本 正 明（おかもと　まさあき）［第4章］
　　1971年生まれ，京都大学大学院人間環境学研究科博士後期課程研究指導認定退学，論
　　文博士（地域研究）.
　　現在，京都大学東南アジア地域研究研究所教授.
　　主要業績
　　"Jakartans, Institutionally Floatable," *Journal of Current Southeast Asian Studies*, 33
　　(1), 2014. 『暴力と適応の政治学──インドネシア民主化と安定の地方構造──』京
　　都大学学術出版会，2015年.「民主化したイントネシアにおけるトランスジェンダー
　　の組織化と政治化，そのポジティブなパラドックス」『イスラーム世界研究』9，
　　2016年.

鈴 木 絢 女（すずき あやめ）[第5章]

1977年生まれ．東京大学大学院総合文化研究科博士課程修了，博士（学術）．

現在，同志社大学法学部准教授．

主要業績

『〈民主政治〉の自由と秩序——マレーシア政治体制論の再構築——』京都大学学術出版会，2010年．「アジア通貨危機後のマレーシア——彷徨する国家と財政赤字——」『国際政治』185号，2016年．Suzuki, Ayame and Lee Poh Ping, "Malaysia's Hedging Strategy: A Rising China and the Changing Strategic Situation in East Asia," in L. Dittmer and C. B. Ngeow eds., *Southeast Asia and China: A Contest in Mutual Socialization*, Singapore : World Scientific Press, forthcoming.

中 西 嘉 宏（なかにし よしひろ）[第6章]

1977年生まれ．京都大学大学院アジア・アフリカ地域研究研究科博士課程修了，博士（地域研究）．

現在，京都大学東南アジア地域研究研究所准教授．

主要業績

Strong Soldier, Failed Revolution: The Military and State in Burma, 1962-1988, Singapore: National University of Singapore Press, 2013. 「パーリア国家の自己改革——ミャンマーの外交「正常化」と米国，中国との関係」『国際政治』177，2014年．『ミャンマー2015年総選挙——アウンサンスーチー新政権はいかに誕生したのか——』（共著），アジア経済研究所，2016年．

上 田 知 亮（うえだ ともあき）[第7章]

1976年生まれ．京都大学大学院法学研究科博士課程中途退学，博士（法学）．

現在，東洋大学法学部准教授．

主要業績

「インド政党政治とポピュリズム」，島田幸典・木村幹編『ポピュリズム・民主主義・政治指導——制度的変動期の比較政治学——』ミネルヴァ書房，2009年．『植民地インドのナショナリズムとイギリス帝国観——ガーンディー以前の自治構想——』ミネルヴァ書房，2014年．「中央-州関係——州政治の脱中心化と連立政治の不安定化」，長崎暢子・堀本武功・近藤則夫編『現代インド3　深化するデモクラシー』東京大学出版会，2015年．

ダルウィッシュ・ホサム（Housam Darwisheh）[第8章]

1979年生まれ．東京外国語大学大学院地域文化研究科博士後期課程修了，博士（地域研究）．

現在，アジア経済研究所研究員，ジョージタウン大学 Center for Contemporary Arab Studies 客員研究員．

主要業績

"Survival, Triumph, and Fall: The Political Transformation of the Muslim Brotherhood in Egypt," in K. B. Teik, V. R. Hadiz and Y. Nakanishi eds., *Between Dissent and Power: The Transformation of Islamic Politics in the Middle East and*

Asia, New York: Palgrave-Macmillan, 2014.「エジプト政治の民主化と社会運動『1月25日革命』とムバーラク政権の崩壊」(共著),酒井啓子編『中東政治学』有斐閣,2012年.

河 原 祐 馬 (かわはら　ゆうま) [第9章]
　1960年生まれ.京都大学大学院法学研究科博士後期課程中途退学,修士(法学).
　現在,岡山大学法学部教授.
主要業績
　『外国人参政権問題の国際比較』(共編著),昭和堂,2006年.「ロシア政治における『秩序の制度化』」,島田幸典・木村幹編『ポピュリズム・民主主義・政治指導』ミネルヴァ書房,2009年.『移民と政治 ──ナショナル・ポピュリズムの国際比較』(共編著),昭和堂,2011年.

木 村　　幹 (きむら　かん) [第10章]
　1966年生まれ.京都大学大学院法学研究科博士後期課程中途退学,博士(法学).
　現在,神戸大学大学院国際協力研究科教授.
主要業績
　『朝鮮／韓国ナショナリズムと「小国」意識』ミネルヴァ書房,2000年.『民主化の韓国政治』名古屋大学出版会,2008年.『日韓歴史認識問題とは何か』ミネルヴァ書房,2014年.

《編著者紹介》

玉 田 芳 史（たまだ　よしふみ）

　1958年生まれ，京都大学大学院法学研究科博士後期課程中途退学，博士（法学）．
　現在，京都大学大学院アジア・アフリカ地域研究研究科教授．

主要業績

　『民主化の虚像と実像』（単著），京都大学学術出版会，2003年．
　『タイ政治・行政の変革1991年〜2006年』（共編著），アジア経済研究所，2008年．
　『タイ2011年大洪水──その記録と教訓──』（共編著），アジア経済研究所，
　　2013年．

シリーズ 転換期の国際政治 4
政治の司法化と民主化

2017年3月30日　初版第1刷発行	＊定価はカバーに表示してあります

編著者の了解により検印省略	編著者	玉　田　芳　史Ⓒ
	発行者	川　東　義　武
	印刷者	西　井　幾　雄

発行所　株式会社　晃 洋 書 房

〒615-0026　京都市右京区西院北矢掛町7番地
電話　075（312）0788番㈹
振替口座　01040-6-32280

装丁　尾崎閑也　　　印刷・製本　㈱NPCコーポレーション
ISBN978-4-7710-2896-8

JCOPY〈（社）出版者著作権管理機構委託出版物〉
本書の無断複写は著作権法上での例外を除き禁じられています．
複写される場合は，そのつど事前に，（社）出版者著作権管理機構
（電話 03-3513-6969，FAX 03-3513-6979，e-mail: info@jcopy.or.jp）
の許諾を得てください．